I0765588

Pour une sociologie d'Haïti au XXIe siècle

La démocratie introuvable

DU MÊME AUTEUR

Dieu dans le vodou haïtien, coll. « Bibliothèque scientifique », Paris, Payot, 1972 (trad. en portugais, en espagnol).

Ernst Bloch, Utopie et Espérance, coll. « Horizon philosophique », Paris, Éd. du Cerf, 1974 (trad. en italien, en espagnol).

Cultures et pouvoir dans la Caraïbe (en collab. avec D. Bebel-Gisler), Paris, Éd. L'Harmattan, 1976.

Culture et dictature en Haïti. L'imaginaire sous contrôle, Paris, Éd. L'Harmattan, 1979.

Comprendre Haïti. Essai sur l'État, la nation, la culture, Paris, Éd. Karthala, 1987.

Le Barbare imaginaire, coll. « Sciences humaines et religions », Paris, Éd. du Cerf, 1988 (trad. en espagnol, Fondo de Cultura Economica, Mexico).

Les Mystères du vodou, coll. « Découvertes », Paris, Gallimard, 1993 (trad. en anglais, en américain, en espagnol, en coréen) ; Delmas, C3 Éditions, 2023.

Religion et lien social. L'Église et l'État moderne en Haïti de 1492 à nos jours, coll. « Sciences humaines et religions », Paris, Éd. du Cerf, 2004.

Sous sa direction :

Les Transitions démocratiques, Paris, Ed. Syros / La Découverte, 1996.

L'Insurrection des esclaves de Saint-Domingue (22-23 août 1791), Paris, Éd. Karthala, 2000.

Le Phénomène religieux dans la Caraïbe, Paris, Éd. Karthala, 2000.

Genèse de l'État haïtien (1804-1859), Paris, Éditions de la Maison des sciences de l'homme, 2009 ; Delmas, C3 Éditions, 2024.

Laënnec Hurbon

Pour une sociologie d'Haïti au XXIe siècle

La démocratie introuvable

Collection : Essai

Titre : Pour une sociologie d'Haïti au XXIe siècle

Image de couverture : Antonio Bruno
Couverture et mise en page : C3 Éditions

Dépôt légal : 22-08-256
Bibliothèque nationale d'Haïti

« Il faut donc nous méfier de ceux qui cherchent à nous convaincre par d'autres voies que par la raison, autrement dit des chefs charismatiques : nous devons bien peser notre décision avant de déléguer à quelqu'un d'autre le pouvoir de juger et de vouloir à notre place. »

Primo Levi, *Si c'est un homme* (Turin 1958 ; traduit de l'italien par Martine Schruoffeneger, Éd. Julliard Paris, 1987, p. 212).

Avertissement

C'est pour répondre à la demande de nombreux amis que je me résous à publier un livre qui est porté par la témérité de vouloir comprendre Haïti. Les événements des quinze dernières années semblent montrer avec éclat que la tâche de comprendre Haïti s'avère une tâche sans fin comme le mythe de Sisyphe. À la vérité, il me fallait m'expliquer à nouveau sur cette impossible transition démocratique. Cet ouvrage se veut le témoignage d'un parcours, car les textes rassemblés ici sont pour la plupart écrits entre 1990 et 2000 et prétendent justement offrir au lecteur la possibilité de revisiter les différentes péripéties d'un pays en proie à une crise culturelle profonde due à la problématique du droit et de la démocratie.

D'aucuns ont cru que cette problématique a été imposée ou serait venue du dehors. Or tout conspire à prouver plutôt que la population, toutes couches sociales confondues, aspirait à une société qui fonctionne selon des règles universalisables. Une société qui donc souhaite sortir de la condition esclavagiste et qui réclame la reconnaissance de l'égalité formelle de tous les individus. Il s'agit dorénavant de penser les difficultés et les impasses en dehors des illusions que font miroiter les commencements. Nous voulons dire qu'il y a bien depuis 1986 ce qu'on peut appeler avec Habermas «un potentiel de libertés déchaînées» (*Droit et démocratie,* p. 10), mais l'État de droit se trouve dans une phase si précaire et si faible encore qu'il est incapable de les accueillir. Ce n'est point cependant qu'on soit en Haïti dans une société archaïque, mais tout se passe plutôt comme si la société se révélait une mixture d'archaïque et de moderne, avec la capacité de recourir à l'un ou à l'autre de ces aspects selon la conjoncture. Chacun des thèmes abordés dans ce livre demande un renouvellement de la réflexion sur l'État autour de la question complexe de la justice, alors que jusqu'ici les recherches autant que les pratiques politiques demeuraient fascinées par le problème du sous-développement économique, des inégalités sociales ou de manière encore plus sommaire par le vieux schéma de l'impérialisme.

On ne trouvera pas de recettes dans cet ouvrage, chaque partie prétend soulever des interrogations et appeler à des discussions. Nous avons dû pour cela supprimer dans certains textes les passages trop proches de l'actualité pour porter le lecteur à se focaliser sur les problèmes structurels. Nous reconnaissons bien que nos approches sont partielles, mais il nous importe avant tout de montrer comment la crise que traverse le pays depuis quinze ans frappe chaque secteur qu'il s'agisse de la justice en tout premier lieu, de l'économique, de l'administration, de la culture ou des systèmes religieux. Certains chapitres ont été publiés dans des revues ou des ouvrages collectifs inaccessibles ; revus et corrigés, ils sont repris ici dans la mesure où ils apportent un éclairage sur la crise et rendent compte de mon propre cheminement personnel.

Nous aimerions dire notre dette envers des amis avec qui nous avons discuté des problèmes soulevés dans cet ouvrage. J'ai été amené à revenir sur ces textes non point d'abord pour compléter ou corriger l'essai de *Comprendre Haïti* paru il y a déjà une dizaine d'années, mais pour maintenir un front de discussion et de dialogue sur les transformations actuelles dans un pays du Sud aussi singulier qu'Haïti dans la Caraïbe sous l'angle des rapports entre politique, culture et religions dans le contexte de la mondialisation.

L.H.

Introduction
De « la malédiction » à l'espoir

Cet ouvrage tente d'apporter un éclairage sur les moments importants de ce qu'on a appelé le processus de démocratisation en Haïti, ainsi que sur les conflits qui ont surgi dans différents secteurs de la vie sociale et culturelle depuis la chute de la dictature le 7 février 1986. Notre interrogation principale se concentre sur la récurrence des pratiques dictatoriales au cours des quinze dernières années malgré les concours externes et l'existence de partis et mouvements se réclamant tous de la perspective démocratique.

En effet, après la chute de la dictature de Duvalier, toutes les couches sociales du pays continuent de souffrir de l'insécurité qui a été pourtant l'argument principal de la contestation du corps des Tontons macoutes, police parallèle disposant du droit de vie et de mort sur tout individu suspect d'opposition au régime. Six ans après la mise en échec du coup d'État militaire contre le gouvernement d'Aristide, les mêmes attitudes adoptées par les militaires face à la communauté internationale (recours au discours nationaliste ou à la souveraineté nationale pour disqualifier toute critique du régime) sont reprises de bout en bout par ceux-là mêmes qui combattaient le putsch au nom de la démocratie. Enfin, misère, pauvreté, stagnation économique sont devenues plus que jamais la marque principale du pays, pendant qu'en République dominicaine, le pays voisin, la croissance économique est de 7,5 % par an. Entre 1985 et 1996, le taux de croissance du PIB (produit intérieur brut) est de -5,2 %. En 1999-2000, le PIB est de 410 $ par habitant en Haïti, mais il est de 1 680 $ à la Jamaïque, et 1 770 $ en République dominicaine, d'après le dernier rapport de la Banque mondiale (1999).

Plusieurs tentatives récentes de comprendre l'évolution politique et sociale du pays ont été mises en œuvre, mais elles aboutissent toutes à la même impasse théorique dans la mesure où le concept de tiers-monde à partir duquel elles appréhendaient cette évolution est presque oblitéré aujourd'hui dans les sciences sociales et les médias, comme l'a rappelé récemment Immanuel Wallerstein. Il y a eu tout d'abord l'ouvrage de Mats Lundhal, *Politics or Markets? Essays on Haitian Underdevelopment* (1993), qui attire l'attention sur la nature de l'État haïtien comme État prédateur (*predatory state*[1]) dont le mode de fonctionnement est à la source du sous-développement du pays. Les obstacles pour entrer vraiment dans le processus de démocratisation apparaissent montagnes à soulever et l'auteur semble nous laisser sur sa lucidité pessimiste quand il prévoit que la société haïtienne marche vers une implosion ou une guerre de tous contre tous.

Dans *Une après-midi d'histoire* (1997), Gérard Barthélémy[2] prétend de son côté fournir une explication sans reste de la misère et de la pauvreté comme de la dictature en Haïti à partir de l'opposition entre créoles (esclaves nés dans l'île) et *bossales* (esclaves fraîchement débarqués, peu adaptés encore à la condition d'esclaves), venue en droite ligne de la période esclavagiste. Les créoles occuperaient l'État, seraient individualistes, pro-occidentaux, préoccupés d'enrichissement économique, pendant que les *bossales* se caractériseraient par leur communautarisme, leurs pratiques holistes et la création de contre-valeurs face à l'occidentalité, enfin et surtout par leur marronnage ou pratique de fuite par rapport à l'État. Cette perspective demeure finalement fort éloignée de celle de Lundhal dans la mesure où Barthélémy – comme pour conjurer la mauvaise fortune de la misère – prétend que la paysannerie haïtienne offre pour la première fois dans l'histoire universelle une alternative au développement si cher à l'Occident. Nous serions en présence d'une société, ou plutôt d'une paysannerie qui serait la descendante directe des *bossales,* qui aurait « choisi d'être pauvre » parce qu'elle

---

[1] Mats Lundhal (1993), pp. 337 *sq.* On se reportera également aux travaux d'André Corten sur *L'État faible. Haïti et la République dominicaine* (1989), Éd. Cidhica – Montréal et société haïtiano-suisse d'édition, et, plus récemment, *Politique et diabolisation du mal. Haïti, misère et religion,* Éd. Karthala, Paris, 2000.

[2] *Dans la splendeur d'une après-midi d'histoire,* Port-au-Prince, Imprimerie Deschamps, 1997.

est essentiellement mue par une pulsion égalitaire. Il faut saluer ici l'effort entrepris par Barthélémy pour comprendre la situation chaque jour plus alarmante d'une société dont on ne parvient pas facilement à saisir le caractère unique et exemplaire au sein de la Caraïbe. Le déclin économique constant du pays depuis une cinquantaine d'années excite la curiosité et met la raison à l'épreuve surtout quand on mesure la distance qui sépare Haïti de sa voisine, la République dominicaine.

D'autres études récentes cherchent à rendre compte des difficultés du passage de la société haïtienne à la modernité. Kern Delince, par exemple, l'un des rares spécialistes de l'histoire et de la sociologie de l'armée haïtienne, a tenté de présenter une vision globale des facteurs qui maintiennent le pays dans l'archaïsme et le sous-développement. Son ouvrage *Les Forces politiques en Haïti. Manuel d'histoire contemporaine*[3], se propose justement de se pencher sur le système politique national et de comprendre ce qu'il appelle « la banqueroute actuelle » (p. 8) du pays. Tout en essayant de placer Haïti dans son environnement extérieur, à savoir l'impérialisme nord-américain, Kern Delince refuse de faire des États-Unis un *deus ex machina* qui expliquerait tous les déboires du pays. Il s'appesantit sur « la pathologie de la vie politique haïtienne », sur « l'anomalie » que représente la situation politique d'Haïti dans la Caraïbe et surtout sur la passion du pouvoir pour le pouvoir qu'on découvre dans l'histoire du pays. Il s'interroge sur la recherche du pouvoir absolu chez la plupart des présidents qui se sont comportés en monarques vivant au-dessus des lois et qui n'ont en rien modifié le système social, économique et administratif. On dirait que la mise en application de lois et de normes universalisables fondées sur le recours à la raison demeure liée à des facteurs qui manquent singulièrement en Haïti où le lien social semble être fondé essentiellement sur le religieux (christianisme et vodou).

Plus récemment, Leslie Péan[4], fonctionnaire à la Banque mondiale, choisit de se lancer dans une hypothèse séduisante sur les causes de la pauvreté et du despotisme récurrent. Son ouvrage,

---

[3] Kern Delince, *Les Forces politiques en Haïti*, Miami et Paris, Pegasus Books et Karthala, 1991.

[4] *Économie politique de la corruption en Haïti*, Port-au-Prince, Éd. Mémoire, 2000.

dont le titre annonce déjà le programme, *Économie politique de la corruption en Haïti* (2000), fait remonter à Toussaint Louverture les pratiques de corruption qui sont décrites comme structurales à travers l'évolution sociale, économique et politique du pays. En recourant à la théorie du pouvoir comme technique et moyen de contrôle élaborée par Michel Foucault, Leslie Péan s'efforce de sortir des sentiers battus pour renouveler la réflexion sur les sources de la dégradation continuelle de l'économie haïtienne et la réapparition de gouvernements dits forts qui maintiennent Haïti dans la condition d'une société de non-droit.

L'obsession est donc la même dans tous les travaux publiés cette dernière décennie sur Haïti. Sauveur Pierre Étienne, dans son ouvrage intitulé *Misère de la démocratie*[5], parle encore de cette impuissance à «construire un ordre démocratique durable où la raison de la force cède le pas à la force de la raison» (p. 23). Avec le colloque international sur *Les Transitions démocratiques* (1996), dont les actes ont été publiés aux éditions Syros/La Découverte, de nombreux chercheurs venus du monde entier ont exprimé leurs appréhensions sur ce qu'on croyait être un véritable processus de démocratisation et sur les mobiles véritables de l'intervention américaine qui ramenait Aristide (après son exil de trois ans) dans sa fonction de président de la République. L'espoir était encore à l'ordre du jour dans de nombreuses contributions à cet ouvrage.

D'autres chercheurs, comme Marc Maesschalck et Jean-Claude Jean dans leur *Essai sur une transition politique* (L'Harmattan, 1999) soutiennent que le pays est même loin de faire l'expérience d'une transition démocratique. Pour eux, le mouvement *Lavalas* finit comme le duvaliérisme par exclure le peuple de la vie politique. Comme si Haïti avait été atteint d'une sorte de «malédiction» avec le retour incessant du même en politique[6].

---

[5] Sauveur Pierre Etienne, *Haïti. Misère de la démocratie*, Port-au-Prince et Paris, Cresfed et L'Harmattan, 1999.

[6] Certains ouvrages collectifs comme *La République haïtienne*. État des lieux et perspectives, sous la direction de Christian Girault et de Gérard Barthélémy, (Éd. Karthala, 1993), et comme Haïti et l'après-Duvalier, sous la direction de Hérard Jadotte et Cary Hector, Éd. Cidhica, Montréal (1991) dressent avec précision un bilan des recherches sur Haïti, mais les auteurs n'ont

Tous ces travaux reconnaissent le désenchantement actuel et même la désaffection vis-à-vis du politique qu'on observe en Haïti après les promesses non tenues de février 1986, puis du 16 décembre 1990 (l'accession d'Aristide à la présidence) et enfin de septembre 1994 (mise en échec du coup d'État contre Aristide et retour à l'ordre constitutionnel rendu possible par l'intervention américaine). On reste en effet plutôt désemparé aujourd'hui[7] devant la dégradation de toutes les institutions de l'État et devant l'impuissance du pays à accéder à un régime démocratique, quinze ans après la chute de Jean-Claude Duvalier. Cependant, on ne trouvera dans ce livre, ni un récit, ni même une analyse des événements politiques de ces quinze ans, c'est pour cela que notre travail ne dispense pas de la lecture des ouvrages extrêmement documentés que sont les deux tomes de *La Transition d'Haïti vers la démocratie* (Port-au-Prince, 1997 et 2001) de Pierre-Raymond Dumas, ou encore du volumineux *Le Coup de Cedras. Une analyse comparative du système sociopolitique haïtien de l'indépendance à nos jours* de Jean-François Hérold (Éd. Mediatek, Port-au-Prince, 1995).

Nous nous proposons seulement de revenir aux problèmes qui sous-tendent le politique, comme l'imaginaire de la nation, de l'élite et du peuple, ou encore comme la problématique de l'individu face au groupe, ou de l'interprétation religieuse du politique, ou enfin comme la passion du pouvoir pour lui-même dès lors qu'on occupe une fonction de ministre ou de président. Bref, les textes que nous avons choisis visent à tracer des chemins pour approcher la complexité de la société haïtienne.

Ce qui fait la trame et l'unité des textes c'est avant tout la problématique de la démocratisation au cours des dix dernières années. Ne devrait-on pas, par exemple, se demander si la vision

---

jamais donné dans un optimisme quant à un relèvement rapide de la situation économique et à la mise en place d'un régime démocratique. Un consensus semble exister autour des difficultés, tant internes (d'ordre culturel et historique) qu'externes (volonté de contrôle de la vie politique et de l'économie, de la part des États-Unis notamment), rencontrées par Haïti pour sortir au moins d'un régime dictatorial.

[7] Sur la désaffection vis-à-vis du politique, voir les résultats de l'enquête de François Houtart et Anselme Rémy, dans *Haïti et la mondialisation de la culture. Étude des mentalités et des religions face aux réalités économiques, sociales et politiques*, Éd. Cresfed (Port-au-Prince) et L'Harmattan (Paris), 2000.

de l'État qui prévaut en Haïti n'est pas encore celle d'une instance qui vient se substituer au maître-colon par la toute-puissance qu'on attribue facilement à l'État ? Ainsi le dicton *aprè Dieu se Leta* (Après Dieu vient l'État) nous apprend qu'une fois hissé au pouvoir, un individu se croit libre de se comporter en maître absolu du pays, en père tout-puissant, pouvant disposer des vies et des biens à sa guise hors de tout contrôle. Parlement, police, mairies, entreprises publiques, bref, tout doit être voué au service du président qui se comporte en monarque. La liquidation du passé esclavagiste est loin d'être réalisée, mais la mémoire de ce passé doit être instruite de manière critique pour qu'elle ne serve pas comme source de ressentiment, de moyen de chantage ou comme excuse pour se mettre à l'abri de toute loi.

De même, peut-on réellement entrer dans une transition démocratique en laissant dans l'impunité les crimes commis auparavant sous la dictature de trente ans des Duvalier et qui ont produit un traumatisme profond tant chez l'individu que dans la collectivité ? Ne conviendrait-il pas de scruter ce qui dans la culture haïtienne conduit à confier soit à la nature soit aux dieux le soin de faire justice, ou, à l'inverse – ce qui reviendrait au même – à entreprendre des actes de vengeance à chaud comme les *dechoukaj* et les lynchages de personnes présumées bandits, voleurs ou sorciers ?

On peut se demander si le processus de démocratisation espéré après la chute de la dictature de Duvalier n'a pas la vertu de mettre la société dans un face-à-face avec ses contradictions, ses hésitations devant l'entrée dans un système qu'elle appréhende comme la ruine de sa particularité et de sa spécificité. L'universalisation de la démocratie, tant redoutée dans la pratique par les gouvernements des pays occidentaux qui paraissent se contenter pour les pays pauvres d'une démocratie-simulacre, n'ouvrirait-elle pas la voie à une crise de la culture ?

Les deux premiers chapitres rappellent l'importance de l'esclavage et de son héritage dans les représentations de la vie sociale et politique. Par-dessus tout, il s'agit de montrer que les rapports entre les pays occidentaux et les pays de la Caraïbe et en particulier Haïti sont encore surdéterminés par la mémoire de la traite et de l'esclavage, non seulement au niveau des préjugés sur les capacités de ces peuples à se gouverner, mais aussi sur les manières d'institutionnaliser la liberté.

Le deuxième groupe de textes porte sur les malentendus qui planent sur les concepts de justice et de vengeance. Pourquoi les pratiques de *dechoukaj* et de vengeance à chaud ont-elles encore tant de faveurs ? C'est en examinant les notions de temps, d'individu, de culpabilité que nous découvrons jusqu'à quel point la société haïtienne correspond encore à une société hésitante entre la fermeture sur elle-même ou sur son passé et l'ouverture vers un avenir. Hésitation qui se révèle fort coûteuse, quand on réfléchit sur les nombreux massacres perpétrés entre 1986 et 2001 et qui sont restés dans la plus grande impunité ; c'est qu'on s'en remet encore à une vision cyclique du temps chargé de résoudre les situations d'injustice. Le passé des trente ans de dictature qui a fait tant de victimes et disloqué tant de familles dans toutes les couches sociales ne peut tomber tout seul dans l'oubli, sans qu'il revienne hanter le présent, justement par la réduplication des crimes que l'impunité encourage quotidiennement.

Dans la troisième partie, nous entreprenons un réexamen des présupposés qui commandent la prétention à mettre en œuvre un système démocratique. L'interprétation qui est faite de l'identité culturelle, de la nation, du peuple et de la souveraineté nationale laisse planer des doutes sur les chances de succès du mouvement démocratique déclenché depuis 1986. Tout semble se passer comme si une partie de la société haïtienne évitait à tout instant d'assumer le principe du conflit ou de la division sociale, en s'accrochant encore à un ordre prépolitique, dans le refus systématique du pluralisme ou du partage du pouvoir.

L'étude sur « démocratie et populisme » est une analyse qui concerne non pas simplement la politique d'Aristide comme leader charismatique, mais aussi une orientation qui aurait été dominante dans les couches moyennes du pays dans la mesure où elles vivent dans une sorte de culpabilité face à une masse de pauvres et de sans-droits, bref dans une sorte de compassion pour « le peuple » qui est en même temps une véritable dérive de l'idée démocratique. Les deux textes, intitulés respectivement «Démocratisation et identité (culturelle et nationale)» et «La compassion pour le peuple», soulignent le danger que représentent l'abandon des médiations institutionnelles comme la justice, le système administratif, le Parlement, et surtout la confusion entretenue entre les plans du familial, du politique et de l'économique et du religieux. L'État n'ayant plus de consistance propre, l'essentiel de l'action du pouvoir devient la concession de quelques petits projets de nature caritative pour les masses pauvres et le recours incantatoire au «peuple» et aux organisations dites populaires. Rabattre l'ordre du politique sur ce qu'on pourrait appeler ici du «social-caritatif» est une manière commode de déresponsabiliser l'État par rapport aux tâches de développement.

La réflexion sur les rapports entre démocratie et populisme s'attaque en particulier au problème de la source de l'insécurité et de l'anarchie régnante dans les institutions de l'État. Nous proposons de comprendre ces rapports sur la base du phénomène de la «dé-symbolisation» du pouvoir (repérable dans les pratiques quotidiennes du chef de l'exécutif entre 1995 et 2000), en reprenant à notre compte ce que Claude Lefort[8] découvre comme la marque de tout régime démocratique, à savoir le caractère toujours symbolique du pouvoir, dans la mesure où celui qui occupe le pouvoir ne peut et ne doit jamais s'identifier à la fonction qu'il occupe. Le concept de «dé-symbolisation» du pouvoir nous permet de saisir comment l'autoritarisme peut parfaitement s'allier au laxisme du pouvoir, c'est-à-dire à un «laisser-faire» qui donne l'illusion que le pouvoir abandonne l'idée du monopole légitime de la violence pour se laver les mains devant la montée de la criminalité. En outre, avec le processus de mondialisation, la criminalité est facilement banalisée comme un phénomène naturel. Concrètement, plus on soutient la théorie de l'État minimal, plus les gouvernements justifient leur impuissance à combattre la criminalité, ce qui a pour effet secondaire de créer les conditions idéologiques d'une cannibalisation de l'État

---

[8] Claude Lefort, *Essais sur le politique*, XIXᵉ-XXᵉ siècles, Seuil, Paris, 1986.

par la mafia[9] ; comme par hasard, celle-ci reprend aujourd'hui de la vigueur dans les sociétés déjà affaiblies par des crises politiques.

Enfin, en dernière partie de l'ouvrage, une analyse du rôle du phénomène religieux dans le processus de sortie de la dictature s'avère indispensable pour comprendre la phase actuelle du désenchantement par rapport au rêve démocratique. Sur ce dernier aspect, nous esquissons une analyse encore sommaire du pentecôtisme qui devient prépondérant dans les couches sociales les plus pauvres, mais aussi dans les couches moyennes, sous la forme du renouveau charismatique de l'Église catholique. Certes le succès du pentecôtisme est attesté dans la plupart des pays de la périphérie (notamment en Afrique noire, dans la Caraïbe et en Amérique latine) et il demeure congruent au processus de globalisation. Mais on perçoit aisément que l'influence du pentecôtisme est d'autant plus grande qu'elle semble se substituer peu à peu à celle de la théologie de la libération. On ne devra pas s'étonner qu'il apparaisse aujourd'hui en Haïti comme un nouveau lieu d'expression des frustrations – sociales et politiques – et de la crise culturelle et politique qui traverse la société dans le contexte de la mondialisation et du difficile accès à un État démocratique de droit[10]. Bien entendu, les transformations qui se produisent au sein du christianisme dans sa double version catholique et protestante se retrouvent à un niveau encore plus aigu dans le vodou haïtien qui tente de revendiquer sa place dans la formation de l'identité culturelle haïtienne et qui cherche sa visibilité de diverses manières dans l'espace public. Le dernier chapitre sur « les transformations actuelles du vodou » n'est

---

[9] Dans un article intitulé « Les maffias au cœur du système » paru dans la revue *La Pensée*, n° 324, oct.-déc. 2000, Paul Euziere écrit : « Si la situation de délinquance ou de faiblesse des pouvoirs d'État et les périodes troubles sont toujours les terreaux des maffias, l'ultra-centralisation économique et le régime de parti unique, dès lors que n'existe aucun contre-pouvoir et règne l'opacité, peuvent favoriser le développement de la criminalité organisée, sinon de maffia, *stricto sensu* » (p. 11). On peut sous ce rapport peu à peu comprendre pourquoi en Haïti aux élections du 21 mai 2000 il était indispensable d'avoir un régime de parti unique, dans lequel tous les maires, tous les députés et tous les sénateurs sont du même parti, le parti appelé Fanmi Lavalas.

[10] L'interrogation sur l'État revient à l'ordre du jour et se fait urgente, voir par exemple les tentatives de Guy Hermet, dans *Les Désenchantements de la liberté. La sortie des dictatures dans les années 90,* Fayard, 1993 ; de Bertrand Badie, *L'État importé,* Fayard, 1999, et sous la direction de Daniel van Eeuwen, *Les Transformations de l'État en Amérique latine. Légitimation et intégration,* Éd. Karthala-CREALC, Paris, 1994.

point une conclusion à l'ouvrage, mais une ouverture sur les capacités de la société haïtienne à se relever et à prendre conscience de ses ressources internes sans s'enfermer sur le passé, mais en assumant le pluralisme religieux, culturel et politique qui est incontournable pour parvenir enfin à un régime démocratique.

En dernière instance, accéder à un gouvernement des lois et à un système politique dans lequel des règles formelles sont respectées, tel est l'enjeu de toutes les crises politiques que le pays traverse depuis 1986. On s'en rend compte avec une certaine clarté si l'on prend la peine de revoir la chronologie des événements politiques qui se sont déroulés ces quinze dernières années. Nous avons justement placé en annexe cette chronologie qui est proposée à partir des informations tirées principalement de trois ouvrages : La Transition démocratique, de Pierre-Raymond Dumas (déjà cité plus haut), La Répression au quotidien en Haïti (1991-1994), de G. Danroc et D. Roussière[11], puis des brochures intitulées Haïti au quotidien, publiées chaque année par l'Agence haïtienne de presse. L'on reste frappé par la répétition des mêmes méthodes pour conserver à tout prix le pouvoir ou pour éviter toute limitation au pouvoir ; de même, la liste des massacres est loin d'être exhaustive et laisse bien entendu de côté les nombreux crimes commis au quotidien, mais elle tend à souligner la pente vers l'amnésie comme l'une des marques de la société haïtienne puisqu'il est très rare de disposer d'une mise en mouvement véritable de l'action publique contre les criminels, ce qui conduit à croire que la délinquance vient peut-être de l'État, car tout compte fait, on peut se demander si les crimes ne sont pas toujours adossés au pouvoir de l'État.

Faudra-t-il s'enfoncer dans le pessimisme après le survol de ces quinze ans de troubles politiques où l'on ne voit que coups d'État, une douzaine de gouvernements, une dizaine de conseils électoraux provisoires et finalement l'incapacité à recevoir et à absorber l'aide internationale (dons, crédits, formes diverses de coopération et d'alliance) ? Record impressionnant en vérité pour tout observateur, mais tel est le défi qui se présente au XXIᵉ siècle : il suppose un

---

[11] *La Répression au quotidien (1991-1994), Éd. Karthala et HSI* (Haïti solidarité internationale), 1995.

patient travail de réflexion et d'explication sur les sources du sous-développement d'Haïti, sur les responsabilités internes autant que sur la pusillanimité de la communauté dite internationale qui sait ouvrir ou fermer les yeux selon ses intérêts propres du moment. En revanche, il n'est pas certain qu'il ne soit pas arbitraire de s'emmurer dans ces quinze dernières années, car à regarder, par exemple, les moments de sursaut de toute la société haïtienne comme celle qui va de 1946 à 1949[12], l'on découvre le formidable bond en avant que fait Haïti en sortant résolument de l'isolement et en lançant la célèbre exposition universelle qui plaçait le pays au premier rang de la Caraïbe au niveau politique, artistique et touristique. Pourquoi face à l'échéance de 2004, date de la commémoration du bicentenaire de l'indépendance du pays, l'espoir ne pourrait-il pas renaître ?

---

[12] Je recommande la lecture de l'ouvrage de Lucienne H. Estimé, sur le président *Dumarsais Estimé, Dialogue avec mes souvenirs*, Éditions mémoire, Port-au-Prince, 2001, dans lequel est relatée la mobilisation que le président Estimé a su en très peu de temps (seulement trois ans) mettre en œuvre au niveau national et international pour la réussite de l'exposition universelle autour du bicentenaire de Port-au-Prince en 1949.

Première partie

ESCLAVAGE

La crise multiforme (majorité de la population vivant au-dessous du seuil de pauvreté, dégradation de l'environnement, incapacité d'accéder à une stabilité politique depuis quinze ans) que traverse la société haïtienne doit encore une fois être rapportée à l'esclavage, c'est-à-dire à ses séquelles et à ses traces qui sont encore vives dans les mentalités, dans la vision de l'État et du pouvoir, dans les rapports sociaux. Rarement elles ont fait l'objet de recherches approfondies. Certes, le problème se trouve posé pour toute la Caraïbe et les Amériques en général. Mais dans la mesure où Haïti a prétendu être le premier pays à être sorti de l'esclavage, il s'est souvent rabattu sur les lauriers de ce passé, pendant que se reproduisent et se confortent les pratiques héritées de l'esclavage, comme le culte du chef, la volonté de pouvoir absolu, le refus de l'égalité entre tous les citoyens, l'intolérance vis-à-vis des opposants au plan politique, ou encore comme le problème de la domesticité, les préjugés de couleur, les rapports ambigus avec l'Europe et l'Afrique, et surtout les difficultés rencontrées pour institutionnaliser la liberté. Nous n'avons pas cherché cependant à traiter ce problème de manière séparée, c'est-à-dire en faisant comme s'il ne se présentait que sur le seul terrain des communautés victimes de la traite et de l'esclavage. Bien au contraire, il nous a semblé que l'Occident n'est pas encore vraiment entré en rupture avec les rapports qu'il avait instaurés sur la base de la traite et de l'esclavage et que, de ce fait, il persiste à refuser une universalisation réelle des droits humains fondamentaux et de la démocratie. Le texte sur « Esclavage et État de droit » que je reprends ici vise non pas à jeter le soupçon sur les théories de l'État de droit, c'est-à-dire à le renvoyer à une affaire essentiellement occidentale, mais à inviter à penser de manière radicale ce problème de l'universalisation des droits humains qui, bien souvent, n'est réellement accepté ni par les dirigeants occidentaux ni par les pouvoirs des pays du Sud.

Chapitre 1
La traite et l'esclavage des Noirs en Amérique[13]

L'esclavage du Nouveau Monde :
un impensé de la civilisation occidentale

De l'Antiquité gréco-romaine au Moyen Âge européen, dans les aires asiatiques ou africaines et au Nouveau Monde, l'esclavage ne change pas de nature. Perçu souvent comme une forme archaïque d'exploitation de l'homme par l'homme, ou même de surexploitation, le phénomène a pu être banalisé, quand on le mesure à ses seuls effets (dégradation sociale de l'individu, racisme, rentabilité économique, etc.). Or l'esclavage soulève une interrogation fondamentale sur le droit et sur l'histoire de la liberté. La philosophie et la théologie en ont bien eu l'intuition, mais, la plupart du temps, elles n'ont retenu l'esclavage que comme métaphore de la domination de l'homme par l'homme, quand elles n'évacuent pas son contenu concret.

Pourtant, l'histoire de la traite et de l'esclavage des Noirs, inaugurée dès la découverte du Nouveau Monde, fait encore partie de la modernité de la civilisation occidentale, et constitue même le dispositif sans lequel ni le racisme anti-noir ni le sous-développement actuel du continent africain ne seraient compréhensibles. La tentation est grande, à partir même de la nature de l'esclavage – où qu'il se pratique – de diluer l'événement dans l'histoire universelle et ainsi de décharger l'Occident moderne d'une confrontation avec ce qui appartient en fait à sa propre mémoire. Or, c'est peut-être faute d'avoir pensé la spécificité et la nouveauté de l'esclavage dans les Amériques que l'Europe a été si peu préparée à reconnaître les

---

[13] Publié dans *Concilium,* revue internationale de théologie, #232, 1990 pp. 111-122.

possibilités – inscrites au cœur même de son développement – de produire d'autres catastrophes tels Auschwitz ou les goulags. À partir du XVIᵉ siècle, en effet, nous assistons avec l'esclavage à la relance d'un système qui, tout en demeurant en continuité avec le Moyen Âge, se situe à l'échelle de trois continents, pour une longue durée (quatre siècles) et se reconnaît orienté vers les seules fins de la rentabilité économique. Loin d'être un avatar de la civilisation moderne ou un simple accident historique, l'esclavage en Amérique porte témoignage sur le fond de cette civilisation et constitue même son impensé[14].

Nous proposons ici de rappeler les données de base de la traite des Noirs, ses conséquences pour le continent noir tout entier, puis la pratique elle-même de l'esclavage dans les trois Amériques avec son organisation, sa justification et enfin les luttes des esclaves qui conduiront à l'abolition. Toutefois, il importera avant tout, non pas de nous. Nous proposons ici de rappeler les données de base de la traite des Noirs, ses conséquences pour le continent noir tout entier, puis la pratique elle-même de l'esclavage dans les trois Amériques avec son organisation, sa justification et enfin les luttes des esclaves qui conduiront à l'abolition. Toutefois, il importera avant tout, non pas de nous engager dans une tâche d'historien, mais de tenter, à partir de la mémoire fraîche de l'esclavage, de soulever des questions encore de la plus brûlante actualité sur le droit et l'universel, dans la mesure où l'esclavage n'aura jamais été que l'institution du non-droit pour une partie de l'humanité, dans le même temps que la Raison et les Lumières prétendent déployer leurs atours en Occident.

---

[14] Sur la nouveauté du système esclavagiste au Nouveau Monde, voir en particulier : D. B. Davis, *The Problem of Slavery in Western Culture,* Ithaca, Cornell University Press, 1966; *The Problem of Slavery in the Age of Revolution, 1770–1823,* 2, Cornell University Press, 1976, E. Genovese, *Roll Jordan, Roll: The World the Slaves Made,* New York, Panthéon Books, 1972; le collectif sous la direction de S. Mjntz : *Esclave = facteur de production. L'Économie politique de l'esclavage,* Paris, Dunod, 1981. Mais sur les aspects universels de l'esclavage, voir surtout : M. l. Finley, *Esclavage antique et idéologie moderne,* trad. de l'anglais, Paris, Éd. de Minuit, 1981 ; O. Patterson, *Slavery and Social Death. A Comparative Study,* Cambridge, Harvard University Press, 1982; C. Meillassoux, *Anthropologie de l'esclavage,* Paris, Presses universitaires de France, 1986 ; ou l'ouvrage encore très actuel de H. Vallon, *Histoire de l'esclavage dans l'Antiquité (1879),* rééd. Paris, Robert Laffont, 1988.

De l'esclavage indien à la traite des Noirs

Au début du XVIe siècle, théologiens, juristes et canonistes échangent violemment leurs points de vue sur le droit de l'Espagne de réduire les Indiens en esclavage. Mais la pratique esclavagiste est déjà fort avancée. Dès 1494, cinq cents Indiens sont capturés et expédiés comme esclaves en Espagne. Le 2 août 1530, Charles V a beau proclamer l'illégalité de l'esclavage indien, grâce à la défense âpre et tenace conduite par Las Casas du droit des Indiens, les jeux sont faits. L'*encomienda,* comme système de travaux forcés dans l'exploitation des mines d'or, c'est le génocide de la population nouvellement conquise. Aussi les Indiens sont-ils seulement tenus pour inaptes à l'esclavage. Mais sur les Noirs d'Afrique, aucun débat ni juridique ni théologique ne sera ouvert. Le mythe du fils de Cham, maudit, circulait assez, à la fin du Moyen Âge, pour autoriser le Portugal, puis l'Espagne, à puiser librement des esclaves dans le «continent noir». En 1434, des Portugais achètent aux Nord-Africains des cargaisons d'esclaves en Afrique pour la domesticité, l'agriculture, en général, et pour les plantations de canne à sucre dans l'île São Tomé. Et dans le Nouveau Monde, pendant qu'on s'arrache les cheveux autour de la barbarie ou de l'idolâtrie de l'Indien, dès 1503, des esclaves «nègres» travaillent aux côtés de l'Indien et sont maintenus prêts à suppléer à sa disparition. Las Casas aura beau invoquer l'aptitude des Noirs à l'esclavage, puis regretter d'avoir été complice de la traite, ce sera peine perdue. Les intérêts puissants de la Couronne et de l'Église président à une pratique de conquête devant laquelle l'interrogation elle-même sur le droit s'effacera peu à peu.

À travers l'asiento (monopole accordé par la Couronne à une compagnie pour le trafic d'esclaves noirs), c'est le Portugal qui est à l'avant-porte de la traite pendant tout le XVIe siècle. Mais l'Espagne lui dispute la possession de nouvelles terres du Nouveau Monde, en recourant à l'arbitrage du pape. C'est ainsi qu'en 1517, 4 000 esclaves sont vendus et déportés à Hispaniola et à Cuba. Ensuite, l'Espagne, la Hollande, la France et l'Angleterre rivalisent entre elles pour participer à la traite. Les compagnies maritimes à privilèges se créent à une cadence précipitée. En 1635, la Compagnie des Indes de l'Amérique sera chargée par Richelieu de fournir des esclaves aux îles de la Caraïbe. À partir de 1651, l'Angleterre, à son tour, fonde la Guinea Company et plus tard, en 1672, la Company of Royal Adventures et au XVIIIe siècle finit par dominer le commerce triangulaire avec Liverpool, le plus grand port de négriers en Europe.

Mais comment obtient-on les esclaves ? D'abord en établissant des forts et des comptoirs tout au long des côtes africaines. L'Afrique dénommée alors Côte de l'Or, Côte des Esclaves, Côte du Poivre, Côte d'Ivoire, n'est plus qu'un immense entrepôt de «pièces d'Inde», de «bois d'ébène», de «têtes de nègres», qui sont capturés grâce à des razzias opérées à l'intérieur du continent ou par des guerres encouragées entre les tribus par les négriers. Des potentats locaux raffermissent leurs pouvoirs et vendent les captifs de guerre et les sujets qu'ils tiennent pour délinquants. Tous les moyens sont bons pour répondre à la demande d'esclaves des Européens. Ils apportent en échange des étoffes, du cuivre, de la verrerie et surtout des parures et des armes à feu pour les rois africains. Peu à peu, de véritables États négriers se fondent et se consolident : Dahomey, Congo, Ashanti, Afrique australe. Quant à la Guinée d'où partent souvent les esclaves, c'est en fait la région qui s'étend le long de la Côte et va de la rivière Sénégal jusqu'à la Sierra Leone, puis de là la Côte de l'Or et jusqu'au royaume de l'Angola.

Les conséquences de la traite sont catastrophiques pour le continent africain, ne serait-ce au départ que par la ponction de population qu'elle opère. On évalue aujourd'hui, sur quatre siècles, à environ 11 700 000 le nombre d'esclaves déportés vers les trois Amériques. Mais certains auteurs parlent de 13, voire 15 millions[15]. Dans tous les cas, il convient d'ajouter ceux qui meurent déjà lors

---

[15] Pour les données démographiques de la traite, voir les travaux récents comme : *De la traite à l'esclavage.* Actes du colloque international sur la traite des Noirs, 1,1 et II, Éd. par Serge Daget, Paris, Centre de rech. sur l'hist. du Monde atlantique et Société française d'histoire d'outre-mer, 1988 ; également L. Crète, *La Traite des Nègres sous l'Ancien Régime,* Paris, Librairie académique Perrin, 1989 ; et l'ouvrage classique, mais plus ancien, de Ph.-D. Curtin, *The Atlantic Slave: A Census,* Madison, University of Wisconsins Press, 1969. Sur l'importance de la traite dans le développement industriel de l'Angleterre, voir E. Williams, *Capitalisme et esclavage,* trad. Paris, Éd. Présence africaine, 1968 ; enfin sur les chiffres avancés au XIXe siècle, avant l'abolition, voir Alex Moreau de Jonnes, *Recherches statistiques sur l'esclavage colonial et sur les moyens de le supprimer,* Paris, 1842.

des guerres de capture et pendant la traversée. Selon C. Coquery-Vidrovitch, la mortalité moyenne a été de 13 %[16]. L'Angleterre a, elle seule, fourni pour le XVIIIe siècle environ 2 à 3 millions d'esclaves à ses colonies, comme à celles de la France et de l'Espagne, et à la Virginie. Concernant la France, à la même époque, on compte environ 1 million d'esclaves transportés par 3 321 négriers. Quant au sud des États-Unis, en 1774, on y dénombrait 500 000 Noirs. Pour le Brésil, on parle de 1 million d'esclaves environ, au travail en 1798. Il n'y a pas une seule colonie anglaise, française, espagnole, hollandaise, danoise qui ne soit fournie en esclaves. En 1788, la Jamaïque est la plus prospère des colonies anglaises avec 256 000 esclaves, pendant que Saint-Domingue constitue la plus grande source de l'enrichissement de la France, avec 405 828 esclaves. À travers ces chiffres impressionnants, on pressent que le continent africain a dû subir un véritable séisme au niveau démographique. Les jeunes (hommes et femmes) sont capturés en plus grand nombre. Des esclaves au-dessus de quarante ans sont la plupart du temps refusés par les négriers dont la demande de nègres n'était jamais complètement satisfaite. L'Afrique devra ainsi connaître une accélération de son déclin. L'artisanat, le tissage, le travail des métaux, l'agriculture passent au second plan face à une traite qui conduit à la domination d'un système esclavagiste dans la plupart des États, en sorte qu'au moment même où l'Europe accepte enfin de renoncer à l'esclavage à la fin du XIXe siècle, l'Afrique apparaît – étrange ironie de l'histoire – rigoureusement désemparée, car un Africain sur quatre sera alors esclave[17]. Mais il faut signaler surtout le calvaire qu'a été la traversée de l'Atlantique. Elle dure environ quarante jours, sur des bateaux dans lesquels parfois 400 à 500 esclaves sont enchaînés deux à deux par les pieds et entassés dans les cales « comme des rangées de livres ». La faim, les maladies comme le scorbut, la dysenterie, les fièvres dites putrides font des négriers « des tombes flottantes ». Au XVIIe siècle encore, on signale 131 morts sur 966 esclaves sur un seul navire *(L'Iris)*, ou 110 sur

---

[16] C. Coquery-Vidrovitch, « Traite négrière et démographie. Les effets de la traite atlantique. Un essai de bilan des acquis actuels de la recherche », dans *De la traite à l'esclavage, op. cit.,* pp. 57-70.

[17] *Ibid.,* p. 68.

442, ou encore 193 sur 401, pour ne citer que ces seuls exemples. Et que dire des mauvais traitements ? Faux problème, puisque, par définition, l'esclave, corps-bétail, est exposé à tous les excès de la part de son propriétaire. C'est ce que la vie quotidienne de l'esclave donne d'abord à observer.

L'institution de l'esclavage

Comme négation chez un être humain du droit à avoir des droits, l'esclavage au Nouveau Monde est une institution justifiée par des lois positives et encadrées par l'État moderne naissant au XVIe et au XVIIe siècles. Quels sont les ressorts de cette institution ? Quels objectifs, quels intérêts vient-elle servir ? Quelles contradictions révèle-t-elle dans la modernité occidentale, mais aussi dans le christianisme qui aura été, nous le verrons, une pièce maîtresse dans la justification idéologique de l'esclavage ? On ne peut vraiment explorer ces questions que si l'on porte bien l'attention sur les conditions concrètes de la vie quotidienne de l'esclave sur le terrain dans le Nouveau Monde. Une abondante littérature a déjà fait état de ces conditions. On ne fera ici que rappeler sommairement les éléments essentiels. L'esclave l'est d'abord à vie, et sa progéniture est destinée à l'esclavage. C'est déjà indiquer jusqu'à quel point l'esclavage constituait l'empire même de la mort. Mais d'une mort lente, même si la durée de vie de l'esclave – pratiquement partout dans les Amériques – est évaluée à sept ans. Le travail, sous la surveillance d'un commandeur, s'effectue du lever du soleil à son coucher et est soumis à la discipline du fouet, mais, il faut le préciser, cinquante à deux cents coups à la moindre négligence. Être esclave, c'est être un corps battu, qui ainsi, pourra fournir son plein rendement. Toute interprétation des attitudes du maître en termes paternalistes est ici dépourvue de fondement. Car il va falloir que le maître travaille, en toute rigueur, à l'avilissement de l'esclave, à sa déchéance la plus totale, pour mieux parvenir à rendre sa condition naturelle à ses propres yeux. Chargé de nourrir, de vêtir et de loger l'esclave, le maître s'arrange pour maintenir ces devoirs sous le régime de la pure faveur et donc ne saurait éviter la parcimonie. Quelques lambeaux de toiles pour vêtements, nous apprend le père Dutertre, dès 1666, ainsi va l'adulte esclave, pendant que les enfants sont tout nus. Jusque dans la mort, la condition d'esclave doit être rendue visible. Plein de commisération, le même père Dutertre, tout esclavagiste qu'il était, rapporte que « de cinquante qui meurent, il n'y en a pas deux qu'on ensevelisse dans de la toile : on les apporte couverts de leurs méchants haillons, ou enveloppés dans quelques feuilles de balisiers[18] ». Les tortures réservées à l'esclave, rebelle ou paresseux, ne témoignent pas de la cruauté particulière de quelques maîtres, mais font partie structuralement de la pratique quotidienne de l'esclavage. Appliquer un fer rouge aux parties délicates de l'esclave, l'attacher à des pieux pour le livrer à des insectes jusqu'à ce que mort s'ensuive, le brûler vif, l'enchaîner, mettre à ses trousses chiens et serpents, violer les négresses, et bien d'autres tortures servent avant tout à exprimer la domination absolue. Absolue, elle l'est, ou plutôt prétend l'être dans l'acte d'étamper l'esclave, de changer son nom, de mélanger les ethnies, de le faire perdre toute filiation, bref de produire chez lui une amnésie culturelle dont il sortira zombi, mort-vivant totalement soumis aux caprices et aux humeurs du maître. Mais – et cela n'est point paradoxal – l'État moderne s'est évertué à décharger le maître du fardeau – d'avoir à penser et à assumer lui-même cette domination absolue[19]. Le scandale de l'esclavage sera en effet dissous, ou pour le moins désamorcé, par la raison d'État et les intérêts mercantilistes. Comment en rendre compte si ce n'est en interrogeant le système juridique et idéologique mis en place autour de l'esclavage ?

Dès le départ, nous l'avons vu, la traite suppose une entente générale au sein des nations européennes entre l'Église, l'État, la Noblesse et l'Opinion publique. Certes, on voyait déjà dans l'esclave un étranger ou un captif dont la peine de mort est commuée en mort sociale et juridique. Sous ce rapport, l'esclavage ne suscitait plus aucun questionnement. Pratiqué encore en Europe, aux XIIe et XIIIe siècles, et plus tard au XVe siècle, il disposait d'un arsenal de

---

[18] J.-B. Dutertre, *Histoire générale des Antilles habitées par les Français*, Paris, 1666, tome II, pp. 538-539.

[19] Voir l'argumentation que nous avons développée dans les articles suivants : « État et religion au XVIIe siècle face à l'esclavage au Nouveau, Monde », in *Peuples méditerranéens*, 27–28, 1984, pp. 39–56; «Esclavage moderne et État de droit», in *Chemin critiques*, revue haïtiano-caribéenne, Éd. du Cidhica, Port-au-Prince et Montréal, vol. 1, n° 2, août 1989, pp. 37-57.

justifications. Mais, à travers la nouvelle expérience esclavagiste au Nouveau Monde, les États modernes européens mettent à l'épreuve non seulement leurs capacités expansionnistes, mais aussi leur efficacité interne comme instance qui saura se subordonner la religion et s'attribuer la tâche pédagogique de la production de l'homme.

Règlements de discipline, arrêts, ordonnances émanant des métropoles sont nombreux et manifestent leur intérêt soutenu à la survie de l'institution esclavagiste. Mais parmi les dispositifs juridiques qu'on retrouve dans toutes les colonies à esclaves du Nouveau Monde, le Code noir français de 1685 mérite une attention particulière. Dans l'impossibilité de nous livrer à une analyse détaillée de ce texte, il convient de souligner ici que l'objectif de ce code n'avait point été d'assouplir les conditions de vie de l'esclave, ni de contribuer à limiter le pouvoir du maître, mais de fonder et de renforcer, à travers l'appareil étatique, l'ordre esclavagiste. Réédité en France par Louis-Sala-Molins, qui le qualifie de texte juridique le plus monstrueux qu'aient produit les Temps modernes[20]» , le Code noir a été rarement mentionné par les philosophes des Lumières ; il est même tombé dans l'oubli, alors que, pendant deux siècles, il a donné à l'esclavage français son armature essentielle. Ce qu'énonce le Code noir, c'est paradoxalement le non-droit de l'esclave, et le seul droit du maître. Tous les articles qui décrivent l'esclave comme bien meuble, propriété, donc comme «chose» (au sens du droit romain), ne s'embarrassent pas de la contradiction qui consiste à soumettre l'esclave à la tendresse royale et à la pitié du maître qui doit le nourrir, le vêtir, l'entretenir, pourvoir à son instruction religieuse, disposer de sa progéniture et éviter «les traitements barbares et inhumains» (art. 26). Mais là où le Code noir prétend protéger l'esclave, il déclare en même temps que l'esclave ne peut en aucun cas porter témoignage ou plainte par lui-même devant les tribunaux contre les excès du maître (art. 30). D'un côté donc, l'esclave, chose ou animal, de l'autre, être humain, mais dépourvu – légalement – de tout droit :

---

[20] L. Sala-Molins, *Le Code noir ou le Calvaire de Canaan*, Paris, Presses universitaires de France, 1986, 9 ; voir aussi l'analyse critique proposée autrefois par L. Peytraud, *L'Esclavage aux Antilles françaises avant 1789,* Paris, 1897 ; et surtout le rigoureux travail de A. Gisler, *L'Esclavage aux Antilles françaises, XVIᵉ-XVIIIᵉ siècles;* Fribourg, Éd. Universitaires, 1964 ; nouvelle édition revue et corrigée, Paris, Karthala, 1981.

une telle situation n'est cependant plus tout à fait celle définie par le droit romain ; elle le dépasse sous l'angle bien précis du service que l'État moderne prétend offrir gracieusement à tout un continent, et à ce qu'on appelle déjà une « race ». L'institution esclavagiste a en effet pour objectif de convertir au christianisme des infidèles ou des païens vivant sous l'empire de Satan : « Tous les esclaves qui seront dans nos îles seront baptisés et instruits dans la religion catholique… » (art. 2). Le christianisme ne développe pas son action, à son corps défendant : il sert l'État en proclamant à l'esclave son devoir d'état qu'est l'obéissance au maître. Déjà esclaves et captifs sur leur continent, mais aussi idolâtres, les Noirs ne peuvent que rendre grâce à la Providence pour leur déportation en Amérique. « Leur servitude, écrit le père Dutertre, au XVIIe siècle, est le principe de leur bonheur et leur disgrâce est la cause de leur salut[21]. » À quoi, un règlement de discipline, un siècle plus tard, en 1776, fera écho : « La sûreté publique, l'intérêt des maîtres, le salut de leur âme, sont les motifs qui doivent engager le missionnaire à y travailler [à l'instruction religieuse des Nègres] avec d'autant plus de zèle[22]. » Inversement, les réunions des esclaves qui tentent un réemploi de leur système religieux africain sont interdites. Elles sont tenues pour des occasions de rébellion. Aussi le maintien de la couverture idéologique de l'esclavage qu'est la conversion forcée apparaît-il comme une obsession chez les administrateurs. Dans l'ensemble, le clergé remplit assez bien son rôle ; il est en effet lui-même possesseur d'esclaves[23]. Bien entendu, certains prêtres, protecteurs des esclaves fugitifs ou trop zélés dans l'instruction religieuse, sont rapidement déportés et réembarqués pour la métropole.

Le plus important, au regard de l'État, demeure la prise en charge de la vie de l'esclave, dans sa totalité. Le christianisme, tout en contrecarrant toute possibilité de révolte des esclaves, doit accomplir une œuvre civilisatrice, servir de lieu d'accès à la culture

---

[21] J.-B. Dutertre, *Histoire générale des Antilles habitées par les Français*, *op. cit.*, t. H, p. 502.

[22] Cité par A. Gisler, *L'Esclavage aux Antilles françaises*, *op. cit.*, p. 185.

[23] *Ibid.*, pp. 183 *sq*. Dans cet ouvrage, A. Gisler montre, au-delà même du fait établi d'un clergé propriétaire d'esclaves, que l'Église visait davantage à adoucir le sort des esclaves (mais les résultats sont plutôt maigres) qu'à contester l'institution elle-même.

occidentale, dont les paramètres prétendent définir l'humanité de l'homme. Mais pour que l'esclavage soit maintenu, il faudra en toute logique que l'esclave soit inapte au christianisme, qu'il soit sorcier et barbare de manière rédhibitoire. Comment ? Par l'inscription de ces « tares » dans sa constitution biologique. Si le préjugé racial n'est pas au principe de l'esclavage, il vient se déposer et se développer au cœur de la pratique esclavagiste. Les « Nègres » sont propres à la servitude, parce qu'ils constituent une espèce dégradée. Sur le mythe de Cham vient se greffer peu à peu une anthropologie du « Nègre » sauvage et barbare, cannibale, paresseux, polygame, enclin aux sacrifices humains et dépourvu de goût pour la liberté. Une littérature vaste se déploie du XVIIᵉ siècle au XIXᵉ siècle[24] pour répandre en Europe une telle image du Noir, afin de rendre l'opinion publique occidentale insensible à l'enfer esclavagiste. À vrai dire, un enfer donné pour un temps de purgatoire au « Nègre » qui, pour avoir été mis de force en contact avec « la » civilisation (occidentale), méritera – un jour – la qualité d'homme, pourvu que ce jour soit le plus lointain possible.

De la résistance des esclaves à l'abolition

Un système aux mailles serrées, tel est l'esclavage au Nouveau Monde. Mais pour cela, il aura pu recueillir l'expérience de l'esclavage antique et médiéval et le porter à son comble. Deux issues s'offrent d'abord à l'esclave. Laisser le corps au maître pour rejoindre symboliquement ou spirituellement l'Afrique : suicide, avortement, refus des soins et de la nourriture, infanticide sont les premières expressions d'un grand refus. La deuxième issue est la fuite individuelle ou collective – appelée marronnage[25]. On en a souvent cherché les causes dans la faim ou les mauvais traitements ;

---

[24] Sur l'image du Noir en France en particulier, voir l'étude fouillée de W.B. Cohen, *Français et Africains, Les Noirs dans le regard des Blancs, 1530-1880,* trad. de l'anglais par Camille Gamier, Paris, Gallimard 1980 ; voir aussi de L.-F. Hoffmann, *Le Nègre romantique,* Paris, Payot, 1972 ; P.-H. Boulle, dans son article sur l'origine du racisme en Europe. Quelques hypothèses », dans *De la traite à l'esclavage, op. cit.,* pp. 535-547, mettent en avant que le discours raciste se déploie avec l'apparition du mouvement abolitionniste.

[25] Pour une vue générale de l'importance du marronnage, voir R.S. Price, *Maroon Society,* New York, Doubleday, 1973.

à la vérité, il s'agit d'un geste d'affirmation de la liberté. Partout où c'est possible, l'esclave tente en effet d'échapper au pouvoir du maître. De véritables républiques marronnes se sont constituées au Brésil, à la Jamaïque, en Guyane. Et sans nul doute, depuis le XVIIe siècle, chaque règlement émanant de l'administration ou de la métropole vise la répression systématique du marronnage. Maints articles du Code noir ne font qu'énoncer une panoplie de châtiments contre l'esclave marron.

Les rumeurs d'empoisonnements, de révoltes accompagnées d'incendies des plantations et des sucreries, hantent le sommeil des maîtres, tout au long du XVIIe siècle, spécialement dans les îles. Bientôt, à la faveur des événements de la Révolution française, Saint-Domingue, la colonie la plus prospère pour la France avec plus de 400 000 esclaves, offre le spectacle de la première grande révolte d'esclaves victorieuse. Une insurrection déclenchée à Saint-Domingue dans la nuit du 15 août 1791 a été le moment inaugural d'une longue lutte de treize ans, au cours de laquelle surgira le génie politique de Toussaint Louverture.

C'est que, du fond de sa déréliction, l'esclave a su trouver en lui-même les ressources pour exprimer sa dignité. Il a en effet peu à peu entrepris la construction souterraine d'une nouvelle culture dans laquelle il se reconnaît. Ainsi par exemple, le vodou en Haïti, la santeria à Cuba, le candomblé au Brésil – qui sont des cultes de la transe hérités de l'Afrique – constituent une création régionale aux mythologies riches, d'où l'on voit à l'œuvre une ré-interprétation de l'Afrique perdue, mais aussi du christianisme missionnaire. Quant au blues et au négro-spiritual, ils témoignent encore d'une volonté de vie et d'espoir au cœur de l'enfermement esclavagiste. Peut-être même que les Noirs américains ont écrit une nouvelle page dans l'histoire du christianisme, pour avoir su faire des églises les lieux de lutte pour la reconnaissance de leurs droits humains[26].

Pourtant, la marche vers l'abolition de l'esclavage a été d'une extrême lenteur. Les idées abolitionnistes exprimées avec prudence au XVIIIe siècle par les Lumières, et soutenues avec

---

[26] On se reportera à l'excellente démonstration de E. D. Genovese, *Roll, Jordan, Roll: The World the Slaves made, op. cit.,* surtout p. 168.

audace en Angleterre par William Pitt, Wilberforce, puis par Clarkson, sont restées sans succès. Un peu partout en Europe, les écrits philanthropiques les plus radicaux penchent vers la seule suppression de la traite et proposent une émancipation graduelle. À Paris, en 1788, la Société des Amis des Noirs s'intéresse au départ à l'égalité civique des mulâtres avec les Blancs dans les colonies françaises, mais nullement à une abolition immédiate de l'esclavage. Il a fallu que parvienne en France la nouvelle de la révolte sanglante des esclaves, déclenchée en août 1791, pour que, enfin, on prenne conscience de l'horreur que représentait l'esclavage au regard des Noirs. Mais là encore, la liberté générale proclamée en 1793 à Saint-Domingue ne sera ratifiée par la Convention qu'en 1794, pour être remise en question par Napoléon Bonaparte en 1802. Le cas exceptionnel du nouvel État indépendant d'Haïti servira toutefois de repoussoir contre toute abolition immédiate, car celle-ci, disait-on, risque d'entraîner la perte des colonies. Si l'Angleterre réussit, sous la pression de son Parlement et des pétitions des protestants, à déclarer en 1807 l'illégalité de la traite, la France, elle, ne l'a suivie qu'à contrecœur en 1815 au congrès de Vienne. De cette date à 1845, pas moins de vingt-huit traités franco-anglais ont été signés avant d'aboutir à la cessation officielle du trafic d'esclaves et à l'abolition en France (1848). Mais la traite clandestine a continué de plus belle vers les États du sud des États-Unis, vers le Brésil et Cuba, dans les années 1870-1880. Cuba a été en effet la dernière colonie à proclamer l'abolition en 1880.

Les péripéties de l'abolition montrent jusqu'à quel point la traite et l'esclavage ont été soudés aux intérêts économiques des grandes puissances et à ce qu'il faut bien appeler la raison d'État. Les polémiques vigoureuses lancées par Clarkson et les protestants anglais, dont notamment les Quakers, puis par l'abbé Grégoire et Victor Schœlcher en France contre les anti-abolitionnistes se sont heurtées en fait non seulement aux préjugés diffusés contre les Noirs dans l'opinion publique, mais surtout à la volonté expansionniste européenne. L'abolition n'a eu lieu qu'à partir du moment où pouvaient se préserver intacts les biens des colonies et les richesses qu'apporte à l'Europe les colonies à esclaves. Certes, avec les théories du droit naturel élaborées au XVII siècle, les philosophes des Lumières comme Kant ou Rousseau, et la Déclaration des droits de l'homme de 1789, l'esclavage apparaît bien comme un scandale et un crime contre l'humanité. Mais pour comprendre sa longue durée, deux facteurs méritent d'être pris en considération : la tendance à sacraliser l'État à travers la raison d'État, qui à la vertu de miner l'universalité des principes de l'égalité et de la liberté ; la tendance à faire de l'Europe le juge de toutes les autres cultures, à partir de quoi l'idéologie raciste à prétention scientifique connaît au XIX siècle en particulier une ascension spectaculaire. Le Noir affranchi, devenu paysan pauvre, ouvrier, chômeur des bidonvilles, domestique ou travailleur émigré, n'est-il pas encore victime du racisme ? Derechef, la quête de l'égalité et de la liberté est à l'ordre du jour, et demeure la tâche qui ouvre l'horizon d'où peut apparaître l'humanité de l'homme. En ce sens, ne faudrait-il pas déchiffrer dans les mouvements de révolte déclenchés par l'esclave à la fois l'effectuation pratique des droits imprescriptibles de l'homme, mais aussi l'indication d'un rêve encore inaccompli, qui, sous les luttes actuelles multiformes pour la liberté, devrait s'appeler le devoir d'humanité ?

Chapitre 2
Esclavage moderne et État de droit[27]

Esclavage moderne et raison d'État

L'esclavage est généralement appréhendé comme une étape dans l'histoire des civilisations, désormais dépassée ; mais il est réemployé comme métaphore ou paradigme de la domination de l'homme par l'homme. De Hobbes à Hegel en passant par Rousseau, la plupart des théoriciens de l'État de droit minimisent l'ampleur de la pratique de l'esclavage moderne au Nouveau Monde alors que, depuis le XVIIᵉ siècle, sur la base de la politique de la Conquête, la majorité des pays européens légitiment la traite et, le cas échéant, légifèrent sur l'esclavage outre-mer. Cependant, entre la constitution de l'État moderne et l'esclavage dans les Amériques, aucune articulation n'a été pensée. Seuls ont été mis en relief les aspects pseudo ou précapitalistes de l'esclavage, dits irrationnels, en particulier dans les théories de Max Weber et chez les historiens actuels du phénomène esclavagiste les plus en vue, tel Eugène Genovese[28]. De la sorte, que l'esclavage moderne ne soit plus qu'une anomalie, un accident ou une exception dans une modernité qui supposerait nécessairement sa disparition, voilà ce que le sens commun est conduit à penser. Je voudrais montrer qu'au moment même où l'État de droit prend naissance, il est théorisé comme la seule voie qui rendrait possible la fin de la pratique esclavagiste ; de

---

[27] Publié dans *Genèse de l'État moderne en Méditerranée,* Éd. H. Brese, École française de Rome, 1993, pp. 131-149.

[28] Cf. E. D. Genovese, *L'Économie politique de l'esclavage,* traduction N. Barbier, Paris, 1979, qui reprend d'ailleurs les arguments développés par Max Weber dans *Économie et société,* Paris, 1971.

façon concomitante surgit une représentation ou une conception de la civilisation qui légitime indirectement l'esclavage et, en tout cas, présuppose comme normale, voire bienfaisante, la mise en esclavage d'un certain nombre de peuples non occidentaux.

Pour rendre compte de l'esclavage moderne, deux théories ont été avancées jusqu'ici[29]. La première tourne autour de l'argument économique de la rentabilité. L'esclavage est appréhendé comme mode de production destiné à être aboli à cause des entraves qu'il met au développement des forces productives et à l'accroissement du taux de profit. La seconde voit dans le racisme l'ultime fondation de la pratique esclavagiste. Pour séduisante qu'elle soit, cette théorie n'explique pas, entre autres, pourquoi, l'esclavage une fois aboli aux États-Unis, le racisme y apparaît avec plus de force encore. Et, par-dessus tout, elle reste muette sur la contribution même de l'esclavage à la production de l'idéologie raciste.

Ce qui rend difficile la mise en perspective de la naissance de l'État moderne avec l'esclavage au Nouveau Monde, c'est la persistance d'une compréhension de l'esclavage comme phénomène à resituer dans les sociétés modernes. J'ai tenté ailleurs[30] de montrer que, en dehors d'un solide encadrement étatique, l'esclavage moderne aurait eu toutes les difficultés à se pratiquer à l'échelle (mondiale) des trois continents (Afrique, Europe, Amérique) à laquelle il a été réalisé, puis à se maintenir sur une aussi longue durée (environ quatre siècles).

J'ai souligné en particulier la difficulté que rencontre le christianisme, dans ses deux versions (protestante et catholique), à produire une justification doctrinale de l'institution esclavagiste et, inversement, à en permettre une abolition rapide, pour des raisons souvent évoquées aujourd'hui : d'un côté, dès le XVIIe siècle, la religion se trouve subordonnée de plus en plus aux intérêts de l'État, tout en cherchant ses propres bases d'évolution autonome ; d'un autre côté, l'abandon de la théorie d'un droit naturel en connexion avec la

---

[29] Voir Esclave = facteur de production. *L'économie politique de l'esclavage*, s.d., de S. W. Mintz, tr. J. Rouah, Paris, 1981.

[30] Cf. notre article «État et religion au XVIIe siècle face à l'esclavage au Nouveau Monde», dans *Peuples méditerranéens,* n° 27-28, 1984, pp. 39-56, également le chapitre : «Révolution française et révolution antiesclavagiste», dans notre ouvrage *Comprendre Haïti. Essai sur l'État, la nation, la culture,* Paris, 1987.

loi divine remet à l'homme son destin entre ses propres mains, mais du même coup ouvre à l'État la possibilité de paraître désormais le seul lieu où l'homme trouverait une garantie contre la déchéance vers le chaos et la barbarie. Tout se passe comme si l'on pouvait établir une équivalence entre l'avènement de la raison et la raison d'État ; de cette problématique, Hegel fournira plus tard la théorisation la plus exhaustive. Les difficultés de légitimer l'institution esclavagiste n'ont pu être surmontées que par le recours à cette ultime instance : l'État ou la raison d'État. Cette hypothèse a encore besoin d'être ancrée dans une réflexion sur la genèse de l'État moderne, sa nature véritable, ses différentes faces et ses modalités de réalisation : autant de champs d'investigation que l'on commence seulement à explorer aujourd'hui.

Dans le cadre de cette communication, je prétends seulement ouvrir un débat sur le rôle rempli par les théories de l'État de droit émises au XVIIe siècle face à l'esclavage moderne. Jusqu'ici, en effet, de nombreux chercheurs, historiens et sociologues, soutiennent comme allant de soi la thèse selon laquelle l'esclavage moderne ne peut en aucune façon trouver ses fondations dans un État de droit : celui-ci serait de soi abolitionniste. (Le statut de liberté individuelle, écrit par exemple Blandine Barret-Kriegel, est la grande nouveauté de l'État de droit, car ce n'est rien d'autre à notre sens que l'émergence, à l'intérieur de l'État moderne, du premier droit politique antiesclavagiste[31].)

Cette thèse s'appuie généralement sur l'analyse du pouvoir souverain délié de la tutelle religieuse, tel qu'on le trouve défini chez Machiavel, Bodin, Hobbes et Locke, sur l'émergence de l'individu compris comme sujet de droit, et sur l'élaboration de la théorie des droits de l'homme allant du *Bill of Rights* de 1688 jusqu'à la Déclaration universelle des droits de l'homme en 1789. Mais on essaie rarement de mettre en perspective la théorie de l'État de droit avec la pratique et l'institution esclavagistes dans les Amériques, qui constituent pourtant avec évidence les lieux ou devrait s'éprouver ce qu'on appelle avec tant de solennité la fin de la relation maître/

---

[31] B. Barret-Kriegel, *L'État et les esclaves,* Paris, 1979, p. 78.

esclave inaugurée par l'État de droit. Je propose, sans aucune intention polémique, de porter l'interrogation au cœur des éléments essentiels de la théorie de l'État de droit, pour montrer que l'abolition de l'esclavage ne provient point de la percée et de l'établissement de l'État de droit, et que les sources et les causes de l'abolition (dans les Amériques) doivent être recherchées ailleurs. Le point de vue soutenu ici sera donc plutôt critique ; je souhaite seulement éveiller des soupçons.

Quels sont donc les éléments essentiels de la théorie de l'État de droit ? Quelle signification peut-on reconnaître au Code noir (de 1685) qui légifère sur une pratique esclavagiste fondamentale au cœur de la modernité qui s'instaure ? Enfin, à penser la sortie de l'esclavage, ne sera-t-on pas conduit à mieux cerner les problèmes de nature anthropologique soulevés par les théories classiques de l'État de droit, problèmes sur lesquels on semble trop souvent faire silence au profit d'une vision abstraite et formaliste du droit ?

L'État de droit et la philosophie du droit naturel moderne

Les éléments essentiels de la théorie de l'État de droit sont assez connus aujourd'hui. On ne fera qu'en rappeler les grandes articulations, puis on les confrontera avec la problématique de l'esclavage moderne. L'un des moments principaux de l'avènement de l'État de droit tient tout d'abord dans la réalisation de la spécificité du champ politique, donc de sa séparation d'avec le religieux. On peut encore chercher à retrouver le fil des péripéties[32] qui ont déterminé la relation entre pouvoir papal et pouvoir impérial au cours du Moyen Âge, mais on reconnaît le poids de l'œuvre de Machiavel (XVIᵉ siècle) à travers toutes les tentatives postérieures de penser l'État de droit, comme celles de Bodin, Bossuet, Hobbes et Rousseau. Là où Machiavel affranchit le politique par rapport à la religion et le pose comme champ autonome pourvu de ses propres lois, Hobbes fait du pouvoir la seule nécessité sous l'empire de laquelle l'homme doit et peut vivre.

---

[32] Voir L. Dumont, sur la crise de l'Église au XIVᵉ siècle dans *Essais sur l'individualisme : une perspective anthropologique sur l'idéologie moderne*, Paris, 1983, p. 78.

Cette perspective facilite le développement de la philosophie politique autour de l'idée de contrat entre gouvernants et gouvernés, basé sur le droit naturel comme droit dont dispose l'individu pris en lui-même. Autrement dit, le droit naturel postule la rigoureuse autonomie ou autosuffisance de l'individu comme être doué de raison et seul responsable de son association avec d'autres hommes; il fournit ainsi à l'État moderne son ultime fondation. Ainsi donc le deuxième moment de la théorie de l'État de droit apparaît avec le thème du contrat qu'en particulier Jean Bodin (en 1588), Hobbes (en 1630) et Locke (en 1690) réussissent à systématiser[33]. Pour ces auteurs, la politique prend sa source dans un contrat d'association entre l'individu et une puissance souveraine. Peu importent les divergences qui apparaissent entre ces auteurs sur les formes idéales de gouvernement, l'essentiel étant qu'ils précisent tous leur conception de l'État. Garant des droits individuels, l'État se donne pour une puissance souveraine à laquelle l'individu se soumet librement, sous peine de déchoir dans l'animalité. C'est dire que l'ordre politique devient le seul ordre possible de déploiement de la raison. Il est clair que c'est avec Hobbes que cette problématique atteint sa formulation la plus achevée[34]. Cependant, déjà chez Jean Bodin la souveraineté de l'État, qui unit toutes les parties et tous les éléments du corps social, est liée à la notion de légitimité ou de gouvernement de droit, disposé à l'accomplissement des valeurs de la raison, de la justice et de l'ordre. Cela suppose toutefois que le souverain se conforme aux lois de la nature et au droit naturel des sujets ou des individus, compris désormais dans leur autonomie par rapport aux lois divines dont ils sont les reflets. La vision hiérarchique et inégalitaire du droit naturel, telle qu'Aristote la développe, est ici abandonnée. La parenté entre les théories de Bodin et Machiavel se découvre dans le caractère absolu qu'elles attribuent au pouvoir du souverain sur les sujets, caractère absolu ancré certes dans le droit

---

[33] Je me contente ici de renvoyer aux ouvrages qui ont abondamment commenté les œuvres des théoriciens du droit naturel, d'abord : L. Strauss, *Droit naturel et histoire,* Paris, 1954; J.-J. Chevalier, *Les Grandes Œuvres politiques, de Machiavel à nos jours,* Paris, 1970; P. Manent, *Naissance de la politique moderne,* Paris, 1977.

[34] Voir L. Hurbon, *État et religion, op. cit.,* dans lequel nous esquissons un commentaire du *Léviathan* de Hobbes.

naturel individuel (chez Bodin), mais fondateur d'un ordre rationnel et juste pour l'individu, grâce au contrat. Thomas Hobbes sera, on le sait, beaucoup plus rigoureux. Dès lors qu'il reconnaît la nécessaire subordination de la religion à la politique, il pousse jusqu'à ses dernières conséquences la théorie de Machiavel, au point de faire de la philosophie politique la seule philosophie possible. Les questions relatives à la production du sens et à la quête de la vérité cessent d'être pertinentes. Le contrat entre l'individu et la puissance souveraine produit l'État comme le seul lieu capable de garantir la réalisation des désirs de l'individu, et d'abord de la volonté de conservation de la vie, de la recherche du pouvoir et de l'honneur. Le contrat, chez Hobbes, est à la fois association volontaire et acte d'obéissance et de sujétion face à l'État, hors duquel l'individu demeure dans l'état de nature, c'est-à-dire dans la guerre de tous contre tous, donc dans la barbarie. Je ne m'étendrai pas ici sur une analyse de la pensée hobbesienne de l'État de droit. Elle est abondamment commentée et reprise par tous les historiens de la philosophie du droit naturel moderne. C'est le principe de la raison d'État que Hobbes parvient à rendre nécessaire aux yeux de l'individu moderne. Comprendre cela, c'est se rendre disponible à accepter une confrontation entre la naissance de l'État moderne et la réapparition de l'esclavage dans les Amériques. Bien entendu, s'il y a chez Hobbes une pensée de l'esclavage, c'est avant tout au niveau le plus métaphorique qui puisse être. Mais précisément, l'obsession hobbesienne sur le caractère absolu de l'État rend pensable, acceptable et rationnelle l'institution esclavagiste du XVIIIᵉ au XIXᵉ siècle. Pour Hobbes, en effet, il n'y a pas de justice, pas de vérité non plus avant l'État, mais paradoxalement l'État exige de la part de l'individu le renoncement à la justice et à la vérité, car seul ce renoncement abolira la peur de la mort violente que peut provoquer l'égalité naturelle. Argument d'un pessimisme radical vis-à-vis de l'individu dans l'état de nature. Mais ce pessimisme est surmonté dans l'institution de l'État comme puissance artificielle engendrée par la mise-ensemble des individus, et en même temps comme puissance naturelle, pouvant recueillir et porter à leur réalisation les désirs de l'individu, non sans l'avoir libéré de toute interrogation sur lui-même. Un monstre en somme,

Léviathan, tel est le vrai visage de l'État. Mais il correspond à une nécessité implacable. L'institution de l'État évite en effet à l'individu d'entrer dans une épreuve de force avec « l'autre » dans la lutte à mort supposée par l'égalité naturelle, celle-ci recelant justement en elle-même la possibilité d'engendrer une relation de maître à esclave. C'est à partir de là qu'on a pu dire que l'esclavage est potentiellement mis en échec par l'État de droit. Or, chez Hobbes, on assiste plutôt à la ruine de l'autonomie de la relation maître/esclave, inscrite dans le dispositif de l'égalité naturelle. L'État prend en charge l'individu et le délivre du fardeau d'avoir à répondre du désir de l'honneur et de la domination qu'il porte en lui. Mais entre État et individu, Hobbes ne prévoit aucune limitation réciproque. L'individu transfère à l'État sa volonté dans l'acte du contrat et se soumet à lui comme seule puissance susceptible d'être désormais le siège du droit. Le droit prend alors un autre sens : il ne procède pas de la raison qui aurait en elle-même des fondements, il est ce que l'État permet et autorise à faire sans avoir besoin de se justifier[35]. « Dieu mortel », l'État serait bien ce que j'appellerais la transcendance visible dans laquelle l'individu contemplerait l'addition des pouvoirs du plus grand nombre possible d'hommes[36]. Cette conception de l'État comme puissance absolument souveraine n'est pas réellement soumise à la critique dans l'œuvre de Locke, comme on l'a souvent cru. Locke propose en effet des moyens pour limiter l'absolutisme de l'État, théorisé par Hobbes, mais il reprend pour l'essentiel les mêmes concepts clés de droit naturel et de contrat. Locke se contente de montrer que le pouvoir de l'État se voit fixer des limites grâce aux droits individuels, qui ne disparaissent pas totalement dans l'acte du contrat et contre lesquels il n'y a pas à adopter le pessimisme de Hobbes. La propriété privée, par exemple, est pour Locke l'un des droits qui ne conduit pas automatiquement à un état de guerre et dont l'homme par sa raison naturelle peut jouir, pourvu que des lois bien établies reçoivent l'assentiment de tous. Locke viendrait donc combler une lacune en fondant le droit privé ignoré par Hobbes.

---

[35] Cf. P. Guernancia, « Puissance et arbitraire (sur Hobbes) », dans la revue *Philosophie,* Paris, n° 1, janvier 1984, p. 35.

[36] *Ibid.,* p. 34.

Louis Dumont soutient que les théoriciens du droit naturel n'arrivent pas à articuler les deux paliers de l'acte de contrat, à savoir l'association et la sujétion, et qu'ils aboutissent à une impasse quand il faut concilier individualisme et autorité, égalité et différence[37]. Mais le plus important c'est, me semble-t-il, que les théoriciens du droit aient pu donner à voir l'État dans son évidence et sa nécessité. L'État de droit apparaît sous une forme abstraite et idéale, ses déterminations concrètes, et donc les difficultés pratiques qu'il rencontre passent pour secondaires. Formellement, en fondant l'habeas corpus pour chaque individu, l'État de droit le délivre du servage et de l'esclavage, dès lors qu'il accepte le principe du contrat. Mais encore faut-il ne pas confondre le droit et ses objectivations, la philosophie du droit et l'ordre juridique historiquement institué. On ne voit pas, par exemple, comment il est possible de soutenir que les États de droit instaurés dans un petit nombre de pays d'Europe auraient pu être abolitionnistes et en même temps reconnaître qu'ils ont fort rapidement évolué vers l'absolutisme ou vers d'autres types d'État (État administratif, État providence, etc.). Une confrontation de l'État de droit avec le Code noir (1685) peut être à cet égard instructive.

Le Code noir et l'État de droit

Comment le Code noir, ce monstre juridique, a-t-il été possible, alors même que la philosophie du droit naturel moderne est connue à la fin du XVIIᵉ siècle et au siècle des Lumières ? Comment le Code noir a-t-il pu être ignoré par de nombreux historiens et philosophes du droit ? L. Sala-Molins a exprimé son étonnement devant la longue vie du Code noir comme « le texte juridique le plus monstrueux qu'aient produit les Temps modernes[38] ». Il en a fourni un commentaire détaillé, article par article, en s'interrogeant continuellement sur les raisons du silence observé en Europe, notamment en France,

---

[37] Dumont, *Essais sur l'individualisme, op. cit.*, p. 86.

[38] Voir l'article de F. Ewald, « Pour un positivisme critique : Michel Foucault et la philosophie du droit », dans *Droits, Revue française de théorie juridique*, n° 3, *La Coutume,* Paris, pp. 137-142. Nous verrons cependant en conclusion que la seule perspective du positivisme critique ne permet pas de dépasser le relativisme.

sur cette «performance théorique de dire sur la même ligne esclave et droit, esclave et code[39]». Je me contenterai ici de relever deux séries d'oppositions qui parcourent le Code noir ; elles démontrent assez clairement comment la philosophie politique du droit naturel moderne est indifférente au problème de nature anthropologique, posé par l'institution esclavagiste, de même qu'au problème des rapports entre centre et périphérie.

L'opposition sujet du roi/esclave

Dès l'article 6 du Code noir, cette opposition entre sujet du roi et esclave se trouve introduite, les premiers articles et le préambule étant consacrés à souligner la puissance de la souveraineté royale qui s'étend jusqu'à la tâche de protection et d'expansion du catholicisme, l'unique religion d'État. Juifs et protestants, qui s'étaient réfugiés dans les îles de la Caraïbe pour fuir les persécutions en Europe, sont déclarés illégaux, mais il s'agit d'assurer davantage l'unité politique que l'unité religieuse proprement dite. Bien entendu, le contexte d'élaboration et de promulgation du Code noir est celui de la révocation de l'édit de Nantes, qui apparaît quelques mois plus tard. Toutes les îles de la Caraïbe et l'Amérique latine (notamment le Brésil) se transforment à la fin du XVIIe siècle en un véritable champ de bataille des puissances européennes (Espagne, Portugal, Hollande, Angleterre) en quête d'établissement de leur hégémonie coloniale ; les conflits religieux sont subordonnés et instrumentalisés aux fins du pouvoir politique. On peut dire que le préambule et les quatre premiers articles du Code noir déploient l'ordre politique comme cadre susceptible de débarrasser le lecteur de toute inquiétude devant l'institution esclavagiste. L'esclavage se pratique, il est une évidence certaine puisqu'il est pris en charge par une réglementation étatique. Ce n'est donc pas que la visée évangélisatrice exprimée dans les articles 2 et 3 («Tous les esclaves qui seront dans nos îles seront baptisés… » ; «Interdisons tout exercice public d'autre religion que la catholique… ») apparaisse comme un simple prétexte ou une idéologie à laquelle le législateur lui-même n'adhère pas. Il s'agit

---

[39] L. Sala-Molins, *Le Code noir ou le Calvaire de Canaan*, Paris, 1986, p. 9.

bien plus d'un processus de report sur l'État d'un pouvoir religieux qui, laissé à lui-même comme champ indépendant, mettrait en péril « la pleine puissance et autorité royale ». Celle-ci va s'exercer à la fois sur les sujets (les maîtres) et sur les esclaves (les biens appartenant aux maîtres) et fonder la relation maître/esclave.

L'ambition du Code noir, c'est précisément la proclamation du droit des maîtres parce qu'ils sont des sujets et inversement du non-droit des esclaves. L'article 5, qui semble souligner l'intérêt qu'aurait la monarchie à garantir l'exercice du culte catholique – « Défendons à nos sujets de la religion prétendue réformée d'apporter trouble ni empêchements à nos autres sujets, même à leurs esclaves, dans le libre exercice de la religion catholique, apostolique et romaine à peine de punition exemplaire » –, introduit par ricochet la distinction sujet/esclave sans pour autant expliquer par quelles procédures et opérations surgit cette catégorie d'hommes particulière, celle des esclaves, soumis à la sollicitude royale et pourtant non-sujets du roi. Curieusement, les esclaves jouissent bien de certains droits semblables à ceux des maîtres, entre autres celui d'avoir une activité spirituelle ainsi précisée dans l'article 6 : « Enjoignons à tous nos sujets, de quelque qualité et condition qu'ils soient, d'observer les jours de dimanche et fêtes… leur défendons de travailler ni faire travailler leurs esclaves auxdits jours… » La distinction sujet/esclave est plutôt renforcée par cet article puisqu'en cas de transgression du principe du repos dominical, seuls les maîtres sont punis d'amende et jusqu'à confiscation « tant des sucres que desdits esclaves ».

D'où procèdent donc les obligations du maître par rapport à l'esclave ? Il semble que le Code noir se soit préoccupé avant tout du droit de propriété. Le maître, en tant que propriétaire d'esclaves assimilés à des biens meubles (art. 44 : « Déclarons les esclaves être meubles… »), a le devoir de protéger sa propriété. Mais le Code noir ne devient-il pas ainsi une tentative pour soustraire les esclaves au pur arbitraire du maître, grâce à des mesures visant à adoucir leur sort, soit par exemple à veiller à leur repos dominical, à leur nourriture, leur santé, leur logement, etc. ? Certains historiens s'efforcent de vérifier si les mesures proposées par le Code noir ont été bien ou mal appliquées par les maîtres. Gabriel Debien déclare que le Code noir

« a voulu sur beaucoup de points réagir contre de graves négligences des maîtres d'esclaves[40] ». À la vérité, tel n'est pas l'objectif réel de la législation, car les maîtres ont beau se plaindre de l'intrusion de l'administration entre eux et leurs esclaves, ils découvrent encore dans le Code la légitimation de leur statut de maîtres. Le Code parvient effectivement à déporter l'attention sur les obligations des maîtres envers leurs esclaves, mais par là il cache sa portée réelle qui est la fondation (juridico-politique) de l'institution esclavagiste. La distinction sujet/esclave ne soulève de difficulté qu'au regard de ce que le père Labat appelle « une loi très ancienne », à savoir : « Les terres soumises aux rois de France rendent libres tous ceux qui s'y peuvent retirer[41]. » Autrement dit, dès qu'un esclave se trouve en terre de France, il acquiert la liberté. La difficulté est en principe surmontée dans l'objectif avoué de l'esclavage : favoriser la conversion du « Nègre » au christianisme, donc le rendre apte à accéder tôt ou tard à la liberté. Les esclaves eux-mêmes vont tenter de s'approprier le plus possible le christianisme et de s'y accrocher comme à la dernière planche de salut.

Reprocher aux maîtres de ne pas faciliter l'action des missionnaires, c'est encore rester aveugle au nouveau statut de la religion par rapport à la politique au XVIIᵉ siècle. Il n'y a aucune contradiction pour le Code noir à maintenir l'esclave dans son état, alors même qu'il serait rigoureusement converti[42]. On peut le comprendre si on se réfère à la doctrine dualiste paulinienne de la justification. Pour le catholicisme en effet, l'esclave est intégré spirituellement dans la communauté sacrée (l'Église), mais il demeure au plan civil séparé et exclu de la communauté séculière. Les deux ordres, civil et religieux, séculier et spirituel, ne se recoupent pas, même s'ils peuvent connaître parfois des tensions. Esclaves et maîtres, ce sont des statuts ancrés dans la société civile ; ils renvoient à des devoirs d'état qui conduisent au salut spirituel. Pour le protestantisme, la justification est intérieure,

---

[40] Cf. G. Debien, *Les Esclaves aux Antilles françaises (XVIIe-XVIIIe siècles),* Basse-Terre et Fort-de-France, 1976, p. 236.

[41] Cité par L. Sala-Molins, *Le Code noir, op. cit.,* p. 61.

[42] Cf. O. Patterson, *Slavery and social Death, a comparative Study,* Harvard University Press, 1982, pp. 74–75.

aucune institution (mondaine ou ecclésiastique) n'est habilitée à s'interposer entre l'individu et Dieu.

Finalement, l'émancipation de l'esclave n'est pensable ni sur la base de sa christianisation, ni sur la base de son insertion dans les territoires de la monarchie. Son non-droit provient de ce qu'il n'entre pas dans la définition de l'homme qui se cache derrière la philosophie politique du droit naturel moderne. Nous y reviendrons en conclusion.

L'opposition sujet/objet

La deuxième opposition qui parcourt le Code noir est celle du sujet et de l'objet, à propos de l'esclave. L'article 28 stipule qu'il ne peut rien avoir qui ne soit à son maître et l'article 43 précise qu'il est un bien meuble. En même temps, le Code nous apprend que l'esclave peut porter plainte contre la barbarie du maître qui le maltraite. Pour Louis Sala-Molins, l'article 26 («Les esclaves qui ne seront point nourris, vêtus et entretenus par leurs maîtres… Les maîtres seront poursuivis à sa requête… ce que nous voulons être observé pour les crimes et traitements barbares et inhumains des maîtres envers leurs esclaves») montre l'esclave «promu soudain à la qualité de sujet de droit[43]».

D'autres articles (30 et 31) ne reconnaissent aucune valeur au témoignage de l'esclave. À la vérité, ce qui apparaît comme une contradiction dans le Code, à savoir la qualité de chose (possédée) et de sujet de droit attribuée à l'esclave, doit être rapporté au droit romain dont les paradigmes essentiels et même les dispositions les plus concrètes sont repris à travers le Code noir. Dans le droit romain la propriété n'est pas seulement la relation d'une personne *(persona)* à une chose *(res)*. Elle suppose un troisième élément constituant : le *dorninium,* qui indique le pouvoir absolu sur la chose. Orlando Patterson emploie une expression fort juste pour rendre compte du concept de propriété dans le droit romain c'est le *inner psychic power*[44] qui permet de saisir pourquoi l'esclave comme propriété

---

[43] L. Sala-Molin, *Le Code noir, op. cit.,* p. 142.

[44] O. Patterson, *op. cit.,* pp. 31–32.

peut être *human yes* et donc favoriser l'exercice du pouvoir absolu recherché dans le *dominium*. Ainsi, sous un certain rapport, le problème cardinal imposé par l'esclavage se laisse tout entier énoncer dans le problème du droit de propriété. Claude Meillassoux a pu, à juste titre, considérer l'esclave comme la première forme de propriété économique, plus précisément comme un objet de propriété antérieur même à la terre[45]. Dans le cadre du Code noir, la contradiction sujet de droit/objet posée par l'esclave pousse certains auteurs à parler du caractère pré-capitaliste ou pseudo-capitaliste de l'institution esclavagiste dans les Amériques. Même si cette analyse de l'esclavage en termes de mode de production peut être éclairante, elle tend à faire du problème juridique un problème dépourvu de consistance propre parce que relevant de l'idéologique. Je me demande même si cette perspective ne conduit pas également à l'impasse toute tentative pour saisir la nature de l'État moderne qui serait alors appréhendé comme un épiphénomène auquel on concéderait une relative autonomie.

Pointer l'importance du Code noir (de 1685 à 1848, date de l'abolition de l'esclavage) dans la tâche de normalisation et de reproduction du système esclavagiste moderne, c'est en même temps démontrer que l'État de droit, tel qu'il est théorisé dans la philosophie politique du droit naturel moderne en Europe, n'est pas réellement en rupture avec le droit romain. « Le signifiant romain, disait et expliquait Pierre Legendre, règne en maître[46] », articule qu'il est à la loi canonique pour imposer une logique de l'identité du sujet et une légitimité universelle, avec les conséquences que l'on connaît : conversion obligatoire au christianisme, esclavage et colonisation, passage aux valeurs de la productivité industrielle. C'est en essayant de voir et de comprendre les retombées outre-mer du système juridique classique et moderne, c'est-à-dire en nous interrogeant sur les conditions de possibilité de l'esclavage moderne comme phénomène strictement occidental, lié au procès de la

---

[45] Cf. C. Meillassoux, *Anthropologie de l'esclavage, le ventre de fer et d'argent*, Paris, 1986, pp. 283-284.

[46] Cf. P. Legendre, *L'Empire de la vérité. Introduction aux espaces dogmatiques industriels*, Paris, 1983, p. 225.

domination du monde par l'Occident, que nous découvrirons mieux les coordonnées réelles de la théorie de l'État de droit.

La philosophie politique du droit naturel nous apprend en définitive d'abord que le droit plonge ses racines dans l'individu, mais aussi que l'État de droit, par l'opération du contrat, délivre l'homme de l'état de nature qui, de soi, le tire vers la violence. On dirait qu'ainsi la pente de l'État de droit vers sa transformation en État providence se trouve inscrite dans ses dispositions originelles. Il faudra bien que l'État prenne en charge la production de l'humanité de l'homme, sa sortie hors de la barbarie. Le Code noir n'est plus, sous ce rapport, un avatar malheureux de l'avènement de la modernité. Il atteste que le non-droit de l'esclave correspond à la condition provisoire d'un être humain qui ne parvient pas encore à s'élever au-dessus de l'état de nature. L'esclavage moderne n'est pas seulement un moyen de sauver le « Nègre » de l'idolâtre, comme le voyaient le père Labat et le père Dutertre[47], quelques années avant la promulgation du Code noir ; il est un moment d'apprentissage de la condition d'être humain. L'esclave n'a pas *d'habeas corpus,* mais asymptotiquement, il l'acquiert : au bout de son purgatoire. C'est pourquoi l'État supposé par le Code noir a tout l'air de s'attendrir sur le sort de l'esclave dont il prend en charge la vie et la mort. Temps de discipline, temps d'humanisation, l'esclavage est sans doute moins le non-droit (de l'esclave) que la pure promesse du droit et de sa réalisation eschatologique : à la fin de l'histoire. À travers l'expérience de l'esclavage, l'État moderne apprend peu à peu à fournir lui-même un ordre symbolique qui constitue l'homme dans son humanité, mais en même temps le délivre de la question du sens et de la vérité, comme si l'État devenait ainsi la seule source et le seul horizon de l'être de l'homme.

Si cette hypothèse est exacte, l'esclavage ne représente plus une aberration pour la philosophie politique du droit naturel. Pufendorf comme Grotius, Bodin comme Locke[48], ont bien pensé l'esclavage

---

[47] P. Labat, *Voyage aux Mes d'Amérique, 1693-1705,* Paris, 1722 ; J.-B. Dutertre, *Histoire générale des Antilles habitées par les Français,* Paris, 1966.

[48] Parmi tous ces auteurs, Jean Bodin est peut-être celui qui a fait la critique la plus sévère contre l'institution esclavagiste. Il a soutenu en particulier que l'esclavage est partout une

comme un processus graduel. Cette position demeure congruente par rapport à la théorie de l'État qu'ils élaborent et qu'ils défendent.

Que le Code noir de 1685 soit encore de nos jours un sujet d'étonnement, cela montre à quel point l'esclavage moderne reste un impensé du monde occidental. Il n'est pas inutile maintenant, à cette étape de notre réflexion, de nous demander ce que peut signifier la sortie de l'esclavage face à l'établissement d'un État de droit.

La sortie de l'esclavage

Blandine Barret-Kriegel soutient avec raison : « On ne sort de l'esclavage que par la loi[49]. » Mais le seul modèle auquel elle se réfère est la sortie de l'Égypte, l'alliance de Yahvé avec Moïse, sans prendre la peine de se pencher sur les pratiques concrètes de l'esclavage. Il est clair cependant qu'au regard du judaïsme comme du christianisme, la problématique de l'esclavage demeure centrale. En particulier, pendant les premiers siècles d'expansion du christianisme, l'esclavage pratiqué dans l'Empire romain forme le cadre de développement du discours chrétien et ce n'est pas par hasard que tout le vocabulaire de l'esclavage est réemployé avec force dans la théologie. Avec les concepts de Rédemption, de justification,

---

catastrophe et qu'aucun argument ne peut le justifier : il rejette le recours au droit des nations et la théorie augustinienne du péché. Mais au moment où il défendait ces points de vue (1570), la France n'était pas encore compromise explicitement dans la traite. Toutefois, la théorie du pouvoir souverain chez Bodin allait le conduire à parler d'émancipation graduelle des esclaves, précisément par la volonté du souverain. On trouvera un plus ample commentaire des positions de Bodin, de Grotius et de Pufendorf, dans D. Brion Davis, *The problem of Slavery in Western Culture,* Cornell University Press, Ithaca and Londres, 3ᵉ éd., 1969, pp. 111 *sq.* Grotius a même souligné que l'esclavage peut être d'une certaine utilité pour épargner les vies des esclaves et pour l'apprentissage d'une discipline sociale, même s'il rejette la théorie d'une justification de l'esclavage par des lois naturelles. Pufendorf, de son côté, articule la pratique de l'esclavage à la lutte menée par l'État pour réduire le nombre de vagabonds, de voleurs et de mendiants. Chez John Locke, dans son *Deuxième traité de Gouvernement civil,* Paris, 1977, on trouvera à l'œuvre la même argumentation contre l'esclavage par nature, mais aussi la défense de l'esclavage pour les captifs, « pris dans une juste guerre » et qui donc sont « incapables de propriétés », « dans cet état, on ne peut les considérer comme participant d'une manière quelconque à la société civile, qui a pour fin principale la préservation de la propriété », p. 221. De même, La Constitution fondamentale de la Caroline (1669), texte collectif auquel J. Locke participe, précise dans l'article CX : « Tout citoyen libre de la Caroline exerce un pouvoir et une autorité sans limites sur ses esclaves noirs, quelles que soient les opinions de ceux-ci, ou leur religion » (p. 245 du *Deuxième Traité de Gouvernement civil*).

[49] B. Barret-Kriegel, *op. cit.*

de salut ou de libération, il y aurait même ce qu'Orlando Patterson appelle une « transmutation théologique de l'esclavage[50] ». Quand bien même on assisterait à un simple déplacement métaphorique de l'esclavage, cette transmutation aurait encore la vertu de le faire voir comme le lieu privilégié d'une interrogation sur le sens de l'histoire humaine. Mais le mouvement de constitution de l'Église va conduire vers la doctrine paulinienne et, trois siècles plus tard, vers la doctrine augustinienne dont l'horizon dualiste (distinction entre justification intérieure et rattachement au corps ecclésial, entre l'ordre spirituel et l'ordre temporel) aboutit à ruiner peu à peu la puissance de questionnement de l'esclavage.

On peut certes soutenir que le christianisme comporte des éléments pour une critique de l'institution esclavagiste, mais on ne saurait prouver qu'il conduit de soi à l'abolition. Le point de vue défendu récemment par Marcel Gauchet sur le christianisme et l'avènement de la démocratie moderne n'est séduisant qu'à condition d'évacuer le processus historique concret du développement de l'hégémonie occidentale dans le monde. Le christianisme, comme religion de la sortie de l'esclavage, pousse l'homme, dit-il, à travers de nombreuses et longues péripéties, à se tenir comme seul responsable de son destin et à se définir comme sujet de droit. Entre l'avènement du pouvoir du sujet sur lui-même et l'État (de droit) moderne une connivence essentielle existerait, mais ses bases réelles plongent dans le christianisme. Par là, le christianisme n'est pas seulement replacé au centre de l'histoire, il devient la source de l'historicité de l'homme. Il génère l'individu, l'État de droit, les droits de l'homme et la démocratie. Qu'il faille ainsi faire la généalogie de la modernité occidentale, nul ne saurait aujourd'hui le contester. Mais affirmer par exemple que « le renversement démocratique est en germe dans les prémisses de l'État absolutiste[51] » ne reviendrait-il pas à adopter de quelque façon une téléologie hégélienne sans prendre la peine d'en rendre compte ?

---

[50] O. Patterson, *op. cit.,* p. 72.

[51] M. Gauchet, *Le Désenchantement du monde. Une histoire politique du religieux*, Paris, 1985, p. 250.

Dans tous les cas, la thèse encore courante qui prétend que le christianisme a été le seul moteur, lointain ou immédiat, de l'abolition de l'esclavage dans les Amériques ne résiste pas à l'examen du processus même de l'abolition. D'un côté, l'esclavage moderne dure environ quatre siècles : c'est beaucoup. D'un autre côté, le christianisme est d'abord la religion du maître, une religion qui se confond avec sa culture, en sorte que le soupçon de l'esclave sur les visées du maître chargé de veiller à sa conversion au christianisme pousse le premier à inventer son propre système religieux. Le christianisme des Noirs américains apparaît à cet égard comme le résultat d'une interprétation originale, différenciée de la religion du maître[52]. Dans le cas des Antilles et d'Haïti en particulier, la pratique de la conversion forcée n'a pu que ramener l'esclave à la recherche et à la réélaboration de ses propres repères culturels et religieux. Il y a plus, une théologie a été élaborée pour la justification de l'esclavage et a barré la route à toute contestation de l'institution esclavagiste comme telle. Antoine Gisler l'a solidement démontré en analysant les différentes thèses soutenues du XVIIe au XIXe siècle[53]. Quand cette théologie ne se fondait pas sur le thomisme, et à travers celui-ci sur Aristote, c'est le recours explicite au droit romain qui a prévalu et j'ajouterais, pour ma part, avec la perspective nouvelle de faire passer progressivement l'esclave du stade de barbare à celui de civilisé, symbolisé par l'accès au christianisme.

En revanche, la révolution antiesclavagiste haïtienne, déclenchée deux ans après la Révolution française, permet de se rabattre sur la théorie des droits de l'homme comme facteur essentiel de l'abolition. Or, il se trouve que presque tous les défenseurs de la Déclaration des droits de l'homme ont soutenu seulement une émancipation graduelle de l'esclave. Souvent même, ils s'en sont désintéressés.

---

[52] Voir E.D. Genovese, *Roll, Jordan, Roll: The World the Slaves Mode,* Panthéon Books, 1972, montre bien que le christianisme des esclaves noirs américains n'a pas été une façade pour des rites païens, mais qu'ils ont créé un chapitre spécial dans l'histoire générale des religions chrétiennes. Sans pouvoir reprendre la culture africaine irrémédiablement perdue, ni adopter la culture européenne rigoureusement interdite, les esclaves ont su accaparer le christianisme pour en faire un lieu de reconnaissance de leurs droits humains et d'expression de la «black consciousness» (p. 168).

[53] Voir A. Gisler, *L'Esclavage aux Antilles françaises, XVIIe-XVIIIe siècles. Contribution au problème de l'esclavage,* Fribourg, Suisse, 1965, p. 70, note 1.

La Convention n'a accepté qu'à contrecœur le décret de l'abolition de 1793 pour Saint-Domingue et les Antilles[54]; on y est même plus soucieux de défendre le droit de propriété des colons.

Il manque encore une étude comparative sur la sortie de l'esclavage dans l'antiquité gréco-romaine, au Moyen Âge, dans le monde moderne, en Afrique noire et en Afrique du Nord. Ce sont les pratiques d'affranchissement qui sont en règle générale examinées, mais elles ne peuvent concerner que les cas individuels. La sortie de l'esclavage peut être donnée facilement pour un problème dénué d'intérêt; l'on préfère parler de déclin, d'abolition ou de passage à un autre mode de production. Cependant, ces notions ne permettent pas d'aborder la problématique de la sortie de l'esclavage qui suppose aussi une décision soit individuelle, soit collective, des esclaves pour accéder à la liberté. Pour le cas de l'esclavage romain et grec, on dispose de données insuffisantes et en tout cas de données peu fiables puisqu'elles proviennent le plus souvent des maîtres. Mais en même temps, on s'est fort peu intéressé à la recherche sur les tentatives de révolte, individuelle ou collective. Elles renseigneraient à coup sûr la vision propre que l'esclave a de sa condition, et partant sur la sortie de l'esclavage. Dans tous les cas, l'esclavage moderne dans les Amériques donne à voir de nombreuses tentatives de révolte, à travers lesquelles il est possible de penser le problème de la sortie de l'esclavage. En dehors des pratiques de marronnage organisées par les esclaves un peu partout dans la Caraïbe et en Amérique latine, on connaît l'expérience de la sortie de l'esclavage à Saint-Domingue (Haïti). Blandine Barret-Kriegel mentionne le cas d'Israël comme l'unique tentative de sortie de l'esclavage, mais c'est d'abord, nous l'avons vu, au prix d'une dilution totale de la spécificité de l'esclavage dans les différents systèmes de domination tels que le servage ou le goulag. Moses Finley, de son côté, croit que la révolution antiesclavagiste de Saint-Domingue est l'aboutissement des idées de la Révolution française[55]. Or, en 1791, la grande révolte des esclaves

---

[54] Pour de plus amples informations sur l'attitude de la Convention face à l'abolitionnisme, voir W. B. Cohen, *Français et Africains. Les Noirs dans le regard des Blancs 1550-1880,* Paris, 1981, pp. 254-291.

[55] Cf. M. Finley, *Mythe, mémoire et histoire,* Paris, 1981, p. 61, note 18: « De toute manière, la

de Saint-Domingue nous montre à l'œuvre un mouvement spécifique constitué par la classe des esclaves pour mettre fin au système esclavagiste. Cette tentative de sortie de l'esclavage a quelque chose d'exemplaire, mais pour être bien comprise, elle doit être rattachée aux diverses pratiques de marronnage (fuite individuelle ou fuite collective) qui scandent l'histoire de l'esclavage dans les Amériques. Chaque fois, en effet, une nouvelle société se reconstituait loin des centres de travail (plantations, ateliers), mais sur la base d'une reprise de réseaux symboliques différenciés de ceux de la classe des maîtres. Autrement dit, ce serait au sein de leur propre culture que les esclaves marrons ont puisé les ressources nécessaires à l'affirmation de leur droit de vivre libre. Auraient-ils donc eu conscience d'être des individus sujets de droit? Non point, et pourtant la volonté de sortir de l'esclavage est manifeste. C'est qu'il faut chercher ailleurs que dans les théories du droit naturel et de la Déclaration des droits de l'homme les fondements de la mobilisation de la masse des esclaves de Saint-Domingue. Dans chaque esclave semble primer plutôt la conscience d'être membre d'un grand corps social soudé par une culture spécifique (organisation familiale, religion, vision de l'histoire, etc.). Ce n'est pas que l'égalité ne soit pas revendiquée, mais l'on assiste surtout à un refus opposé à la condition d'étrangers à l'espace saint-dominguois, qui a voué les esclaves à leur sort. Orlando Patterson voit à juste titre dans l'esclavage une mort sociale. En effet, l'esclave est presque toujours et partout un « étranger », c'est-à-dire quelqu'un qui ne correspond pas à la définition de l'homme adoptée par la société dans laquelle il est réduit à la condition d'esclave. Aussi est-il soustrait à la protection de la loi, donc dépourvu de droits. Moses Finley remarque qu'il existe à propos de l'affranchissement[56] une distinction structurale entre la cité romaine et la polis grecque : l'une fait de l'esclave affranchi un citoyen, l'autre un métèque. Mais dans les deux cas, selon nous, ce qui est en jeu c'est la définition de l'homme chez les Romains comme chez les Grecs. Il ne suffit pas de dire que le droit romain,

---

révolution haïtienne constitue un cas unique : elle était dirigée par des Noirs libres et par des mulâtres, et elle était une retombée de la Révolution française. »

[56] M. Finley, *Esclavage antique et esclavage moderne*, Paris, 1979, pp. 129-130.

par exemple, ne connaît pas le concept d'homme, parce que l'homo est toujours un citoyen et un propriétaire. C'est plutôt que le concept d'homme chez les Romains n'est pas applicable à l'étranger.

En définitive, la sortie de l'esclavage soulève une double interrogation : l'une porte sur le statut de l'affranchi, l'autre sur les rapports entre cultures différentes. On ne voit donc pas pourquoi l'État de droit, là où il est aveugle au contexte historique et culturel de son établissement, ne serait pas compatible avec l'esclavage qui frappe toujours « l'étranger » ou celui qui est susceptible d'être pris pour tel. À vrai dire, le problème apparaît avec clarté au moment de l'abolition aux États-Unis et aux Antilles françaises. Une fois affranchi, l'esclave noir américain n'acquiert pas automatiquement tous les droits reconnus à un citoyen américain. En revanche, aux Antilles françaises, l'affranchi se voit conférer un statut de colonisé ; on y assiste même à une régression par rapport au droit romain qui, lui, faisait de l'affranchi un citoyen. L'élément nouveau qui intervient avec l'État moderne est la visée pédagogique qu'il assume par rapport à l'esclave : celui-ci doit peu à peu abandonner sa propre culture pour intérioriser celle du maître, donc passer de l'état dit de nature à la condition de civilisé.

L'État de droit comme théorie inachevée

La position soutenue ici aboutit à jeter le plus clair soupçon sur les théories du droit naturel moderne fondatrices de l'État de droit, dans la mesure où nous avons prouvé qu'il n'existe pas d'incompatibilité essentielle entre l'État de droit tel qu'il a été théorisé et l'institution de l'esclavage moderne. Il est vrai que les défenseurs actuels de l'État de droit n'ont prétendu en parler que comme d'un idéal type, rarement réalisé, mais dont les effets sont, à terme, nécessairement abolitionnistes. Avec le droit naturel moderne, on ne peut plus décider en effet qu'un individu est naturellement destiné à l'esclavage, car les inégalités sont désormais perçues comme des inégalités de fait et non de droit. S'il est vrai que seules les lois positives ont rendu possible l'esclavage moderne, il faudrait aller au cœur même des théories du droit naturel élaborées du XVIᵉ au XVIIe siècle pour trouver les sources idéologiques de la longue durée de l'esclavage dans les Amériques. L'État de droit a beau être fondateur des droits individuels, il porte avec lui dans son élaboration théorique, une tendance claire à l'hypostase de l'État comme tel[57]. Autrement dit, celui-ci apparaîtrait désormais comme une nécessité et comme la raison même à l'œuvre dans le monde, de telle sorte que la théorie développée plus tard par Hegel, comme l'universel en soi et pour soi, s'enracine dans le travail accompli au XVIIe siècle chez les philosophes du droit naturel. Si donc l'esclavage est alors perçu comme une institution de fait et non de droit, l'État, lui, est fondé comme une institution de droit à laquelle il faut coûte que coûte se soumettre si l'on veut éviter de déchoir dans l'irrationnel et la barbarie. C'est à travers cette conception de l'État que l'esclavage dans les Amériques a pu se rétablir, puis connaître une si longue durée. Mais la crise de l'État a été en même temps la crise du système esclavagiste, comme on l'a vu pendant la Révolution française. À vrai dire, déjà dans le haut Moyen Âge, l'esclavage demeure impensable en dehors d'un « appareil de répression efficace et cohérent », comme vient de le montrer dans un article-bilan sur l'esclavage, Pierre Bonnassie[58], dont les conclusions rejoignent les hypothèses que je développe ici.

Kant et Rousseau, Fichte et Hegel, semblent avoir bien perçu le danger d'hypostasie de l'État, mais les efforts qu'ils ont déployés pour réintroduire l'éthique dans la politique, devenue désenchantée depuis Machiavel et Hobbes, n'ont abouti qu'à des apodes[59].

---

[57] E. Bloch, dans *Droit naturel et dignité humaine*, tr. D. Authier et I. Lacoste, Paris, 1976, développe une critique systématique des théories du droit naturel moderne autour du problème de l'hypostasie de l'État. Cette critique reprend souvent, bien entendu, le point de vue marxiste, mais tente de le dépasser en même temps ; la perspective philosophique originale qui est celle de Bloch prétend fonder, on le sait, un anthropocentrisme ouvert qui n'évacue pas le problème de l'éthique. Bloch va même jusqu'à soutenir que « le droit naturel conscient ou inconscient est l'élément qui résiste, qui s'insurge dans toute révolution », pp. 226-277 : une position moins pessimiste que celle de M. Villey, dans son livre *Le Droit et les droits de l'homme*, Paris, 1983, qui pense que les droits de l'homme ont servi aussi bien à la misère des prolétaires qu'à la traite des Noirs et à l'établissement de régimes socialistes totalitaires (p. 13).

[58] P. Bonnassie.

[59] L. Ferry, dans *Le Système des philosophies de l'histoire*, t. II, Paris, 1984, a conduit une analyse très serrée des positions de Kant, de Rousseau, de Hegel et de Fichte sur le problème du

L'éthique dans le politique, c'est le risque de la terreur (l'histoire comme lieu de réalisation d'un idéal universel), mais le retrait de l'éthique c'est le risque du relativisme et de l'historicisme, non moins dangereux et nihiliste. Plus que Fichte, Spinoza est sans doute le philosophe qui a ouvert les possibilités de sortir de l'impasse du droit naturel moderne : il a vu et compris ses liens avec le système mercantiliste et il a également passé au crible de la critique la conception hobbesienne de la remise de la souveraineté individuelle aux mains de l'État[60]. Pourtant, là encore, force est de reconnaître que le problème crucial que nous avons rencontré dans la confrontation du Code noir avec les théories du droit naturel moderne comme dans la problématique de la sortie de l'esclavage, s'avère être de nature anthropologique, au sens où il met en jeu la définition de l'homme présupposée par le contexte historique et culturel de fondation de l'État de droit. Cependant, après s'être débarrassées de l'universalisme abstrait des théories modernes du droit naturel, les réflexions actuelles sur l'État de droit ne peuvent pas se rabattre sur le relativisme[61]. Encore faudra-t-il se remettre à penser, au cœur même des conflits sociaux et interculturels, une histoire du droit à partir du phénomène esclavagiste du milieu colonial, sur les rapports entre éthique et politique. Une telle interrogation privilégierait l'inachevé

---

droit, et reproche à L. Strauss de ne pas avoir vu que cette seconde vague de la modernité a bien tenté d'élaborer une philosophie politique, qui reprenne l'idéal de la liberté comme un devoir-être. Pour Luc Ferry, Fichte serait même un précurseur des positions défendues aujourd'hui par Adorno et surtout par Habermas, dans *Après Marx*, Paris, 1985, et *Raison et légitimité : problèmes de légitimation dans le capitalisme* avancé, Paris, 1978, sur les rapports entre éthique et politique, entre l'universel et le particulier dans le cadre d'un approfondissement de la théorie des droits de l'homme, de l'État de droit et de la démocratie.

[60] Je renvoie ici à l'ouvrage d'A. Negri, *L'Anomalie sauvage. Puissance et pouvoir chez Spinoza*, tr. F. Matheron, 1982, surtout pp. 185-200, sur les rapports entre Hobbes et Spinoza.

[61] Pour se rendre compte du regain actuel du relativisme, voir par exemple *L'État providence*, de F. Ewald, Paris, 1976, pp. 581-582 : «Si l'Occidental avait pu espérer qu'un droit ayant structure formelle de réciprocité garantirait sa validité au regard de tout sujet de droit, État ou individu, l'expérience du siècle aura été celle de sa radicale contestation… La nouvelle épistémè semble rendre impossible toute solution de la crise actuelle, toute possibilité de fonder une communauté de jugement entre les particularités désormais en conflit, État et classes sociales.» De même, C. Castoriadis, dans *Domaines de l'homme. Les Carrefours du labyrinthe II*, Paris, 1986, spécialement le chapitre sur «Nature et valeur de l'égalité», pp. 307-324, où il souligne que «la singularité paradoxale de la culture et de la tradition européennes» consiste à «affirmer une équivalence de droit de toutes les cultures».

dans la théorie de l'État de droit, fonderait un nouvel humanisme conçu comme un horizon et comme une exigence incontournable et tenterait d'instaurer une rupture avec les tendances à l'hypostasie de l'État et à la sacralisation des systèmes culturels.

Deuxième partie

JUSTICE

**De la chute de Duvalier en 1986
au coup d'État de 1991**

Question clé et incontournable face au projet d'un État de droit et donc à la sortie de la dictature, la justice, parce qu'elle implique le principe de l'égalité formelle entre les citoyens, aurait dû être l'obsession de tous les partis politiques qui se réclament des tendances démocratiques. Or, le paradoxe que vit Haïti est celui d'un pouvoir qui oublie vite les revendications de la justice dont il était le porte-parole tant qu'il s'opposait à la dictature. Il ne suffira pas de croire qu'il soit possible de changer la direction de l'État pour qu'enfin il subisse la bonne transformation attendue par ceux qui réclament justice contre les crimes devenus courants dans la vie quotidienne. Force est de constater que, si la crise politique perdure en Haïti, elle a ses sources dans les forces économiques et sociales, mais aussi dans la culture elle-même en tant que celle-ci demeure dominée par une vision du temps, de l'individu, de l'écriture et de l'oralité, qui résiste à la mise en place d'une justice procédurale. Le spectacle de ce qu'on a appelé les « dechoukages » (déracinements) présuppose une interprétation sorcellaire des crimes et du mal en général, qui conduit à la recherche d'une justice expéditive, d'une vengeance à chaud et cathartique et finalement à l'illusion d'en finir une fois pour toutes avec le crime en détruisant par le feu le corps du supposé ou déclaré criminel, comme si donc le mal n'était qu'une force extérieure qui utilise le corps d'un individu comme support pour opérer ses ravages dans la société. Comment Haïti peut-il passer de la loi de la force à la force de la loi, ou si l'on veut « accoucher de la règle » pour reprendre ici une expression de Jacky Dahomay dans un article récent sur « La tentation de la tyrannie en Haïti » ? Comment un vivre-ensemble est-il possible ? Ou enfin comment le pays peut-il devenir habitable ? Telles sont les interrogations qui traversent cette partie de l'ouvrage. Nous avons jugé bon de l'ouvrir par un texte qui esquisse les différents conflits qui devaient éclater dès lors qu'on a prétendu instaurer un régime démocratique. Mais précisément, il est apparu qu'une telle perspective avait comme principal requisit l'instauration d'un système de justice dont la défaillance éclaire le caractère interminable de la crise politique.

Chapitre 3

Les grands conflits dans la naissance d'une démocratie en Haïti[62*]

À la chute de Jean-Claude Duvalier, le 7 février 1986, environ 500 000 personnes se rassemblent spontanément devant le palais national à Port-au-Prince, et chantent l'espoir en la naissance de la démocratie. Après trente ans de dictature, l'euphorie est à son comble. Les Tontons macoutes sont pourchassés, lynchés et brûlés vifs, leurs locaux et résidences sont saccagés ou incendiés, la tombe de François Duvalier est profanée, les monuments qu'il avait érigés en symboles de son pouvoir (la statue en bronze du « marron » inconnu, le calvaire de Port-au-Prince) sont attaqués ; même la statue de Christophe Colomb est jetée à la mer. On semble chercher à revenir au degré zéro de l'histoire et effacer toutes les traces du despotisme. Un nom est donné à cette opération : *dechoukage* (ou déracinement). À la capitale comme dans les provinces, le peuple et l'armée fraternisent. Le gouvernement provisoire présidé par le général Namphy ne peut alors que composer avec les desiderata populaires ; le corps des Tontons macoutes est dissous officiellement, les procès des grands criminels du régime duvaliériste sont instaurés. L'ère des droits fondamentaux semble inaugurée ; les exilés politiques débarquent tous les jours et certains sont accueillis à l'aéroport par la foule en liesse. Or, la démocratie allait s'installer avec un lourd héritage : d'abord celui d'une armée dont la plupart des hauts gradés ont fait leur allégeance à la dictature ; celui de la hiérarchie d'une Église catholique, en grande partie conservatrice, et enfin d'une

---

[62*] Publié dans le collectif *Approches polémologiques. Conflits et violence politique dans le monde au tournant des années 90,* s.d., Hernant et Bigo, Fondation pour les études de Défense nationale, Paris, 1991.

administration habituée à la corruption. Nous nous proposons, désormais, de découvrir la nature des conflits qui sont apparus de 1986 à 1991, période pendant laquelle quatre gouvernements se sont succédé, avant d'aboutir au vote du 16 décembre 1990, qui permet l'accession à la présidence du père Jean-Bertrand Aristide, l'un de ceux qui ont symbolisé le refus du duvaliérisme. En analysant la nature de ces conflits, nous indiquerons en même temps les difficultés qui attendent le nouveau gouvernement, mais aussi la nouveauté du processus historique qui s'inaugure en Haïti et les questions qu'il soulève au regard de l'approfondissement du concept de démocratie.

Les revendications exprimées par la population, pendant les premiers mois qui ont suivi la chute de la dictature, tournaient autour de la lutte contre la corruption dans l'administration publique, le jugement des grands criminels et la récupération des deniers publics volés par Duvalier, ses ministres et les « macoutes », puis les élections libres organisées par une institution indépendante du gouvernement provisoire ou de l'armée. Toutes ces revendications semblent se fonder sur la perception du « macoutisme [63] » comme l'expression même du duvaliérisme et comme l'obstacle principal à l'établissement d'un État démocratique de droit en Haïti. Or, le gouvernement provisoire va s'attacher à éroder peu à peu cette perception pour établir un type de démocratie dans lequel duvaliéristes et « macoutes » conservent encore un rôle prééminent et, dans tous les cas, leur position traditionnelle. Pour réaliser cet objectif, le gouvernement devra à la fois gagner à sa cause les leaders des partis politiques de retour au pays au cours de l'année 1986, et maîtriser le mouvement populaire anti-duvaliériste qui a eu comme canal d'expression l'Église catholique de 1980 à 1986. Mais les difficultés sont abruptes. Elles sont de deux ordres : d'abord toute la presse ne cesse de donner la parole à tous les mouvements démocratiques, partis et organisations populaires. Le gouvernement se trouve ainsi

---

[63] Sur l'euphorie et la déception des mois qui ont suivi la chute de la dictature, voir le premier chapitre de notre ouvrage *Comprendre Haïti, essai sur l'État, la nation, la culture,* Paris, éd. Karthala, 1987. « Macoutisme » néologisme utilisé en Haïti pour désigner la pratique des Tontons macoutes (nom folklorique donné à la police parallèle du dictateur F. Duvalier) caractérisée par le refus de toute loi, l'emploi de la violence contre tout opposant à la dictature, et le pillage systématique de l'État.

démuni de tout moyen de légitimation idéologique du maintien du duvaliérisme ; ensuite, la hiérarchie de l'Église catholique est impuissante à contenir les masses catholiques des milieux populaires, qui jusqu'à présent à travers l'Église prétendaient poursuivre la lutte contre les anciens « macoutes ». Le gouvernement commençait déjà à montrer sa faiblesse face à la puissance du déferlement populaire au cours des mois de février et de mars 1986, quand il eut à proclamer la dissolution du corps des « macoutes », et initier le procès télévisé de quelques grands criminels et bourreaux notoires.

Désemparé devant les multiples organisations qui naissent à travers le pays, syndicats, comités de quartier, mouvements de femmes, mouvements de jeunes, associations socioprofessionnelles, et surtout regroupement des paysans (qui constituent encore environ 70 % de la population), le gouvernement provisoire se hâte de se doter d'une assemblée constituante, élue seulement par 5 % de la population, grâce à un processus électoral bâclé. Cette assemblée, formée en grande partie de duvaliéristes, a été cependant infiltrée par des démocrates et a finalement produit une Constitution dont les éléments essentiels et les axes expriment le refus le plus entier du duvaliérisme et la volonté d'établissement d'un État démocratique de droit. Sous un certain rapport, avec le vote massif de la Constitution le 29 mars 1987 par 99,8 % de oui, la bataille du gouvernement provisoire est déjà perdue, mais les conflits que connaît le pays jusqu'à la prestation de serment du père J.-B. Aristide comme président, le 7 février 1991, n'en seront que plus aigus et, de toute façon, sanglants.

Dans l'impossibilité d'entrer dans les détails de ces conflits, nous tenterons de les décrire autour de trois groupes de problèmes : l'armée et les « macoutes » ; l'Église catholique officielle et l'Église populaire ; la paysannerie et les conflits terriens.

L'armée et les « macoutes »

Depuis 1986, le binôme armée – « macoutes » est à la source de tous les conflits qui jalonnent la route de la démocratie en Haïti. En effet, le problème de l'armée haïtienne réside avant tout dans son fonctionnement interne. Les effectifs de l'armée sont peu élevés, entre 6 000 et 7 000 hommes, peu ou mal entraînés. Elle comprend une aviation, une marine plutôt fantôme et une infanterie mal dirigée, mais disposant de quelques unités capables d'actions meurtrières seulement sur une population désarmée, un corps de *léopards* pour la lutte anti-guérilla. Quant à la police, elle est si rachitique – elle est en fait une garnison des Forces armées, rattachée à leur haut commandement – que ses agents avouent systématiquement qu'ils sont privés de moyens pour secourir qui que ce soit. Arrestations sans mandat, tortures systématiques de tout individu emprisonné, exécutions sans jugement, camp de torture au Fort-Dimanche, centre de détention situé au nord de la capitale, célèbre pour avoir été le lieu où ont disparu plus de dix mille opposants au régime dictatorial[64], telles sont les pratiques reprochées à l'armée. Elle contrôle également toutes les campagnes, à travers le chef de section rurale, nommé par le commandant de district, qui cumule, comme en situation coloniale, les fonctions déjuge, d'administrateur et de policier.

Disposant en outre de la plus grosse part du budget national, l'armée demeure un corps socialement divisé : les rapports des hauts gradés avec les soldats reflètent les rapports d'inégalités sociales criantes qui caractérisent la société haïtienne. Dès 1960, François Duvalier décidait de contrôler cette armée, en créant un corps de milice, dit corps de volontaires de la sécurité nationale ou Tontons macoutes (terme employé dans le folklore pour désigner le père Fouettard), totalement dévoué à la seule défense du dictateur et entraîné par l'armée. Plusieurs hauts gradés vont ainsi faire leur carrière, en s'adossant au «macoutisme», et, en tout cas, en rivalisant d'allégeance au duvaliérisme. Dans ce contexte, la chute de Duvalier paraissait pour eux une opportunité inespérée offerte non pas d'exercer le pouvoir – encore que plusieurs d'entre eux aient eu ce dessein – , mais d'obtenir, par reproduction élargie, les privilèges économiques réservés jusqu'ici à la seule famille du dictateur et à ses

---

[64] Sur les mœurs de l'armée haïtienne, et surtout sur la terreur qu'elle a déployée en Haïti de 1986 à 1991, voir les détails et les précisions présentés dans le document préparé par un comité américain d'avocats pour les droits de l'homme *Papers laws, Steel Bayonets, Breakdown ofthe Rule of Law in Haiti,* New York Lawyers Committee for Human Rights, 33 Seventh Av. New York 1001.

proches collaborateurs. L'État haïtien, sous la direction de l'armée, allait se transformer peu à peu en État-mafia : plusieurs hauts gradés disposent parfois de leurs propres bandes de « macoutes », les pratiques de contrebande se généralisent aux frontières (par terre avec le voisin dominicain, par mer avec Miami), ainsi que le trafic des armes et de la drogue. Les mouvements démocratiques chercheront en vain à détacher l'armée des « macoutes » : le ver est déjà dans le fruit. Fort tôt en fait, puisque, au matin du 7 février 1986, l'armée accueille, pour les protéger, de nombreux « macoutes » (environ 200) à la caserne de Port-au-Prince, puis organise la fuite vers l'étranger, notamment en République dominicaine, des grands tortionnaires dénoncés et recherchés par la population.

Mais comment résister à la montée des revendications de justice, de droit et de démocratie ? La Constitution ayant été votée, l'armée aura beau faire appel à toutes les ruses possibles et déclarer son intention de réaliser des élections libres selon le vœu de la Constitution, elle apparaît le dos au mur et ne peut plus que reproduire les pratiques de terreur sur la population. Le bilan est accablant : assassinat de trois leaders de partis démocratiques ; peur généralisée dans les familles visitées chaque nuit par des escadrons de la mort, « macoutes » agissant sous la protection de l'armée et en toute impunité. Chaque matin, durant trois ans, la presse se fait l'écho des cadavres retrouvés dans les rues, d'incendies des locaux du Conseil électoral provisoire (composé de 9 membres) indépendant, d'attaques et de mise à sac des stations de radio. Le 29 novembre 1987, les élections sont bloquées par le massacre de plusieurs dizaines de votants alignés devant les bureaux de vote ; le chiffre de 200 morts est évoqué. Cette stratégie fut payante, mais pour un laps de temps très court elle a permis au gouvernement provisoire de contourner la Constitution puisqu'il a pu décréter la dissolution du Conseil électoral provisoire indépendant et en nommer un nouveau, chargé d'organiser des élections.

Mais la terreur n'a pas diminué pour autant. La même armée « incontournable » dépose le nouveau président, Leslie Manigat, quatre mois après son investiture. Pour la presse étrangère, aux États-Unis en particulier, c'est la population haïtienne elle-même qui n'est pas mûre pour la démocratie. Pendant quelques mois, en opérant un retrait de la scène politique, la population essaie tant bien que mal de se mettre à l'abri face à l'insécurité croissante. Les conflits refluent ainsi peu à peu au cœur même de l'armée, faite désormais de bandes rivales qui s'entredéchirent. L'effort du général Prosper Avril, alors chef du gouvernement provisoire après la chute du général Namphy, pour unifier l'armée et y rétablir la hiérarchie se solde par un échec : deux corps de l'armée (la Caserne et les « léopards ») sont dissous après la tentative de certains hauts gradés de réaliser un nouveau coup d'État. Pour se maintenir au pouvoir, il ne reste plus au général Avril que l'appui des soldats de la garde présidentielle, qui contestent la Constitution et tout processus électoral. Sa chute survient au moment où ces soldats décident d'arrêter et torturer les leaders politiques de toute tendance, qui continuent à croire en la nécessité d'organiser des élections. Dès l'arrivée au pouvoir du nouveau gouvernement civil provisoire (avec Mme Ertha Trouillot), l'ancien Conseil électoral dissous par le général Namphy en novembre 1987 reprend position. Mais l'armée ne se tient pas pour battue, les représailles contre la population se poursuivent de nuit comme de jour, et les possibilités de succès des élections apparaissent une nouvelle fois réduites à une peau de chagrin.

Il faudra la médiation des observateurs de l'OEA (Organisation des États américains) et de l'ONU pour que renaisse l'espoir en l'instauration de la démocratie en Haïti. Là encore, la vie politique connaîtra des rebondissements trois semaines seulement après les élections réussies du 16 décembre 1990. Dans la nuit du 6 au 7 janvier 1991, Roger Lafontant, ancien chef des Tontons macoutes, entre au palais national, sous l'escorte des blindés de l'armée et se proclame président de la République. Ce coup d'État échoue grâce à une insurrection populaire ; une foule en furie se livre à une chasse systématique contre les Tontons macoutes et les partisans de Roger Lafontant. Mais, sans aucun doute, cet événement révèle une nouvelle fois que l'armée a été et demeure encore l'une des sources des conflits puissants que la lutte pour la démocratie a ouverts dans la société haïtienne.

La hiérarchie catholique et « l'Église populaire »

L'Église catholique semble être à l'amont et à l'aval de la naissance de la démocratie en Haïti, elle remplit la scène politique[65] depuis 1980 jusqu'au 7 février 1991, et demeure un lieu de conflits encore brûlants, qui sont loin d'être apaisés et surmontés avec l'accession du père Aristide à la présidence…

En l'absence de partis politiques reconnus, l'Église ne pouvait guère se dérober à une tâche de contestation politique réclamée à cor et à cri par tous les secteurs engagés dans la lutte pour le renversement du régime duvaliériste. Dès le mois de février 1986, la transition démocratique enclenchée, la hiérarchie, sous l'instigation du nonce apostolique, invitait le clergé séculier et régulier à revenir à des activités plus spécifiquement religieuses et non centrées sur la politique. Une partie non négligeable du clergé est fortement influencée par la théologie de la libération. Il devenait difficile d'éviter le conflit entre la hiérarchie et l'Église dite populaire dont le père Aristide était le représentant le plus en vue…

Entre 1985 et 1991, le père Aristide échappe à plusieurs tentatives d'assassinat, organisées par les « macoutes » ; la plus importante est celle du dimanche 11 septembre 1988, au cours d'une messe qu'il célèbre dans l'église Saint-Jean Bosco, située dans un quartier populaire de Port-au-Prince. Ce jour-là, vers 9 heures du matin, plusieurs dizaines de « macoutes » pénètrent dans l'église, l'incendient et massacrent les fidèles présents (douze tués et une centaine de blessés à l'arme blanche). Le mois suivant, la Conférence épiscopale publie une lettre dans laquelle elle condamne les orientations de l'Église populaire contraires à la doctrine officielle. Désormais, le père Aristide perd non seulement un dispositif essentiel pour son rayonnement, mais aussi la possibilité de revendiquer son

---

[65] Sur l'action de l'Église après la chute du Duvalier, voir la revue haïtiano-caribéenne, *Chemins critiques,* vol. 1 (1), sur *Religion et politique,* mars 1989, Port-au-Prince ; l'on est introduit, à travers ces articles, à la complexité du phénomène politico-religieux en Haïti, d'autant plus que le *vodou,* système religieux de type africain, encore vivace à travers le pays, mais persécuté autrefois par le christianisme, a été aussi un lieu de conflits : plusieurs dizaines de prêtres vodou *(ougan),* assimilés à des macoutes, ont subi des lynchages à la chute de J.-C. Duvalier. Voir aussi l'ouvrage collectif, sous notre direction, *Le Phénomène religieux dans les Caraïbes,* Montréal, éd. du Cidhica, 1989, et réédité aux éditions Karthala, Paris, 2000.

appartenance à l'ordre des Pères salésiens, car son dossier transmis à Rome par ses supérieurs le présente comme un religieux en rupture avec le vœu d'obéissance.

Quand, dans la nuit du 6 au 7 janvier 1991, survient le coup d'État de l'ancien chef des Tontons macoutes, Roger Lafontant, la foule en furie n'hésitera pas à mettre le feu aux locaux de la nonciature apostolique et de la Conférence épiscopale, également à l'ancienne cathédrale de Port-au-Prince, ce monument de l'époque coloniale, vieux de deux siècles, où, croyait-on, se serait réfugié l'archevêque, Mgr Ligondé[66]. Une semaine avant le coup d'État, l'archevêque avait prononcé devant le gouvernement et le corps diplomatique un sermon dans lequel il dénonçait à l'avance la terreur que le gouvernement du père Aristide exercerait sur le pays. C'était là la goutte d'eau qui allait faire déborder le vase, dans un conflit aux multiples rebondissements, qu'on peut difficilement placer sur un plan strictement religieux.

Les conflits terriens

Le troisième lieu de conflits sanglants, pendant la longue transition démocratique en Haïti, est le problème de la terre. De nombreux massacres ont été perpétrés dans diverses localités rurales entre 1986 et 1991. Le plus spectaculaire demeure celui de Jean-Rabel, village situé au nord-ouest du pays, où environ 200 paysans furent tués à l'arme blanche, en juillet 1987. Ailleurs, au centre du pays, dans le département de l'Artibonite, à Liancourt, Brocozelle, Marchand-Dessalines, Piatre, etc., chaque conflit donne lieu à une dizaine de morts, à l'incendie des cases des paysans et à la destruction des plantations et du bétail.

On a parlé, à juste titre, d'une véritable « litanie » de massacres dans les campagnes comme d'une fatalité qui aurait pris de court tous les secteurs et toutes les institutions du pays. Mais c'est toute l'histoire économique et politique d'Haïti qui est déterminée par les conditions de développement de la vie rurale. Encore aujourd'hui, les paysans représentent près de 65 % de la population active.

---

[66] Voir, pour plus d'informations, notre article sur l'analyse de cet événement, « L'insurrection de la nuit du 6 au 7 janvier 1991 », dans la revue *Chemins critiques,* vol. 2 (1), mars 1991.

Les prélèvements nombreux que subit la production agricole, de la part des grands propriétaires absentéistes, des commerçants des villes, des usuriers et de l'État, sans aucune contrepartie (en routes, en écoles, en soins hospitaliers, en crédit agricole), font de la paysannerie le secteur social le plus défavorisé du pays. Des révoltes sporadiques dans les campagnes marquent la vie politique, durant le XIXe siècle jusqu'à l'occupation américaine (1915-1934). C'est pour cela que la crise économique que traverse le pays se confond avec la crise de l'économie paysanne ; depuis 1983, elle ne constitue plus que 30 % du PIB après être passée de 0 % en 1964-1969 à 40 % en 1974. Pourtant les revendications du secteur rural ont été les moins entendues. Soumis au pouvoir absolu du chef de section rurale, le paysan n'a pas les mêmes droits que le citadin. Il est difficile de redistribuer les terres en raison de l'extrême morcellement de celles-ci – 94 % des exploitations agricoles ne dépassent pas trois hectares, pour 62 % de la superficie cultivable. De surcroît, il existe une forte pression démographique (soit environ 220 habitants par km^2). Depuis le XIXe siècle, la précarité des titres de propriété plaçait le paysan dans une dépendance extrême vis-à-vis des notaires, arpenteurs, usuriers, spéculateurs en denrées, commerçants des villes et agents de l'État en général. Autour de la population rurale, les mailles de la domination sont tellement serrées que même les soulèvements sporadiques finissent toujours par être réemployés en faveur des politiciens des villes.

À la chute de J.-C. Duvalier, l'affaiblissement de l'État et la décomposition de la plupart des institutions rendent possible l'expression de nouvelles revendications dans les campagnes. De nombreuses associations paysannes apparaissent sur la scène publique, très souvent encadrées par des prêtres catholiques qui mettent en avant la lutte pour le droit et la citoyenneté à part entière du paysan. Face aux « macoutes » et aux chefs de section, le paysan réussit à relever la tête, mais il ne dispose d'aucun mécanisme institutionnel apte à gérer les conflits qui surgissent autour de la propriété et de la commercialisation des produits agricoles.

Le phénomène de la contrebande de riz (en provenance de Miami) et de produits alimentaires, favorisé ouvertement par le gouvernement militaire provisoire, accélère la dégradation de l'économie rurale, pendant que les « macoutes » joints aux chefs de section continuent à semer la terreur dans les associations de paysans. Chaque tentative de répression dans les campagnes prétend se donner un caractère exemplaire et s'exécute avec la dernière rigueur. Quand les conflits terriens se déclenchent, le chef de section et les militaires dépêchés sur place pour mettre de l'ordre tirent froidement sur les foules assemblées, détruisent le bétail et les plantations.

La Justice comme assise de la démocratie

Ce que les élections réussies du 16 décembre 1990 ont en définitive permis, ce n'est pas la résolution des conflits que nous venons de souligner, mais la possibilité de les résoudre grâce à la mise en place d'un nouveau dispositif d'institutions démocratiques. La Constitution du 29 mars 1987 représentait certes déjà un pas considérable dans la transition démocratique. Elle proclame les droits fondamentaux pour chaque Haïtien, rompt avec la tradition qui marginalise les paysans, fait d'eux des citoyens à part entière, reconnaît la langue créole comme langue officielle au même titre que le français, sépare l'armée de la police et limite les pouvoirs du président. En particulier, la Constitution, nous l'avons vu, a confié le soin d'organiser les élections à un Conseil électoral indépendant, puis éloigne des fonctions électives les Tontons macoutes connus et les personnalités qui ont contribué au renforcement du régime duvaliériste.

La légitimité acquise par le nouveau gouvernement après le vote du 16 décembre 1990 ouvre les chemins d'une restauration de cette Constitution qui symbolise l'engagement du pays dans un nouveau processus historique et, plus exactement, sa rupture avec le despotisme. Mais rien n'est joué malgré un rapport de force favorable au gouvernement dans la lutte contre les « macoutes ». En effet, l'insurrection populaire, spontanée, qui s'est déclenchée dans la capitale et dans toutes les villes de province, la nuit du 6 au 7 janvier 1991, en vue de contester le coup d'État de Roger Lafontant, a donné lieu à une chasse aux « macoutes » dont le résultat a été le revirement apparent d'une partie importante de l'armée en faveur de la démocratie. La légitimité du président s'en est trouvée renforcée. Mais dans la mesure même où il dispose dorénavant d'un pouvoir appuyé sur « la souveraineté populaire », un déséquilibre apparaît entre l'exécutif et le Parlement, en sorte que la marge d'intervention des partis politiques d'opposition devient fort réduite. Or, la résolution des grands conflits qui traversent la société haïtienne d'aujourd'hui dépend en grande mesure de l'ouverture d'un espace public de discussion qui présuppose le fonctionnement de la société fondé sur la loi et non sur le seul recours à la force. La réforme d'une administration corrompue, dépourvue de règles formelles, et la mise en marche d'un système judiciaire qui puisse reprendre les dossiers de justice contre les crimes commis ces dernières années, sont des conditions essentielles qui doivent être réalisées dans le processus d'établissement du nouvel État de droit. Or une parole prophétique ne suffit plus. Le pouvoir exécutif a besoin d'une assise qui ne s'appuie plus sur le charisme religieux d'un homme, mais sur des règles formelles, impersonnelles, dont le respect s'impose à tous, pour rendre durable la victoire démocratique et permettre le jeu des institutions démocratiques. Comment le père Aristide pourra-t-il échapper au danger du populisme qui laisserait insatisfaites les revendications de droit et de justice sociale des paysans, et en particulier pourra-t-il diriger le pays sans disposer d'un plan de développement économique ? Comment pourra-t-il également éviter de nouveaux affrontements avec la hiérarchie de l'Église catholique ? Comment pourra-t-il, enfin, combattre la maffia de la drogue liée aux « macoutes » qui, pourchassés par les foules, ont reflué vers la République dominicaine ? Dans tous les cas, il semble que la démocratie qui naît en Haïti revêt un caractère singulier, même si on la compare aux bouleversements survenus dans les pays de l'Est et aux processus de démocratisation en Amérique latine. Car il s'agit de la reprise, au-delà des trente ans de dictature, de l'utopie d'une société fondée sur le droit et la dignité, dans laquelle, déjà en 1791, la première révolte d'esclaves victorieuse trouvait son inspiration.

Chapitre 4

Le rêve d'habiter
Entre nostalgie et utopie.[67*]

Qu'est-ce qu'habiter finalement si ce n'est d'abord habiter un corps, notre première terre natale ? L'éveil à la vie n'est-il pas l'éveil de son corps, à la conscience d'être un corps ? Conscience de soi ou conscience de son corps : un seul même moment originaire, fondateur, qui ne cesse de s'étirer comme une graine, une plante ou un arbre. Mais le corps n'est pour l'être humain une donnée immédiate qu'en apparence, il n'est point vraiment notre lieu privilégié d'habitation[68]. Le corps, microcosme, monade, autrement dit le corps propre, isolé, en soi et pour soi, n'est jamais que l'écho du néant, l'expérience même de la mort. L'idée même d'un corps, pur lieu, pur quant-à-soi, pur objet séparé suppose une séparation avec le monde et avec les autres, et par là même n'est soutenable par un être humain que dans l'ordre de la folie. Pourtant, et c'est là le paradoxe de ce que la psychanalyse freudienne nous apprend, tout petit l'homme n'accède à son corps propre et donc à lui-même comme individu concret que dans la séparation avec ce qui produit son corps c'est-à-dire avec cet « autre » corps qui l'enfante : la mère. C'est pourquoi, vivre signifie toujours déjà de ré-habiter le corps de sa propre mère. Habiter son corps comme vivant, c'est pour tout être humain maintenir sans jamais faiblir une nostalgie de la condition d'avant sa naissance d'avant son accès au monde et au langage. S'il y a bien un bonheur

---

[67*] Publié dans la revue haïtiano-caribéenne *Chemins critiques,* vol. I, n° 3, déc. 1989, pp. 91-107.

[68] W. Jankélévitch exprime avec justesse notre rapport paradoxal au corps : « Le corps est un partenaire fictif et celui qui s'en abstrait coïncide encore avec lui : c'est en effet tout le mystère et la symbiose que je sois mon propre corps dans l'instant même où mon essence véritable me paraît la plus distincte de la corporéité », dans *Le Pur et l'impur,* coll. « Champs », Flammarion, Paris, 1960, p. 77.

d'habiter comme un bonheur de vivre, il réside tout entier dans le rêve d'habiter. Rêve d'habiter non point un corps, mais un lieu à jamais perdu, qui peut être soumis cependant à une prospection sans fin. Voilà pourquoi, là où le rêve disparaît, c'est la mort qui s'installe.

Comme lieu à jamais perdu, le corps de la mère n'est rêvé que pour une symbolique de l'union, à laquelle sert le premier objet qui tombe entre les mains du petit homme. Ce qui demeure significatif, ce n'est même pas l'objet comme tel, mais sa représentation mentale ou l'*imago*, à partir de quoi se constituent le temps et l'espace. Entre l'objet et le moi se déploie un espace que le psychanalyste Winnicot appelle l'espace potentiel[69], une aire de jeu, donc de créativité permanente à laquelle accède l'enfant seulement s'il dispose d'une confiance suffisante en la mère. Le rapport à la mère ne se confond pas à un rapport à la nature, mais renvoie à l'épreuve du problème de l'origine. La symbolique de la filiation apparaît ici comme ce qui rendra possible l'ouverture à l'environnement, à l'expérience du monde et à la rencontre avec l'autre. Parler de la mère c'est, certes, encore parler d'une image primitive[70], toutefois à comprendre comme un lieu de retour impossible, d'un lieu qui ne cesse jamais de s'éloigner, d'un lieu donc toujours en retrait, pure obscurité, abîme, que seuls le mythe et la poésie peuvent approcher. La première imago, c'est l'inauguration d'une quête de réparation d'une coupure, d'une scission advenue au « nom-du-père », pour reprendre une expression de Lacan. Cette problématique est contestée par certains, mais nous la prenons dans le sens le plus général, dans le sens de l'ordre de la loi. Le nom-du-père c'est ainsi l'ordre de la loi qui vient toujours médiatiser mon rapport au monde. Ce que je suis donc en vérité comme être humain naît au cœur d'une scission. Voilà pourquoi le corps porte la marque d'une violence originaire et donne à l'habiter

---

[69] Voir les précisions que D. W. Winnicott fournit pour l'emploi du concept d'espace potentiel, dans son article « La localisation de l'expérience culturelle », dans *Revue de psychanalyse*, n° 4, automne 1971, Gallimard, pp. 1-23.

[70] Image, bien entendu, ambivalente, car tantôt rassurante, tantôt source d'angoisse. Problématique de l'un, de l'origine, elle parle à la fois de la mort et de la vie. On sait que tous les pouvoirs forts ont eu à s'appuyer sur ces régimes obscurs.

comme un manque et une absence, un appel et une incomplétude. Ainsi seulement il devient de la lumière du monde, pas du monde en soi, mais du monde représenté comme habitable et sécurisant.

Ce monde auquel l'individu se rapporte, dès la première rencontre d'objet, c'est un monde déjà saturé de significations. L'imagination ne peut se déployer qu'à la condition que le monde s'offre au préalable comme langage, et dans le langage. Il n'y a pas, à proprement parler, de rapport au monde ou au réel qui puisse précéder le langage, et il n'y a pas non plus d'émergence de l'imagination avant le langage. Habiter notre corps, habiter le monde et habiter le langage représentent un seul et même mouvement de constitution de notre identité.

Me proposant ici d'ouvrir une réflexion sur le rêve d'habiter en le remplaçant dans le cadre de l'avènement de la modernité et dans l'histoire de la production de l'espace haïtien, je précise tout de suite que je présenterai seulement quelques notes[71] pour soutenir cette réflexion, sans aucune prétention d'épuiser toutes les harmoniques du thème de l'habiter. L'essentiel est que nous puissions pressentir l'ampleur et la complexité de ce thème, mais aussi que nous puissions saisir que ce détour philosophique sur la modernité ne fera que nous mettre dans la plus grande proximité avec l'histoire de notre rêve d'habiter Haïti.

Un questionnement issu de la modernité

Peut-on dire qu'habiter pour l'homme revient à se construire sur la terre des édifices et des maisons, ou se choisir des coins de terre pour les entourer de soins et en tirer des profits ? Peut-on dire qu'habiter revient à aménager un espace pour se mettre à l'abri des intempéries et se garantir d'une identité, d'un enracinement qui nous dispensent d'avoir à penser notre mort ? Parler d'habiter, ne serait-ce pas, s'agissant de l'homme, parler de lui comme d'un être qui séjourne parmi les choses et qui par là même ne cesse de se

---

[71] Nous voulons parler du bénéfice qu'il y aurait à articuler des données anthropologiques, historiques et philosophiques pour parvenir à cerner le concept d'habiter.

reconnaître comme mortel et se tient sur la terre dans un face-à-face avec le ciel? Entre l'être de l'homme et l'habiter, il y aurait une connivence essentielle. Cela, c'est Heidegger qui, dans son œuvre l'a posé de la manière la plus radicale.

Poussant justement jusqu'à ses dernières limites la problématique de la finitude de l'homme, Heidegger, déjà dans son ouvrage célèbre, *Être et temps* (1927), définit l'homme non pas d'abord dans son rapport à autrui, mais dans son rapport fondamental à l'*être* comme tel[72]. L'être n'est pas ce qui peut tomber à la portée de l'homme, mais ce qui le comprend et l'enveloppe comme son vrai lieu (oublié) d'habitation. Que signifie alors vivre pour l'homme? C'est, en conséquence, être voué à ce monde-ci, sans recours extérieur ou extra-mondain; être jeté dans l'ordre des *étants* (donc en exil par rapport à l'être), comme être-pour-la-mort, dans une perpétuelle angoisse qu'on croit surmonter dans la volonté de connaître et de maîtriser les *étants*, c'est-à-dire la totalité des choses ou des objets étalés, étendus devant nous et autour de nous. Pour Heidegger, depuis Platon déjà et jusqu'à Hegel, toute la philosophie est dominée par une véritable obsession de la maîtrise du monde. La science et la technologie dérivent de ce même dessein qui consiste à nous faire séjourner, habiter dans l'ordre des *étants*. Mais c'est là une condition de perdition. La modernité n'est rien d'autre que cela, c'est-à-dire le devenir purement mondain du monde, l'éloignement du monde, par rapport aux dieux ou au sacré, qu'on appelle son *désenchantement*. De là s'est ouverte pour l'homme la possibilité de produire le monde comme lieu d'exercice de sa toute-puissance (par la science et la technique).

Cette situation n'est devenue effective qu'il y a très peu de temps, soit notamment à partir du *cogito* de Descartes qui, dans un geste de rupture avec la théologie, a posé une opposition entre l'homme et le monde, en sorte que, d'un côté, l'homme cesse de se considérer

---

[72] Je reprends ici quelques éléments du commentaire critique de Paul Ricœur sur *Être et temps*, dans son ouvrage : *Du texte et l'action. Essais d'herméneutique,* II, Paris, Seuil, 1986, pp. 90-91.

comme partie d'un tout (qui serait le cosmos), et de l'autre, il cesse de se référer à Dieu pour comprendre et transformer le monde. Avec la modernité apparaît donc le principe de la *subjectivité* laquelle signifie que l'homme est livré à lui-même, comme seule source de fondation de ses actes, de la vérité et de la loi. L'homme n'a donc plus désormais d'autre foyer (en allemand, *Heim*) ou patrie (*Heimat*) que le monde constitué de la totalité des *étants*, ou des objets maîtrisables et connaissables. Mais l'être comme tel tombe ainsi irrémédiablement dans l'oubli. Toutefois, dans ses dernières œuvres, le langage mythique et poétique garde, pour Heidegger, les traces de la proximité de l'homme par rapport à l'être, mais là encore il ne fait qu'indiquer que nous vivons dans l'oubli de la source. Dans sa méditation sur le poème de Hölderlin, « L'homme habite en poète », Heidegger écrit justement :

> « La poésie, en tant qu'elle mesure et ainsi atteint véritablement la dimension de l'habitation, est l'habiter initial. C'est la poésie qui, en tout premier lieu, amène l'habitation de l'homme à son être. La poésie est le "faire habiter" originel.
>
> L'homme n'habite pas en tant qu'il se borne à organiser son séjour sur la terre, sous le ciel. Le vrai habiter a lieu où sont les poètes…
>
> La poésie édifie l'être de l'habitation[73]… »

Dans un autre texte sur *Bâtir, habiter, penser*[74], Heidegger entreprend, à partir d'une étude philologique, de montrer comment bâtir *(Bauen)* ne se comprend pas dans une relation de moyen à fin par rapport à l'habiter. Habiter c'est plutôt ce qui est d'abord requis comme condition fondamentale du bâtir et du construire. « C'est seulement quand nous pouvons habiter que nous pouvons bâtir. » Car justement, habiter est une expérience oubliée, alors qu'elle est un trait caractéristique de l'homme. En ce sens, la crise essentielle que l'homme peut connaître sera toujours celle du déracinement *(Heimatlosigkeit)*, par rapport à l'être, c'est-à-dire de la perte du

---

[73] Voir les *Essais et conférences,* Paris, Gallimard, 1958, pp. 242-243.

[74] *Ibid.,* pp. 170-193.

lieu d'habitation et seule cette crise vaut la peine d'être pensée, si l'homme veut retrouver son être véritable.

La position de Heidegger vis-à-vis de la modernité a un caractère exemplaire, car il a voulu s'attaquer aux racines mêmes de la modernité. On a suffisamment démystifié cette critique[75] pour que nous soyons dispensé de la reprendre ici. On retiendra qu'en définitive Heidegger a proposé que l'homme s'abandonne à la condition moderne comme à un destin, pendant que ce destin prenait forme dans la dérive nationale-socialiste comme ultime aboutissement de la volonté de maîtrise du monde exprimée par l'Occident. Habiter c'est ainsi rechercher l'enracinement dans le sol (*Boden*), la patrie (*Heimat*), le foyer (*Heim*) ou l'authenticité (*Eigentlichkeit*), tous des thèmes chers au nazisme dans lequel Heidegger cherchait une nouvelle aurore pour le monde. Mais en dépit de ce fourvoiement, Heidegger a laissé sur le problème de l'habiter un certain nombre de questions essentielles qu'il faut encore méditer.

Au niveau sociologique maintenant, l'œuvre qui retient davantage l'attention est celle de Max Weber[76]. Il a le mérite de bien raccorder l'avènement de la modernité au cadre de développement du monde occidental, sans pour autant occulter ni surmonter (dans la théorie) la crise dans laquelle la modernité installe désormais toute l'humanité. On rappellera sommairement quelques éléments de cette analyse pour mieux comprendre l'enjeu réel pour nous en Haïti et dans toute la Caraïbe de la problématique de l'habiter.

---

[75] Voir en particulier l'ouvrage de Victor Farias, *Heidegger et le nazisme,* Éd. Verdier, Lagrasse, 1987, qui souligne les liens qui existeraient entre l'œuvre philosophique de Heidegger et ses positions en faveur du nazisme ; voir aussi Pierre Bourdieu, *L'Ontologie politique de Martin Heidegger,* Paris, Ed. de Minuit 1987. Mais pour une vision plus nuancée et qui n'évacue pas les questions soulevées par Heidegger sur la modernité, voir : *La Fiction du politique,* de Philippe Lacoue-Labarthe, Paris, Éd. Christian Bourgois, 1987.

[76] Voir Max Weber, *Économie et Société,* 1,1, Pion, Paris 1971 (1ʳᵉ édition en allemand, 1956 et Tubingen), p. 232 ; et surtout les articles récents de F. A. Isambert sur « Le désenchantement du monde : non-sens ou renouveau du sens ? », et de J. Séguy, « Rationalisation, modernité et avenir de la religion chez Max Weber », dans *Archives des sciences sociales des religions,* Éd. du CNRS, Paris, n° 61.1, janv.-mars 1986, pp. 83-104, et pp. 127-138. Pour une réflexion approfondie sur l'avènement de la modernité, on se reportera à l'ouvrage magistral de J. Habermas : *Le Discours philosophique de la modernité. Douze conférences,* trad. Bouchindhomme et Rochlitz, Paris, Gallimard, 1988. Voir aussi les textes philosophiques sur *La Sécularisation de la pensée,* s. d, de Giovanni Vatimo, Paris, Seuil, 1988. Également : *L'Ère de l'individu, contribution à une histoire de la subjectivité,* d'Alain Renaut, Paris, Gallimard, 1989.

Pour Max Weber en effet, ce qui fait de l'homme un habitant (possible) du monde, c'est d'abord le retrait des dieux (en allemand : *Entgotterung*), et donc le désenchantement du monde (*Entzauberung der Welt*). Il s'agit d'un processus qui s'est poursuivi de manière inégale et parfois contradictoire au cours de l'histoire de l'Occident ; car déjà à Athènes, au Ve siècle avant J.-C, la politique a été conçue en dehors de la religion. Le désenchantement du monde a consisté donc à pouvoir penser et organiser le monde et la société sans recourir à la puissance des dieux ou à la puissance des traditions. Ce processus a rendu possibles le développement des forces productives, la création d'un appareil bureaucratique où les employés ne sont pas les serviteurs d'un despote, ou de traditions immémoriales, mais des individus qui se conforment à des règlements et à des lois révocables, discutables et donc à des « normes d'action universalisâmes », pour reprendre ici le concept de Habermas.

Le phénomène culturel qui se déploie ainsi en Occident, à partir de la possibilité de critiquer les pratiques fondées sur des traditions a valeur et signification universelles, puisqu'il s'agit du déploiement de la rationalité. Science et art, institutionnalisation de l'État, pratiques économiques disposent de leurs lois propres et peuvent connaître des développements séparés, mais il y a une rançon à payer : c'est la perte du sens de la vie et de la mort. Concrètement, une distorsion s'opère entre la rationalité instrumentale (*zweckrationalität*) ou rationalité qui consiste à adapter des moyens à des fins pratiques techniques de maîtrise du monde, et la détermination rationnelle des valeurs (*wertrationalitât*)[77]. De là, on devrait penser la possibilité pour le rationalisme (occidental) de basculer dans l'irrationnel, dans la mesure où le champ éthique risque à tout moment d'être atrophié.

La position de Max Weber nous intéresse ici, en ce qu'il parvient à maintenir le questionnement sur l'avenir du monde occidental et à éviter la tentation hégélienne de réconciliation de toutes les contradictions qui s'ouvrent avec la modernité : contradiction entre être et devenir, esprit et monde, individu et communauté, famille et État, morale et politique, etc. Hegel propose en effet une sortie

---

[77] Voir par exemple les interrogations de Dominique Janicaud, dans *La Puissance du rationnel*, Paris, Gallimard, 1985, p. 63.

triomphale des limites de la subjectivité et de la conscience du temps, en orientant sa réflexion sur la raison comme savoir absolu. Mais c'est au prix d'une dilution de la douleur de l'actualité dans l'attente d'une fin (heureuse) de l'histoire (la récapitulation du savoir absolu) qu'il prétend surmonter les impasses et les apories rencontrées par la modernité.

Essayons maintenant de préciser un peu plus, mais encore à grands traits ce qu'est la modernité au regard du problème de l'habiter. En gros, au Moyen Âge européen, l'homme n'habitait pas à proprement parler le monde, car le monde n'avait pas encore accédé à sa mondanité, tout dédié qu'il était à célébrer la gloire de Dieu. Le plus important pour l'homme a été de parvenir à participer à la communauté céleste transcendante, au corps mystique, et il faut attendre, comme Kantorowicz le décrit[78], le passage progressif du corps mystique au corps du roi, et de celui de la patrie pour qu'un nouveau rapport au monde (terrestre) se mette en place et donc que la problématique de l'homme comme habitant de ce monde voie le jour.

Cette problématique qui se théorise avec Descartes s'ouvre déjà avec la Conquête (ou invasion du Nouveau Monde) au XVᵉ siècle, puis avec la Réforme (avènement de la liberté religieuse) pour battre son plein avec les Lumières et la Révolution française.

Concrètement, la modernité c'est le moment où la *subjectivité* est reconnue dans sa souveraineté, et où l'*individu* se détache du monde et du corps social pour se constituer dans son autonomie, à partir de quoi tout ce qu'il fait ou accepte de faire doit être justifié à ses propres yeux sur la seule base des ressources de la raison. L'ère de la critique s'ouvre et ne souffle point de recours à des traditions auxquelles la pratique et la réflexion pourraient s'adosser. Le droit est fondé dans l'homme lui-même et non plus sur un ordre prédéterminé du monde, encore moins sur un ordre extramondain, sacral et religieux. La religion n'envahit plus toutes les sphères de

---

[78] E. Kantorowicz, *Mourir pour la patrie,* Paris, PUF, 1984. Pour sortir cependant d'une vision trop monolithique du Moyen Age, on se reportera en particulier aux travaux de Jacques Le Goff, *Pour un autre Moyen Age, temps, travail et culture en Occident,* Paris, Gallimard, 1978, et *L Imaginaire médiéval,* Paris, Gallimard, 1985.

la vie quotidienne, elle est séparée de la science et de la politique. Le monde est devenu le monde de l'homme et pour l'homme. Prise en charge du monde et prise en charge de l'homme par lui-même, telle est la spécificité de la modernité à partir de laquelle le monde a pu rêver comme habitable et l'homme se poser comme habitant de ce monde. À la vérité, le débat sur ce qu'on appelle la modernité se poursuit encore, il est relancé aujourd'hui avec plus de vigueur, en particulier autour du sens du désenchantement.

Mais dans la Caraïbe, et dans le tiers-monde en général, quelle signification revêt-elle pour nous? Il est clair que nous avons éprouvé la modernité avant tout comme phénomène dont les effets se nomment : déportation par rapport à notre espace (traite, esclavage, colonisation), assujettissement politique (occupation), déracinement par rapport à nos cultures (amnésie culturelle, perte de la langue, du nom propre et de la filiation). Sur cette base, la modernité paraissait mériter une condamnation en bloc, sans reste. Et le seul repli sur ce que nous avons pu sauver de nos cultures (une langue encore méconnue, quelques dieux exsangues de leur mythologie oubliée, une organisation familiale en lambeaux, mais fantasmée idyllique, etc.) semble nous servir d'abri précaire contre une modernité perçue comme une apocalypse. Ou alors, on s'épuise dans des lamentations ou des imprécations contre cette modernité dont on sait pourtant l'envahissement inexorable. Cette attitude finit par rendre aveugle par rapport à soi-même comme par rapport à la modernité. Or ne faudrait-t-il pas s'interroger sur les impasses d'une telle attitude, quand elle risque d'abandonner à l'Occident les capacités de s'approprier le monde et de l'habiter? Plus précisément, n'y aurait-il pas des valeurs à portée universelle donc non attribuables à l'Occident, qu'il faudrait savoir reconnaître, en vue de nous mettre sur le chemin d'une réappropriation de notre espace sans pourtant tomber dans une relation mimétique par rapport à l'Occident?

Habiter Haïti et la Caraïbe

Si le questionnement philosophique sur l'habiter apparaît avec la modernité, dont l'un des moments inauguraux a été, au regard même de Hegel, la Conquête (des Amériques), Haïti, avec la Caraïbe tout entière, peut revendiquer une certaine précocité dans le déploiement de la modernité. Depuis Haïti donc, la problématique de l'habiter peut trouver un nouvel éclairage, puisqu'il est l'un des lieux privilégiés de la mise à l'épreuve (ou mise en crise?) de ce qui constitue la modernité en son fond : l'avènement de la liberté (en tant qu'elle se fonde dans l'homme) et de normes d'actions universalisâmes.

En effet, l'Occident moderne s'édifie en partie sur les ruines de la civilisation indienne : pillage de l'or, désorganisation de l'espace, réduction en esclavage des Indiens. La modernité, c'est donc d'abord pour nous un « désabritement », un « dépaysement », une déterritorialisation, et en même temps la production de notre espace comme pure nostalgie.

Nous pouvons dire que notre propre histoire par rapport à notre espace se déploie à partir du « trauma originel » qu'est le « désabritement ». C'est ce même trauma qui se redouble et se renforce dans l'esclavage des Noirs déportés de l'Amérique, pour être sommés de vivre en Haïti (Saint-Domingue) comme des étrangers. On sait que l'esclave est presque partout un étranger, ou qu'en tout cas l'acte même qui le réduit en esclavage le produit toujours comme étranger. Mais il s'agit d'abord qu'il soit étranger à son propre corps. « Désabriter » un individu par rapport à son environnement c'est le « désabriter » de son propre corps, lui ravir son nom, sa filiation, sa langue et sa religion. Corps-bétail, corps battu, corps pure force de travail, l'esclave peut être défini ainsi comme celui qui n'habite pas, puisque lui est ôté ce par quoi et dans quoi est rendue possible sa relation au monde. Rappelons ici que l'un des plus grands combats entrepris au Moyen Âge européen a été le combat contre l'utilisation du fouet pour les domestiques. Sous ce rapport, l'*habeas corpus* apparaît comme l'une des premières conquêtes du droit, l'un des premiers gestes dans l'aventure de l'émancipation humaine. Il devient facile de comprendre maintenant pourquoi celui qui est reconnu propriétaire de son corps peut être propriétaire tout court, et qu'à lui d'abord, sera attribuée la liberté. En Occident moderne, l'avènement du droit à la propriété et l'avènement de l'individu sont en étroite relation. Comme si la condition de sujet de droit avait été intrinsèquement liée à l'occidentalité, pour celui qui, dans la Caraïbe, est réduit en esclavage. Ni propriétaire, ni habitant, telle est la caractéristique principale de l'esclave. Toute la révolution antiesclavagiste sera donc portée depuis le premier marron jusqu'à l'insurrection de la nuit du 22 août 1791 par le rêve d'habiter Haïti, et donc concrètement par le rêve de disposer de l'*habeas corpus* et de devenir maître du territoire qui avait été au départ constitué comme un lieu d'exil pour l'esclave.

Ce même rêve a, en fait, présidé à tous les mouvements de marronnage et d'insurrection qui ont parcouru toute la région Caraïbe (Guadeloupe, Martinique, Cuba, Porto Rico, Jamaïque, Trinidad, etc.) et les communautés noires d'Amérique latine et des États-Unis. Mais il ne leur est pas exclusif puisque les populations indiennes, survivant du désastre génocidaire de la Conquête (de 1492), déposent encore leur témoignage sur la signification de l'espace du Nouveau Monde comme lieu d'un questionnement sans fond sur la problématique de l'habiter et de la liberté.

Mourir pour Haïti

Or que se passe-t-il au lendemain de la révolution haïtienne ? Si le nouveau grand propriétaire est l'État lui-même, successeur du maître-colon, et si le chef de l'État est d'abord un *paterfamilias,* le rêve d'habiter Haïti risque de se muer en culte de la patrie. Une idéologie nationaliste, développée en réaction contre le possible retour en force des puissances esclavagistes et coloniales, va en effet pétrifier le rêve d'habiter. La construction de fortifications contre l'ennemi extérieur donnera à l'espace haïtien un caractère de précarité. Mourir pour Haïti est offert comme un destin qui rapproche des héros de l'indépendance : mourir est beau. Mais les masses des anciens esclaves se doutent qu'elles doivent plutôt apprendre à se mettre à l'abri d'un État, qui se fait de plus en plus envahissant et qui réclame le sacrifice de *l'habeas corpus.* Un État en guerre contre un ennemi intérieur (le peuple), tel est alors Haïti dont l'espace se réduit à la peau de chagrin au regard des anciens esclaves. L'État peut réquisitionner pour des corvées, la production de denrées d'exportation, les travaux de fortification, il peut aussi interdire le libre déplacement. En dépit des tentatives de marquage symbolique de l'espace : création de *lakou* et de grands centres vodou, réappropriation d'églises, de calvaires, création de cimetières familiaux et collectifs, etc., les masses ne disposent vraiment que de lieux de transit. Toute la précarité des formes de l'habiter renvoie à la précarité de l'*habeas corpus*.

Être habité par les dieux

Dans l'impuissance à soutenir efficacement le rêve d'habiter, on est enclin à se rabattre sur le seul désir d'être habité, cette fois par des dieux. Jusqu'à l'indépendance, les esprits du vodou semblent avoir servi de dispositifs symboliques qui ouvrent à la vie. On s'adossait à eux dans la guerre antiesclavagiste pour sortir de la condition d'exilés et d'étrangers. Cette phase accomplie, on ne s'adresse plus à eux que pour mieux supporter une condition d'exilés dans ce qui est devenu une nation. Depuis l'indépendance, nous avons une nation, dit-on, mais pas de pays. Notre corps devient le lieu de passage des dieux qui se transforment ainsi en unique garantie de notre relation au monde et aux autres. On rêve donc d'être habité, mais dans ce même mouvement, on abandonne l'espace à l'État, aux grands propriétaires et aux forces néocoloniales. Le vodou ne serait-il pas ce langage de survie au cœur du désespoir ? Certes, on peut également soutenir l'idée que le vodou a été un mode de préservation de l'espace, des équilibres « naturels ». Peut-être, mais encore convient-il de porter l'interrogation sur cette nostalgie de l'Afrique (perdue) qui maintient l'adepte en transit dans sa terre natale.

Bien entendu, le rêve d'habiter ne pouvait que déserter de plus en plus la majorité de la population. Le pays, ce sont les villes, et les campagnes, son « en dehors ». Paysans pauvres et habitants des bidonvilles sont acculés à grappiller un espace rare pour se loger. Tout se passe finalement comme si cette population était déjà une véritable diaspora au cœur même d'Haïti. Cette situation socio-économique, dans le cadre du vodou, culte de la transe et de la possession, est considérée non pas comme le résultat d'un procès d'exploitation, mais comme la volonté des « esprits » ou des *lwa*. Les *lwa* m'élisent riche ou pauvre, intellectuel ou analphabète, président ou fonctionnaire, ouvrier ou paysan, etc. Les *lwa* m'habitent et habitent mon environnement. Avec eux, la vie ne cesse d'être gonflée de sens. Il faudra qu'ils finissent par occuper tous les domaines de la vie, de l'économique au politique et au culturel ; ils sont en dernière instance le territoire qui m'est donné contre le milieu extérieur, plus je connais leurs secrets, plus je suis à l'abri. Mon être dans le monde se réalise à partir d'un autre être hors du monde. Un telle perspective n'incite guère à habiter le monde, mais ce n'est point qu'elle instaure une distance entre soi et le monde. Bien au contraire, elle suppose un rapport immédiat au monde, dans la mesure même où elle me donne le monde comme un champ de significations à l'avance réglé et non dépendant de la volonté humaine. Ces aspects du vodou qu'on exalte souvent sont précisément ceux qui m'éloignent de la modernité.

Je ne crois pas pour autant qu'en soi le vodou serait en opposition à la modernité. Il a même été créé dans un contexte d'affirmation de la volonté de liberté et, à cet égard, n'est point en reste avec la modernité. Mais je prétends souligner ici ce qu'on a fait du vodou au XIXe siècle et après : on l'a soutenu comme un lieu d'enfermement, et on n'a pas besoin d'avoir été possédé par des *lwa* pour se précipiter dans ce lieu, pour, de là, interpréter l'ordre social établi comme un ordre éternel ou un destin. Le vodou est alors un quant-à-soi, un dispositif pour crier notre différence, une plage identitaire. Voici que le rêve d'habiter qui inspirait l'esclave révolté se change en nostalgie de ce qu'Haïti aurait pu être, mais en fait, n'a jamais été : « Haïti chérie. »

Anti-duvaliérisme et nostalgie

Les trente ans du duvaliérisme vont être justement ce qui nous installera de manière radicale dans cette nostalgie. On sait comment Duvalier s'était établi comme « seul maître et seigneur » de tout l'espace haïtien, et comment il disposait du droit de vie et de mort sur tout Haïtien. Ce régime qui évoluait comme un cyclone dévastateur achevait de faire du pays un champ de ruines. Ce n'est pas le lieu pour nous d'en faire état. Mais dès que l'on s'avise de penser la problématique de l'habiter, on ne saurait ignorer ce qu'on peut raisonnablement appeler la production macoutique de l'espace. À défaut de pouvoir habiter le pays, les rebelles au système duvaliériste caressent facilement le rêve de mourir pour Haïti. Mais ainsi toute stratégie rationnelle de lutte est finalement évitée. Ce n'est point que le désintéressement ne soit pas à la clé des mouvements de contestation chez des jeunes, des intellectuels, des étudiants, des fonctionnaires ou des paysans, mais leur attitude reste plutôt marquée par le désespoir. Il s'agit de défier la toute-puissance du despote par le sacrifice de sa vie. Dans tous les cas, habiter ce pays n'est plus un rêve, qu'on soit à l'intérieur ou à l'extérieur d'Haïti. L'ordre duvaliériste comme empire de la mort revient à peupler le pays de prisons, de cimetières privés, de ravins à charniers. Le sauve-qui-peut général qui caractérise cette période macabre de notre histoire n'est pas sélectif : ce ne sont pas les opposants qui sont frappés, mais le tout-venant de n'importe quelle couche ou catégorie sociale.

Nous ne saurons plus où « mettre notre corps ». Espace privé et espace public, biens privés et biens collectifs n'ont plus d'autre fonction que d'être au service du despote et de sa longue durée.

C'est dans un tel contexte que la nostalgie des villes et des campagnes va nous habiter. On ne pouvait en effet que mythifier le passé, nous gratifier des souvenirs d'une enfance heureuse, nourrie de carnavals chatoyants, ou de promenades dans des bosquets et des sources éloignées de toute pollution, sans nous douter que le procès d'épuisement et de dégradation de nos ressources n'a pu se produire d'un seul coup. Notre corps, orphelin de son environnement, fait de la nostalgie une ruse. Si l'on ne peut même plus mourir pour Haïti, on mourra en Haïti. *Se nan bra w pou m mouri* (« Dans tes bras, je devrai mourir »). Passer sa vie à construire sa maison ou à construire son tombeau comme un palais semble être le dernier recours de ceux qui veulent s'abriter contre un espace hostile.

À la bidonvilisation ou la taudification des villes correspond le calfeutrage d'une bourgeoisie derrière des murs hauts et épais. On profite de l'espace, mais on ne l'habite pas. Ces châteaux privés, ranchs et plages privés n'arrivent pas à empêcher leur encerclement par la masse des sans-abri. De toute façon, on semble admettre que l'espace haïtien n'appartient plus aux Haïtiens.

Du rêve à l'utopie concrète

Rêver d'être habité par les dieux, mourir pour Haïti ou en Haïti, se nourrir de nostalgie sont des attitudes qui nous induisent en tentation de nous abandonner à la situation présente comme à un destin. Tentation nihiliste, semblable à celle que célébrait Heidegger, malgré ses dénégations. Or, nous ne pourrons accéder à notre propre modernité que si nous savons vivre plutôt en fonction de l'avenir. Les mille et une stratégies de survie qui forment la trame de la vie du peuple ne constituent point encore un sursaut vers l'avenir, même si elles énoncent un refus de désespoir. Encore faudra-t-il se distancier du présent, du réel lui-même pour le regarder en face, plus exactement dans un face-à-face critique avec soi-même. Passer du rêve d'habiter à l'utopie concrète de l'habiter, tel pourrait être le chemin d'une réappropriation ou d'une reconquête de notre espace. Il s'agirait alors pour nous non pas de nous replier nostalgiquement sur le passé, mais de réaliser ce qui avait été inaccompli dans le passé donc d'abord de prendre conscience – à partir même de notre nostalgie – de ce rêve d'habiter Haïti qui avait été à la source des luttes pour l'émancipation entreprise à travers toute la Caraïbe dans l'horizon même de la modernité.

La fin du duvaliérisme a justement relancé un fourmillement de pratiques qui toutes conduisent à reconnaître cette utopie concrète comme toujours active dans notre histoire : création d'unités de quartiers ; reprise des espaces symboliques (églises et calvaires), ouverture de marchés, réappropriation de terres volées par les macoutes, réanimation de centres historiques du vodou, etc. Même des fleurs sont plantées dans des ravins empuantis par les détritus. Mais la fin du duvaliérisme, c'est encore le duvaliérisme qui rayonne de ses derniers feux : emballement de la corruption, accaparement des dernières dépouilles de l'État, ventes à l'étranger des parties encore non dégradées du territoire, mise aux enchères des biens publics pour la réception de déchets toxiques des puissances occidentales. Et tout cela se drape dans un nationalisme dont l'arrogance vide ne se manifeste qu'en face d'un peuple aux mains nues.

Pourquoi passer du rêve à l'utopie concrète? Parce qu'il s'agit de surmonter la tentation de nihilisme qui nous guette dès lors que nous essayons de mesurer le chemin à parcourir pour faire d'Haïti un espace habitable. Le rêve d'habiter se traduit pour nous par le devoir de penser. Dans la mesure où habiter c'est d'abord habiter un langage pour habiter notre corps et le monde, nous n'échappons pas au douloureux travail de la critique, à partir de nos seules ressources, face à un monde que nous devons pourvoir de sens, et qui n'en a pas avant notre propre intervention humaine. Être capable de surgir comme un «sujet rebelle[79]», c'est repenser un monde enchanté, c'est-à-dire peuplé de dieux qui nous dictent à l'avance notre destin, et donc assumer, dans la tension, une condition tragique. Contester la modernité comme signifiant pour nous pur assujettissement, et en même temps accepter la modernité comme notre propre tâche, là où elle nous convie et nous a conviés naguère à la lutte pour l'émancipation, tel est le pari que nous avons à tenir. En effet, depuis Haïti, un universel sourd dans notre histoire : l'utopie concrète du droit (naturel) d'habiter notre espace.

Mais, de quel espace s'agit-il? D'un territoire national sur lequel refermer nos désirs, nos rêves et nos projets? Ne serait-ce pas ainsi revenir à un mimétisme de ce que la modernité occidentale a tenté de faire du monde, en le soumettant à un régime de conquête par une raison instrumentale universaliste? Ne serait-ce pas en retour, nous rendre prisonniers du culte du «chez-soi», par quoi nous perdrions toute distance par rapport à notre espace et donc nous interdire le rêve de l'habiter? Or, n'est-ce pas au cœur de ce rêve lui-même que nous façonnons notre modernité? Notre histoire ne commence-t-elle pas d'ailleurs par un exil d'où nous tirons les ressources de notre quête d'émancipation? Pourrions-nous donc, sans nous renier nous-mêmes, sans éluder ce qui fait notre spécificité, nous contenter d'imiter le «maître», en nous rabattant sur un espace fétichisé, comme un nouveau corps que nous nous attribuerions, grand vide où nous projetterions l'inconsistance de notre individualité? Il semblerait d'ailleurs que c'est souvent à défaut de l'habeas corpus

---

[79] Expression empruntée à Bérard Cénatus dans le liminaire de *Chemins critiques,* vol. I, n° 1, mars 1989.

que la fiction d'un enracinement ontologique dans la terre natale se développe. C'est dire qu'on ne peut vraiment penser l'habiter réel que s'il donne lieu à la prospection des possibilités d'expression de la liberté. Il y aurait un infigurable à maintenir dans la quête d'un chez-soi : un infigurable déconstructeur de toute tentative d'enracinement, et qui ne serait autre que l'indicibilité de l'homme comme tel. Sans doute est-ce là ce qui rend compte de l'impasse de l'État-nation – territoire, c'est-à-dire de la crispation sur un nationalisme conçu comme fermeture à l'« autre », et repos béat sur une identité close.

En suggérant de passer du rêve d'habiter à l'utopie concrète (au sens d'Ernst Bloch[80]) de l'habiter, nous ne faisons qu'insister sur la nécessité d'articuler le particulier à l'universel, et à ce niveau, ce n'est pas le repli sur soi, ni la nostalgie du chez-soi qui l'emporte, mais l'accueil de l'autre, l'ordre de la communication avec l'autre, de l'ouverture aux autres cultures, pour que l'habiter ne se réduise pas au seul rêve de l'appropriation privée, individuelle d'un morceau de terre, par quoi de toute façon l'habitabilité de l'espace serait vouée à l'échec. Pas plus que la volonté de préservation de l'espace national serait efficace, si on ne postulait pas qu'il est question, en son propre territoire, de la terre entière. L'utopie concrète du droit d'habiter nous interdit précisément de rêver notre territoire comme un dernier havre. Elle nous conduit plutôt à approcher constamment ce qui excède l'habiter proprement dit. La force de l'utopie concrète n'est-elle pas la capacité d'anticipation d'un futur qui ne peut se réaliser sans se détruire aussitôt, et qui, repoussant les frontières des particularismes (langue, couleur, classe, nation, territoire, famille) nous ouvre à l'universel ? En ce sens, elle est création d'une aire de langage[81], espace de jeu comme exploration des chemins de la liberté, dont la littérature et les arts doivent sans cesse témoigner. Mais l'universel en question, on n'y accède que par la loi d'où chacun peut être reconnu dans son droit de vivre sur le même espace,

---

[80] Voir en particulier de Ernst Bloch, *Droit naturel et dignité humaine,* Paris, Payot, 1976 ; et son œuvre en général autour du concept d'utopie-concrète, et notre ouvrage *Ernst Bloch : utopie et espérance,* Paris, Cerf, 1974.

[81] Sur le rapport entre l'utopie et l'espace, voir l'ouvrage encore très actuel de Louis Marin : *Utopiques : jeux d'espaces,* Paris, Ed. de Minuit, 1973, surtout p. 344.

c'est-à-dire peut produire cet espace comme sien, sans cesser de le tenir pour un lieu d'échange avec l'autre.

Habermas propose que, dans cette aire de langage, la rationalité ne devrait plus avoir une visée instrumentale (la maîtrise du monde), mais devrait contribuer à un renforcement des échanges intersubjectifs. C'est pourquoi ni l'*habeas corpus*[82] (première forme du rêve d'habiter) ni l'accès à un espace privé ne sont possibles sans la participation active à la production d'un espace public où, par la discussion (et non par le recours aux diktats des pouvoirs politiques ou bureaucratiques, encore moins par le recours aux traditions immémoriales ou sacrales) un consensus sur les formes de réalisation de la liberté vient à se fonder. Cette problématique[83] est suggestive, mais elle se situe encore dans un horizon réformiste, et se méfie de l'utopie, car elle part du principe de la raison communicationnelle qui se dégage des potentiels de rationalité enfouis et inexploités dans les mondes vécus en Occident. Pour nous, l'utopie concrète, comme force à la fois critique et prospective, nous invite au contraire à un déplacement du centre de gravité de notre vision du monde et de l'histoire, pour que notre modernité ne soit pas notre modernisation, c'est-à-dire un pur rattrapage de notre retard (au niveau technologique et bureaucratique) par rapport à l'Occident. Une remise en question de fond en comble des bases mêmes de régulation de notre société est requise, comme condition préalable de l'habiter, là où ces bases sont à la fois non rationnelles à cause de l'omnipotence du sacral dans toutes les sphères de la vie quotidienne, et mimétiques du monde occidental à travers un État encore nettement ordonné à nous « désabriter ».

---

[82] Le principe de l'*habeas corpus,* formulé pour la première fois en 1215 en Angleterre, contre le roi Jean sans Terre, précise les modalités de la légalité d'un emprisonnement : nul ne peut être arrêté sans le mandat d'un juge et sans avoir à comparaître devant le juge dans un délai fixé par la loi. Plus tard en 1677, un document intitulé *Habeas Corpus Act* reprend les principes affirmés en 1215 contre l'absolutisme royal. En 1689, le *Bill of Rights* spécifie les droits des citoyens et constitue un contrat entre l'autorité parlementaire et le souverain. Avec l'*habeas corpus,* on peut dire que l'appréciation des juges vient se subordonner les actes d'État. Il s'agit de reconnaître qu'avant la Révolution française, un progrès s'accomplit déjà avec le principe de l'*habeas corpus,* même s'il n'a eu alors aucun caractère d'universalité. On se reportera, pour plus de détails, à l'article « Habeas Corpus » dans *Encyclopedia Universalis* 1980, pp. 188-189.

[83] Voir le chapitre XI de l'ouvrage de Habermas déjà cité : *Le Discours philosophique de la modernité,* p. 348.

Chapitre 5
Mémoire, vengeance et justice[84*]

«Dans l'administration de la justice, c'est l'universel lésé qui prend la place de la partie offensée, joue un rôle effectif au sein du tribunal, entreprend la poursuite et la répression du crime. Cette répression cesse d'être un simple acte subjectif et contingent de représailles, comme la vengeance et devient la vraie réconciliation du Droit avec lui-même.»

Hegel, *Principes de la philosophie du Droit.*
Trad. Dérathe, Paris, 1975.

«Le devenir use l'offense, c'est-à-dire qu'il affaiblit notre souvenir de l'offense, peut-être ; il en atténue les couleurs vives, mais il ne change rien au caractère de l'offense, il ne change rien au caractère du crime ; le crime en lui-même, qui est l'anti-valeur, qui est la valeur renversée, le crime est quelque chose d'extérieur au temps, et sur quoi l'histoire n'a pas de prise.

Donc, le temps apportant avec lui l'oubli, l'effacement, l'érosion, le temps est de l'ordre des faits ; mais en lui-même, il n'a pas d'influence sur le juste et l'injuste, sur le bien et le mal sur la valeur et la contre-valeur qui sont, encore une fois, des conflits moraux, éthiques, intemporels, surnaturels, en dehors du temps.

Et ce qui est vrai négativement sur ce rôle du temps est vrai aussi quant à l'aspect «positif du temps qui fait advenir l'avenir. Puisqu'on recourt au fait, et notamment à l'histoire et au temps, on peut dire aussi que la mémoire (…) est également un fait, et que l'homme est aussi un

---

84* Publié dans la revue *Chemins critiques,* vol. I, # 4, juillet 1990, pp. 1-12.

> être qui se souvient et non point seulement un être qui oublie. Prêcher uniquement le pardon au nom du temps, c'est oublier un des deux caractères de ce temps, qui pour l'homme n'est pas seulement oubli et renouvellement, mais qui est aussi fidélité et attachement au passé... »

Vladimir Jankélévitch
Introduction au thème du pardon, *Congrès juif mondial*
La conscience juive face à l'histoire : le pardon,
(octobre 1961, PUF, 1965, p. 250).

Dans le cas d'Haïti où toutes les occasions sont bonnes pour lancer l'inévitable refrain sur les «ancêtres tutélaires», on a l'impression de s'installer dans le passé, dans l'impuissance à accéder à une mémoire véritable : celle qui devrait être sans fond, pleine de silence et d'où un avenir créateur serait pensable. Peut-être même qu'à travers toute la Caraïbe, l'ivresse d'une identité pleine, mais toujours déjà méconnue et violée, nous donne de paraître héroïques à nos yeux, à force d'avoir été et d'être encore victimes. Or dans cette logique, il aurait fallu parler plutôt de la nécessité de venger les ancêtres, c'est-à-dire de réparer l'extermination des Caraïbes, la traite et l'esclavage pour en venir finalement à un palimpseste. Mais nous n'assistons point à une telle démarche, que du reste, nous soupçonnons dangereuse, sinon impossible. L'on a tendance à s'offrir plutôt des ennemis qu'on peut renvoyer dans l'imaginaire pour se confiner dans des pratiques d'exorcisme. Par là même, toute perception d'une scission interne de soi est soigneusement évitée, tout conflit inscrit dans notre propre histoire, et dans notre propre culture, est renvoyé à un dehors, repoussé sur le registre de «l'étranger». Telle est d'ailleurs l'une des sources de la fortune de la notion de «réconciliation nationale», notion floue et propice à toute sorte de dérive et de dénégation par rapport à une interrogation sur les fondations réelles de notre société dans la région caribéenne. L'idéologie de «l'authenticité» s'apparente au même système d'aveuglement concernant un passé «glorieux», à la mesure de la prétention à effacer toute trace de conflit interne à soi-même et à sa culture, par quoi est toujours préservée une soi-disant stabilité, et soupçonnée toute tentative de critique qui ne porte pas sur des objets fantasmatiques…

Saura-t-on saisir l'enjeu considérable de ce problème de la mémoire qui n'est évidemment pas propre à la Caraïbe? Il apparaît seulement avec une plus grande clarté dans les sociétés qui tendent de sortir des dictatures comme les pays de l'Est, les pays d'Amérique latine, d'Afrique et du tiers-monde en général. Qu'on ait pu si longtemps taire l'existence des goulags, ou qu'on ait pu, là où on les reconnaît, rabattre leurs causes sur un ennemi extérieur (le capitalisme) nous montre à quel point la mémoire d'un peuple est toujours soumise à un procès de reconstruction et d'invention en fonction d'une orientation politique donnée. Pour ce qui nous concerne en Haïti, au cœur d'une interminable transition vers la démocratie, les 34 ans de banditisme au pouvoir constituent un fardeau difficile à porter, pour la simple raison que nous ne parvenons pas à les renvoyer dans l'oubli. En effet, ce n'est pas en recourant pieusement à une «réconciliation nationale», ou en appelant à l'absolution sans jugement des bourreaux, que le pays sortira de sa crise.

Et il en sortira encore moins quand nous prenons Dieu comme le justicier qui plus tard, ou tôt ou tard, punira pour nous « le méchant ». *Kreyon Bon Dieu pa gen gonm* («Le crayon de Dieu n'a pas de gomme»), tel est en effet le dicton qui exprime souvent en Haïti, en dernier ressort, le désespoir vis-à-vis du système judiciaire. Dieu ou la Providence devient, paradoxalement, la seule vraie mémoire, dans la mesure même où la société se reconnaît incapable de s'en donner une et donc de prendre en charge son destin. On finit ainsi par se résigner à l'injustice présente et par se dire que si ailleurs dans le monde, la justice est possible, pour Haïti, la barbarie est notre seconde nature. Chez nous donc, il faudra attendre qu'un « malheur » quelconque, fruit de la vengeance divine, frappe celui qui nous fait du tort. C'est sans doute sur la base d'une telle vision de la justice, qu'on est tenté de placer dans la nuit de l'indistinction victimes et bourreaux, et qu'on est parvenu à parler d'un non-lieu pour tous les dommages causés par les grands dignitaires et défenseurs du duvaliérisme (voleurs de lait, de farine, de seringues donnés en cadeau pour des malades et des faméliques ; tueurs à gages de la police, pilleurs des caisses de l'État, etc.).

Dire, par exemple, que les revendications de justice pour les victimes du 29 novembre 1987, les victimes des actes quotidiens de banditisme macoute et militaire, les victimes de Fort Dimanche relèvent de la vengeance inutile, c'est tout simplement opérer une confusion perverse entre innocents et coupables, et reconduire indéfiniment l'ordre de la terreur. Il y a bien un dangereux cycle de représailles dans lequel s'engagent aussi bien les victimes d'actes de banditisme que les bandits eux-mêmes : des militaires aux abois depuis la chute d'Avril, tirant sur des brigades de vigilance qui, sans armes, se sont constituées en autodéfense face à l'irresponsabilité de la police ; la foule lynchant un soldat ; des soldats de la police brûlant par représailles les maisons des civils, arrêtant et torturant n'importe qui, bref se réclamant au-dessus de toute loi et se comportant eux-mêmes comme des bandits, alors qu'ils sont chargés de la sécurité des citoyens. Une telle pratique est l'indice de la décomposition de l'État, mais tout autant d'une désintégration des liens sociaux. C'est ce spectacle que les cycles de représailles nous donnent à voir, et qu'on a peut-être à peine commencé à interroger véritablement. Peut-on dire en effet que ce qui a pris dans les rues de Port-au-Prince, dès le lendemain du 7 février 1986, la forme de justice expéditive est avant tout l'expression d'une pulsion aveugle de vengeance, comme si la vengeance n'était que justice privée, individuelle, pratique purement instinctuelle qui ouvrirait la voie à une chaîne interminable de violence et de contre-violence ? Le discours du pardon et de la réconciliation avec les bourreaux ne trouve-t-il pas en dernière instance un support dans cette conception courante, dominante même de la vengeance, qu'on se hâte d'adopter, certes toujours par démission, faiblesse ou pusillanimité, mais aussi et surtout par intérêt à perdre la mémoire et à se débarrasser du fardeau de tout questionnement sur les valeurs et sur le droit ? Nous aimerions suggérer ici qu'un malentendu continue à planer sur la nature du phénomène dit du déchouquage, et sur son rapport à la vengeance.

Le *déchouquage* n'a pas correspondu à des actes de vengeance, comme on l'a souvent dit ici et là. Il appartiendrait bien plus au registre d'un appel désespéré à une vengeance qui ne s'est guère réalisée, il renverrait à un processus de destruction des bases de la société, à une perte, ou si l'on veut encore, à une déperdition des codes qui permettent une mise ensemble des individus. Il traduirait un effondrement du système symbolique, et donc des repères qui permettent à l'individu comme à la collectivité de se situer dans le temps et dans l'espace, comme si l'on avait touché en quelque sorte un degré zéro du lien social. C'est pour cela que le *déchouquage* ne peut pas non plus être confondu avec la pratique de la victime émissaire. Il prétend si violemment effacer l'histoire, revenir au temps d'avant le temps, se délester de toute mémoire, qu'aucune place ne saurait être assignée à une victime émissaire.

Aussi le *déchouquage* court-il en lui-même le risque de se convertir en terreur, et d'élargir la blessure dont il cherche cependant à guérir une fois pour toutes. Il est pris dans les rets de l'imaginaire et, sur cette base, il devait fatalement se convertir en pratique mythique et religieuse, et s'abattre sur des soi-disant sorciers et loups-garous. Il n'est guère besoin de lancer des cris contre le phénomène, il convient de le situer au niveau sociologique de la réaction d'une collectivité en désintégration et en quête de ce qui lui restituerait une dignité bafouée et un honneur perdu.

Le point de vue critique que nécessite ce phénomène social et politique qu'est le déchouquage ne peut au préalable faire l'économie d'une critique du système qui l'a rendu possible ou qui l'a généré. Perte de confiance dans le pouvoir judiciaire et dans le pouvoir policier, le déchouquage est une protestation qui n'aboutit pas, un désir de vengeance, non satisfait et vite happé, détourné même dans le discours du pardon dont l'effet recherché est le barrage à la vengeance bien concrète et à la justice comme telle. Dans cette perspective, le désir de vengeance finit par s'alimenter dans le discours du pardon, puisque celui-ci est fictif là où l'offenseur n'est pas reconnu et ne se reconnaît pas comme tel.

Comment le duvaliérisme peut-il tirer des bénéfices d'un tel discours ? D'abord parce que ce régime est le règne de l'arbitraire, mais cet arbitraire doit être précisé et ne va pas de soi pour celui qui vit de la faveur des chefs. Obtenir par exemple un poste important (alors qu'on est incompétent), un chèque-zombi, ou encore la libération d'un parent ou d'un ami emprisonné, etc., conduit facilement à porter un jugement édulcoré sur l'arbitraire du pouvoir duvaliériste. On ne voit plus que là où l'on a soi-même la vie sauve, sous un tel régime, combien d'autres sont massacrés ou torturés. L'arbitraire peut m'avoir été favorable, mais le danger n'est que plus grand. En effet, l'arbitraire ne s'appelle droit de vie et de mort, que parce que précisément le droit de vie (que me donne le pouvoir) est aussi et d'abord un «droit» de mort. Dans cette confusion qui présuppose une dissolution des valeurs, ma vie est suspendue à la chance ou à la malchance. Ici, le fait prime le droit; c'est sans doute aussi pour cela que le discours du pardon prend toutes les allures du réalisme le plus fascinant.

Mais le duvaliérisme ne s'est jamais contenté du seul visage de l'arbitraire, il sait se signaler par un mimétisme de la loi, et surprendre l'opposant «démocrate» dans ses propres tentations à esquiver le tranchant de la loi. Dans l'énoncé «tous ou beaucoup ont été plus ou moins duvaliéristes, plus ou moins macoutes, ou bien ont profité plus ou moins de la dictature», il faut pouvoir entendre l'expression d'un parti pris sur le devenir-duvaliériste, ou le devenir-macoute possible de n'importe qui, quand bien même il aurait été auparavant victime du système. Effectivement, il n'est pas difficile de penser que le «démocrate» qui parle haut et fort aujourd'hui pourra demain éventuellement se comporter en voleur, tueur, exploiteur. Une réversibilité générale des rapports entre bourreaux et victimes est ainsi annoncée, mais par là c'est l'ordre actuel qui se trouve consacré. On s'en aperçoit bien, le duvaliérisme a beau être résiduel, il dispose encore des mêmes ressources psychologiques qui avaient fait sa longue durée. Il mise sur les hésitations des démocrates à ne pas aller jusqu'au bout de la justice, dans la mesure où la justice peut toujours se retourner contre celui qui l'invoque. Travailler sur l'imaginaire dans ses aspects irrationnels ou obscurs demeure l'une des spécificités du duvaliérisme. Voilà pourquoi l'amalgame est son fort : dire vrai pour faire passer le faux, mêler le vrai au faux, brouiller les pistes de la raison, ce sont là des méthodes de discours ou de propagande vis-à-vis desquelles toute complaisance devra être chèrement payée.

Dissolution des valeurs, défaite de la raison, ce sont là les conséquences d'un discours du pardon qui s'aviserait à conjurer l'avènement de la justice et à refuser à l'avance l'expression de la vengeance. La justice s'avérerait, dit-on, inutile, soit parce que tous pourraient être coupables, ou sont potentiellement coupables, soit parce que les institutions ne peuvent maîtriser les coupables. Dans le second cas, une stratégie raisonnable impliquerait une mise entre parenthèses de la justice; comme si celle-ci pouvait hiberner en attendant des temps meilleurs. Or comment le droit pourra-t-il sortir d'une situation de non-droit si ce n'est en recourant encore au droit comme moyen[85] ? Cette perspective revient certes à exclure toute possibilité de justifier la violence dans l'histoire, mais elle indique en même temps que nul homme ne peut abdiquer devant la violence présente et que c'est encore au nom du droit à être respecté comme homme qu'il peut et doit livrer bataille pour la justice. Moyen et fin à la fois, le droit est à l'œuvre dans le désir de vengeance et c'est par un malentendu qu'aujourd'hui on a cru que toute instauration d'un État de droit disqualifie la vengeance comme ordre de barbarie, régression à l'état de nature ou laisser-aller aux puissances de l'instinct.

Une recherche récente conduite sous la direction de Raymond Verdier sur l'histoire, la philosophie et l'anthropologie de la vengeance vient d'établir comment l'apparition de l'État, monopole de la violence légitime et de la sanction, a rétrospectivement fait comprendre la vengeance comme un état pré-social et pré-juridique qui aurait caractérisé l'enfance de l'humanité. Cette conception de la vengeance ne résiste pas à l'examen des pratiques de vengeance dans la plupart des sociétés de l'Antiquité ou du monde extra-occidental. Que ce soit chez les Bulsa du nord du Ghana, ou chez les Beti du Cameroun ou les Moundang du Tchad, que ce soit chez les Esquimaux, ou chez les Indiens du nord des États-Unis, ou chez

---

[85] Voir le développement du problème du droit comme moyen et fin dans la *Doctrine du droit* de Kant et le commentaire de Bernard Bourgeois, dans son ouvrage *Philosophie et droits de l'homme, de Kant à Marx,* Paris, Presses universitaires de France, 1990, pp. 33-48.

les Ifugao des Philippines, on n'observe point un libre déchaînement de contre-violence dans l'exercice de la vengeance. Celle-ci ne se déploie jamais en dehors d'un code, d'un langage et donc d'un ensemble de règles d'échange. Ce qui existe vraiment ce n'est pas un désir de vengeance comme vengeance privée, individuelle, susceptible de se développer hors de tout contrôle, mais un système vindicatoire qui suppose une mise en scène symbolique, l'intervention de la collectivité, et des mécanismes de limitation ou de régulation de l'acte vengeur. Certes, le désir de vengeance n'est pas absent du système vindicatoire, il est plutôt repris et maîtrisé, afin d'empêcher une dérive dans l'imaginaire et vers des pratiques de destruction pure et simple. Dans le rapport vindicatoire, l'acte vengeur est dirigé vers la suppression du déséquilibre entre deux groupes produit par une injure ou un meurtre ou une atteinte quelconque[86] à l'intégrité de quelqu'un. Il ne peut outrepasser les bornes de la compensation. Il équivaut pour la victime à exiger le paiement d'une dette que l'agresseur a contractée. On peut parler sous ce rapport d'un devoir de vengeance. Mais ce devoir engage la communauté tout entière qui interdit alors à l'acte vengeur d'être un simple face-à-face entre la victime et l'agresseur, c'est-à-dire une relation duelle dans laquelle dominerait la passion de vengeance. Par-dessus tout, le système vindicatoire, par sa seule inscription dans une problématique de dette, conduit à établir l'égalité entre les partenaires. Un droit a été lésé, qui pousse la victime à exiger réparation. Le meurtrier est supposé, par là même, capable de reconnaître son crime. Le dispositif de réparation des dommages qu'il a causés rend possibles la réconciliation et même le pardon.

Si donc la vengeance se découvre dans les aires culturelles les plus diverses, comme une activité réglée, il n'y a pas lieu de comprendre l'État de droit comme une institution qui s'érigerait au bout d'une évolution des sociétés, qui passeraient de la vengeance comme expression d'une mentalité primitive et barbare, au droit

---

[86] Raymond Verdier, « Le système vindicatoire, esquisse théorique », dans *La Vengeance*, tome I. *La vengeance dans les sociétés extra-occidentales* (textes réunis et présentés par Raymond Verdier), Paris, Éd. CuJ, 1990, 1990 ~ 14. Nous renvoyons le lecteur aux trois autres tomes sur la vengeance, qui constituent une recherche dont nous ne prétendons pas rendre compte dans toutes ses richesses et ses nuances, et dont ces notes s'inspirent en grande partie.

comme expression de modernité et de civilisation. Les systèmes vindicatoires nous montrent déjà à l'œuvre presque partout une volonté de poser le droit comme principe fondamental dans les rapports sociaux au sein d'une même communauté.

Peut-on dire maintenant que les représailles auxquelles on assiste en Haïti avec les *zinglindo* (cette nouvelle métamorphose du *macouté),* qui tuent aveuglément n'importe qui, correspondent à des actes de vengeance? Loin de là, car le *zinglindo* procède de telle manière qu'il semble poursuivre son propre double. En frappant le tout-venant dans les rues, il peut avoir frappé son père, sa sœur, son cousin ou un membre quelconque de sa famille. Il est acculé à revendiquer lui-même le qualificatif de «sans maman». Il n'a pas de mémoire possible, et ne peut que se comporter en aveugle. Tout autre est le rapport vindicatoire qui implique le droit et le sens de l'honneur. Nous l'avons vu, ce rapport ne recherche pas une justice punitive, mais plutôt compensation et réparation, retour à l'équilibre défait par la perte de force vitale du groupe ou de la communauté. En revanche, les actes de *déchouquage* sont-ils à placer sous le registre de la vengeance? Non plus, pour la simple raison qu'ils désignent une impossibilité de recourir, non seulement à l'intervention de l'État (dont les appareils policier et judiciaire apparaissent affaiblis, sinon paralysés), mais aussi aux codes et aux règles offerts par la coutume pour la gestion des conflits, et pour l'expression de la vengeance.

Ce qu'il importe encore de penser et d'approfondir, loin des aléas de la politique, c'est une articulation entre le système vindicatoire et l'État de droit. Il semble que celui-ci risque d'apparaître comme artificiel, s'il prétend s'implanter dans une stricte opposition aux mécanismes de compensation et de réparation recherchés par les victimes du macoutisme. Les déchouquages avec leurs potentialités de dérapage ne font, encore une fois, que montrer à nu la volonté de venger les morts. Du reste, dans la culture vodou elle-même, une mort par assassinat est censée continuer à crier vengeance par son «esprit» qui vient hanter le groupe auquel appartient la victime. C'est bien plutôt un refus de banaliser le crime et donc un sens de la vie et du droit qui est ici affirmé, et qui fait apparaître le discours du pardon comme un discours tellement artificiel et extérieur qu'il réussit à exacerber le désir de vengeance. Le discours du pardon sans la justice finit le plus souvent par remplir un rôle opposé à celui qu'il recherche : il voue la victime à être dévorée continuellement par le désir de vengeance. On retiendra plutôt ici que seule la mise en œuvre réglée symboliquement d'un système vindicatif amène à la possibilité de la réconciliation et du pardon, dans la mesure même où il n'est pas obsédé par la justice punitive, mais avant tout par l'équilibre des rapports entre victime et offenseur, et l'exacte compensation pour les dommages.

Dans la conception traditionnelle de l'État de droit, on projette le fonctionnement d'un ordre juridique qui vient s'interposer entre victimes et bourreaux et retenir sur la pente d'une vengeance privée l'individu dont les droits ont été lésés. Mais le désir de vengeance peut encore trouver d'autres issues, à capacité destructrice pour la communauté, puisque non pris en compte par l'État, plutôt préoccupé de châtier le coupable. Dans une société qui précisément a été traumatisée par des massacres et des disparitions dus à une longue dictature, les liens sociaux ne peuvent être rétablis dans la banalisation du crime. Pour qu'un avenir soit ouvert à une telle société, il faut en toute rigueur un nouveau contrat social, et celui-ci implique le couperet de la loi. La loi s'établit, en effet, non point de l'extérieur et d'en haut, mais au cœur de la collectivité à travers un combat pour mettre fin à sa propre décomposition interne, et offrir un point de départ et un lieu fondateur d'une mémoire susceptible de délivrer chacun du désir de vengeance privée, sans bornes et à effet purement cathartique. Dire ou revendiquer le nécessaire jugement des bourreaux, ce n'est pas se laisser aller au désir de vengeance, mais chercher son dépassement, refuser de s'installer dans le passé, c'est-à-dire dans la mort et la violence, et c'est créer paradoxalement les conditions de l'oubli et du deuil. Car alors ce qui prime, comme le disait Jankélévitch, c'est l'exigence de la vie, « cette mémoire qui se raidit contre le temps, qui dit "non" au temps comme elle dit non à la mort, et qui est par conséquent une protestation contre les forces de mort ».

Chapitre 6
Le crime, l'oubli et le pardon[87*]

Face à une surabondance de crimes, face à des crimes impardonnables et inimaginables, est-il vraiment bon d'en raviver le souvenir? Ne conviendrait-il pas plutôt qu'une société opère une tâche de sélection dans son histoire pour ne remettre sous les yeux des générations présentes et futures que ce qui l'ennoblit et offre des images valorisantes d'elle-même? Le goût de l'avenir, l'attrait de l'horizon ne seraient-ils pas plus bénéfiques que le regard perpétuellement tourné vers un passé abject, dégradant et misérable? De surcroît, une mémoire condensée dans des textes ou dans des musées ne finit-elle pas par servir d'alibi ou d'excuse aux médiocres performances politiques des gouvernants actuels, le pire étant déjà produit? Ou alors, à l'inverse, n'y aurait-il pas quelque grandeur à pardonner ceux qui ont perdu le pouvoir de nuire, en vue même d'assumer une nouvelle cohésion de la société? De toute façon il y aurait, peut-on ajouter, tant de complices que ce serait une nouvelle injustice que de sélectionner les criminels. Bref, entre l'oubli et le pardon, le crime semble avoir été banalisé. Mais a-t-on bien pris la mesure d'une telle situation? Comment peut-on la concilier avec le sens de la justice et la reconnaissance de la douleur des victimes? De telles interrogations, entreprises par exemple en Allemagne après l'holocauste d'Auschwitz ou dans des pays d'Amérique latine après la chute des dictatures militaires sanglantes comme celles de l'Argentine, du Chili ou du Brésil, sont aujourd'hui brûlantes en Haïti où la clameur de justice se fait entendre tous les jours. Mais les cris ne suffisent pas. Encore moins les pratiques aveugles fondées sur le ressentiment. Il faut bien se résoudre à approfondir ces interrogations

---

[87*] Art. publié dans la revue *Chemins critiques,* revue haïtiano-caribéenne, Port-au-Prince, vol. III, n° 3, janvier 1997, pp. 7-20.

en rapport avec le projet ou la visée d'un État démocratique de droit. Notre réflexion suivra deux étapes : l'une sur le sens de l'oubli, mis en perspective avec le sens des valeurs, l'autre sur le processus inverse qu'est le couple vengeance/pardon, mis en perspective avec le problème de la loi. Mais il nous importera de relever pourquoi la justice, presque partout lacunaire dans le monde, doit être pourtant à la base d'un véritable État démocratique de droit.

L'oubli, le temps, l'impardonnable

Il n'y a qu'à regarder autour de soi, dans la nature, pour comprendre qu'il suffit de suivre les lois de la régénération perpétuelle qui gouvernent le règne végétal et le règne animal. Tout disparaît, change et recommence à la fois. La nature nous offre d'elle-même notre boussole pour les affaires humaines. À quoi bon donc s'inquiéter, si aujourd'hui le faible est vaincu et humilié, demain il sera fort et puissant. À chacun son tour : jou va jou vyen, dit-on en créole. L'histoire n'est que le jeu changeant des rapports de force[88].

Pourquoi ne pas se plier à cette réalité du monde naturel ? « Avec le temps va, tout s'en va…!! » Plus on reste crispé sur le passé, plus on se met en posture de combat contre le cours du temps, or ce combat est d'ores et déjà perdu, car rien ne fera que les femmes déjà violées par les zenglendos et macoutes ne l'aient pas été, rien ne redonnera vie au fils, au père ou à la mère victimes de lâches assassinats par les militaires en furie pendant les trois ans du coup d'État. Telles sont les objections majeures que les partisans de l'oubli sans conditions et sans frais opposent à l'autopsie de la terreur. Ces objections sont sérieuses et elles sont même souvent assorties d'un élan de générosité envers les générations à venir qu'il faut préserver de la haine et du dégoût. Mais c'est justement là, à ce niveau, que le débat sur l'oubli mérite d'être entrepris. Car il faut bien mesurer à

---

[88] Je ne peux que renvoyer ici à l'article d'Armand Becassis sur « L'acte de mémoire » (1995, pp. 137-154) où le problème de l'éthique face au temps est posé : « Prêcher l'oubli et l'effacement définitif d'un événement de la mémoire, sous prétexte que la loi de la vie est l'oubli, c'est prendre pour loi de sa conduite l'ordre de la nature… Ce n'est pas parce que j'oublie que j'ai raison d'oublier. »

quel prix une stratégie de l'oubli, qui consiste à se fier au cours du temps pour oublier les torts et les crimes passés, peut être établie dans une société. Disons-le clairement, ce ne peut être qu'au prix d'une abdication devant ce qui est, c'est-à-dire devant l'ordre naturel. Or l'homme, comme le soutenait Kant, naît immature et son humanité n'advient que dans le mouvement par lequel il tente de s'affranchir des déterminismes naturels et se produit comme un être libre. Hors de cette perspective, il ne parvient qu'à se dissoudre dans la nature, à s'y conformer au point de se résigner à vivre loin de toute valeur (morale). Car les valeurs, tout en étant produites dans l'histoire, sont, elles, transcendantes au temps, à l'histoire et à la nature, et constituent ce qui distingue l'homme du règne animal et éclaire sa conduite. Si, dans la nature, l'homme perçoit que les forts tuent les faibles, il érige sa volonté contre une telle réalité « Tu ne tueras pas », et il s'arc-boutera à un tel impératif catégorique, quels que soient le moment, le lieu ou les circonstances. Autrement dit, un crime doit être reconnu comme tel, sous peine d'abolir ce qui fait l'humanité de l'homme. Le versant positif de cette position est l'identification de l'homme comme un être sacré d'une dignité infinie. Les conséquences sont immenses ; il faut être capable d'affirmer, par exemple, que l'esclavage est intolérable de tout temps et sous tous les deux, que la justice est une valeur universelle, transcendante qui défie le cours du temps et doit être sauvegardée jusqu'au cœur de la volonté de pardon.

En effet, le pardon ne présuppose pas l'oubli du crime, il ne s'exprime qu'après avoir identifié le crime comme tel, et surtout ne s'adresse qu'à celui qui reconnaît avoir causé du tort. Il n'y a de pardon, pour reprendre ici une formule de Pierre Legendre, que sur fond de l'impardonnable. Avoir violé des filles de dix ans, avoir tué dans leur lit des jeunes sans défense, avoir abattu des hommes et des femmes comme des chiens au coin des rues, c'est à proprement parler impardonnable. À ce titre, ces crimes ne sauraient tomber facilement et sans frais dans l'oubli, car aucune société humaine ne peut se prétendre telle sans la reconnaissance de l'interdit majeur de tuer.

Paradoxalement, c'est la vision même de l'impardonnable qui me commande de m'arranger pour oublier. L'impardonnable me met au bord de l'abîme, me laisse sans parole et me coupe le souffle. Le traumatisme est si profond que je peux sombrer dans la folie si je ne fais pas tout mon possible pour oublier. Dans les objections contre une autopsie de la terreur, se cache bien la juste intuition que le ressassement indéfini du crime aboutira à ma propre ruine. L'oubli apparaît alors nécessaire, mais précisément pour rendre possible une mémoire. Quand celle-ci n'est pas constituée, le passé continue à être opérant, au sens où il me travaille encore dans mon dos, à mon insu. Je ne serai délivré de mon passé qu'en m'attachant à une tâche de symbolisation, c'est-à-dire à cette faculté qui m'est offerte de donner une forme à l'indicible, et par là de le situer à une place et à un moment de ma trajectoire. Dans le même temps que je produis comme passé l'offense que j'ai subie, je garde par-devers moi la valeur à partir de laquelle je juge cette offense. Car c'est bien depuis un ordre de valeurs reconnu, que je peux entrevoir encore, sauver un avenir humain, et barrer la route au retour du crime et de la violence[89].

La vengeance, le pardon, la loi

On aurait tort de croire que mon propos vise à fonder une quelconque nécessité de la vengeance sur la base d'un recours aux valeurs fondamentales que sont la liberté, la justice ou le droit. La vengeance nous apparaît plutôt comme un mouvement de rétablissement d'un équilibre des forces, et renvoie encore à une pente naturelle. Pour nous, aucune société humaine ne peut fonctionner sur la seule base de la loi instinctuelle de la vengeance (même si la vengeance est toujours déjà prise dans les filets d'un code culturel très élaboré). Ce qu'il s'agit de mettre au jour, c'est bien plutôt la problématique du tiers qui doit être posé entre soi et soi-même, entre soi et autrui, c'est-à-dire l'interdit fondamental de tuer

---

[89] L'argumentation sur une base psychanalytique de Pierre Legendre, dans son article sur «l'impardonnable», nous sert ici de guide. Voir aussi les réflexions de J.M. Varaut (1986) sur la nécessité de la sanction, pp. 161-163.

dont la raison dernière s'inscrit dans l'idée qu'aucun être humain ne saurait déclarer être à la source de la vie et s'instituer maître de la vie d'autrui. Ma liberté se donne dans l'acceptation d'une impossibilité d'une coïncidence totale entre moi et moi-même, donc dans la reconnaissance d'une dette à la vie, que l'interdit majeur de tuer me fait entendre. Sous cet interdit, un ordre de valeurs fait son apparition dans le caractère sacré de chaque être humain, le droit au respect absolu de chacun. Sans l'interdit, sans la loi donc, mon propre droit n'a aucune chance d'être déterminé. La possibilité pour moi de dire qu'un crime est un crime effectue une restauration de la loi dans une société et aboutit en dernière instance à séparer le criminel de son crime (à contester sa volonté de trouver une coïncidence parfaite entre lui et lui-même), ou, si l'on veut, et je reprends encore une idée de Pierre Legendre, à restituer au criminel malgré lui son humanité. Ce faisant, j'assume qu'en moi-même est inscrite la possibilité de devenir à mon tour un criminel et je me détourne de toute tentation d'entreprendre des actions semblables et homogènes à celles que je réprime *(déchouquage* et lynchage aveugles, par exemple).

Y aurait-il là quelque relent de perspective religieuse ? Peut-être, mais ce n'est pas ce qu'il nous importe de souligner d'abord. Tout simplement, il est probable que les phénomènes religieux trouvent leur ancrage dans la perception que l'homme a besoin d'être prémuni contre le démoniaque qu'il porte en lui. Mais les religions ne parviennent d'habitude qu'à cacher ou à remplir l'abîme qui s'ouvre devant l'homme dès lors qu'il se met à méditer sa liberté. Ce n'est sans doute pas par hasard que le politique a été toujours pensé et conquis dans une opération de distance par rapport à l'empire de la religion. Telle a été la leçon de *l'Antigone* de Sophocle, qui inaugure le questionnement sur l'ordre politique, justement en écartant les réponses *a priori* de la religion, et en nous mettant en face du tragique d'une situation qui consiste à débattre de la loi, du crime et de la justice, sur la seule base de la raison.

Quand une société a connu près de 40 ans d'une dictature faite de crimes nombreux érigés en mode de gouvernement et restés impunis, plus personne ne dispose de moyens pour distinguer le juste et l'injuste, le bien et le mal, la vie et la mort. Une telle société s'installe dans la plus profonde des crises : celle de ses propres fondations. On a pu aller jusqu'à violer les tombes des cimetières ; on a pu livrer des cadavres aux chiens et aux pourceaux ; on a pu produire des charniers ; on a pu produire des massacres collectifs. Les interdits traditionnels de notre culture, comme ceux qui sont fondés sur le respect des morts, ont donc sauté, et l'inimaginable s'est réalisé. Une autopsie de la terreur n'est pas assimilable à un exercice gratuit qui conduirait à une complaisance masochiste envers le passé, envers un passé abject. Loin même de réveiller la pulsion vengeance, elle rend possible une sublimation, et permet de discerner ce qui est crime inexcusable, impardonnable, pour justement créer les conditions morales et juridiques de son non-retour dans la société. Il y va de la restitution de la dignité humaine, qui passe par la remise en place de la loi. Le lien détruit par le crime impuni ne sera rétabli qu'à ce prix, et non à la faveur d'une dénégation des faits qui, elle, renvoie à une indifférenciation entre victimes et bourreaux, quand elle ne présuppose pas purement et simplement que la victime a toujours déjà tort[90].

Il y a cependant un intérêt à cette dénégation et il s'exprime couramment à travers les formules suivantes :

> « Ce ne sont pas des crimes, mais des actions préventives. Nous avons été menacés, nous nous sommes défendus, par avance… et puis, on exagère les faits. Ce ne sont que des bavures, on invente. La presse est contre nous, c'est votre fanatisme qui vous fait noircir les militaires et les macoutes… »

Il faut prendre au sérieux cette manière péremptoire d'innocenter les meurtriers. La légitimation du crime s'opère par son renvoi à une affaire d'État conçue sous un double angle : d'abord l'État n'est plus censé assurer la sécurité de tous ; ensuite l'État est confondu avec une minorité qui, à son tour, se prend pour toute la nation. À travers une telle vision des crimes commis pendant le coup d'État ou après,

---

[90] Pour Jacques Derrida (1994) par exemple : « La justice reste à venir, elle a à venir, elle est devenir, elle déploie la dimension même d'événements irréductiblement à venir. Elle l'aura toujours, cet à venir et elle l'aura toujours eu. Peut-être est-ce pour cela que la justice, en tant qu'elle n'est pas seulement un concept juridique ou politique, ouvre à l'avenir la transformation, la refonte ou la refondation du droit et de la politique » (pp. 60-61).

la crise du vivre ensemble dans la société apparaît très profonde, et n'est pas réductible à un contentieux. S'il a fallu l'intervention d'une force multinationale pour réduire à l'impuissance l'armée haïtienne, l'institution génératrice de ces crimes, on demeure encore loin du compte. S'il a même fallu une amnistie pour les responsables du coup d'État, du côté des victimes, le traumatisme reste intact. L'amnistie n'a en effet qu'une vertu politique, elle procède en essayant de faire comme s'il n'y avait pas de délit, afin que la vie politique recommence.

L'État, le droit, la justice

L'opération des armes a mis en déroute une fausse armée, c'est-à-dire une armée qui avait subi une implosion par sa macoutisation. La démocratisation comme telle reste à construire. Un travail de formation discursive de la volonté générale – au sens où Habermas le propose – est maintenant indispensable pour réassurer une fondation du lien social en Haïti. Ce travail consistera à rétablir des principes et des règles (universalisables), à créer une pratique de la discussion publique sans laquelle la déraison du crime ne sera pas ruinée. Ce que le coup d'État a prétendu saper, ce n'est pas simplement un ordre constitutionnel, c'est le principe même du droit dans la société haïtienne et, corrélativement, l'humanité même de celui qu'il voue à la mort. Autrement dit, nous avons eu en spectacle des crimes d'une nature bien particulière : rappelons-le, on ne faisait pas que tuer, on violait avant de tuer, on rendait impossible jusqu'aux funérailles, jusqu'au deuil. On s'attaquait ainsi aux interdits fondamentaux qui sont à la base du système symbolique et culturel pour montrer qu'on n'avait pas affaire à des humains. Dans un tel contexte, la mise hors d'état de nuire de l'armée haïtienne (par une armée plus forte) n'est qu'un moment dans un processus qui doit s'attacher au rétablissement du principe même du droit, et de l'idée de justice dans la société. C'est dire qu'une justice expéditive est insuffisante et ne permet pas d'aboutir à un équilibre entre le bien et le mal, le juste et l'injuste. Il y a eu de l'impardonnable, il y a eu de l'inimaginable qui déborde toutes les lois. Il me faudra travailler à rétablir une justice procédurable pour repérer le juste et l'injuste, car c'est ce repère lui-même qui avait été brouillé. Une forclusion de l'idée de justice, tel est le sens du brouillage des repères : il procède d'une non-reconnaissance de l'humanité d'une partie de la population. C'est assurément fort logique, car l'idée de justice, là où elle est mise en application, s'accompagne toujours de l'idée de l'égalité (« chacun rendant à l'autre l'égal de ce qu'il reçoit », comme le disait Aristote). Or justement, ce qui demeure l'épine dorsale de la société haïtienne, c'est encore de nos jours le relus de ce principe minimal de l'égalité formelle entre les citoyens. Cette situation ne sera pas surmontée par de simples décrets et des vœux pieux... L'injustice au sens strict est la marque de notre société, à cause du refus des règles applicables ou imposables à tous sans exception. Les lois elles-mêmes viendraient fonder cette injustice structurelle, qu'elles concernent la discrimination vis-à-vis de la femme, vis-à-vis de la langue, la religion, de l'accès à l'écriture, à l'école, à la justice, ou plus clairement qu'elles concernent la paysannerie, la domesticité ou encore les employés de maison pour ne citer que des exemples connus de tous et visibles dans la vie quotidienne. Face à cet épineux problème de l'égalité, deux écueils sont à éviter. Ils constituent deux tentatives auxquelles on risque à tout instant de succomber, si la réflexion n'est pas mise à l'avant-poste des pratiques. Dans un premier temps, on est enclin à croire que seule l'égalité sociale et économique est la résolution véritable du problème de la justice. Sur la base de cette réduction, des questions relatives au vivre ensemble des hommes dans une société, on déclare que le problème du droit est un épiphénomène, ou encore une simple expression des rapports sociaux. Autrement dit, on dénie ainsi toute autonomie même relative au droit et à la justice. La justice, c'est alors une notion révérée par le petit-bourgeois, toujours préoccupé par la problématique du sens et de l'angoisse existentielle. Ce qu'il faudrait viser serait alors les solutions structurelles ou, pour faire vite, la révolution qui réaliserait d'un seul coup la justice en supprimant les bases économico-sociales de l'injustice. La théorie sous-jacente à une telle perspective consiste à éluder toute pensée de la subjectivité, et partant de la culpabilité individuelle. Nous aurons décelé ici un avatar sinon une des expressions du vieux marxisme non critiqué qui persiste à travers une telle vision de justice[91].

Dans un second temps, on est enclin à rapporter purement et simplement le problème de la justice à une perspective quiétiste, eschatologique (au sens où, asymptotiquement, l'injustice sera résorbée par la seule loi du libéralisme qui, en principe, présuppose l'égalité formelle entre tous les individus, et jusqu'à l'égalité des chances). Cette théorie déclare que ceux qui réussissent auront mérité de réussir, mais «les autres», les incomptés ou les laissés-pour-compte, ça ne les regarde pas. L'histoire est un champ de rapport de force, mais aussi tâche de sélection où les meilleurs et les plus forts l'emportent. Position nihiliste s'il en est, et même négatrice en dernière instance, jusqu'au principe de l'égalité formelle entre les citoyens d'un même pays. Dans le fond, ce système (c'est-à-dire de la guerre de tous contre tous) est dominant en Haïti. Il est le système du «chen manje chen» que Mats Lundhal a vu à l'œuvre à travers le système économique et politique d'Haïti pendant les années du coup d'État.

Les deux positions rapidement évoquées ici aboutissent tout droit à la banalisation du crime. En effet, en plaçant le crime sur le seul compte des structures sociales et économiques, il est vite excusé sinon absous. À quoi sert-il de faire des procès individuels? Toute responsabilité est introuvable. Que le crime puisse prendre appui, ou pour employer un concept psychanalytique, qu'il puisse prendre étayage sur les structures sociales, nul ne saurait le nier. Bien plus, quand les crimes abondent, par massacres ou génocide, ils sont régulièrement liés au pouvoir politique qui les alimente. C'est

---

[91] Paul Ricœur (1990) replace avec rigueur le problème de la justice sous «l'égide de l'idée d'égalité» dans une réflexion approfondie de la visée éthique. On lira avec intérêt le débat qu'il a ouvert avec les thèses de J. Rawls (1987 et 1993) sur la justice comme équité. Nous soutenons ici l'importance centrale d'une justice procédurale, en reprenant de près l'argumentation critique de P. Ricœur qui souligne la portée autant que les limites du procédural. Par ailleurs, l'on ne voit pas comment les conflits sont pris en compte dans la perspective libérale de J. Rawls, sauf à supposer une stabilité des systèmes politiques dans le nouvel ordre mondial. Voir par exemple la critique, encore à mon avis peu élaborée, de *Futur antérieur* (1994), de Michaël Hardt.

bien par exemple la volonté de pouvoir à tout prix qui rassemble macoutes, attachés, militaires et politiciens autour de la même haine (du peuple), par qui les crimes crapuleux des trois années du coup d'État ont été concertés et planifiés. Là, les ressorts inconscients entrent en jeu, et l'on ne peut se contenter d'affirmer que détecter les responsabilités individuelles n'a qu'un intérêt mineur. Précisément, toutes les stratégies des grands criminels de guerre ou des nazis par exemple consistaient à renvoyer sur une bureaucratie ou une hiérarchie toute responsabilité. «Ce n'est pas moi, je n'ai fait qu'obéir, qu'exécuter des ordres», disent-ils, une fois capturés et soumis à un tribunal. À ce compte, on a beau retrouver des cadavres troués de balles, et des charniers, on soutiendra que personne n'a tué personne.

La détermination d'un crime comme tel ne saurait être produite en éludant la responsabilité individuelle. Plus celle-ci est déniée, plus on s'expose à ouvrir la route au crime. Dans le cas d'Haïti, où la tradition de confier au temps l'oubli des criminels est prépondérante, comme si la vie elle-même primait sur les valeurs, il est clair que pour parvenir à un état de justice, une mutation culturelle est requise. Nous sommes peut-être aujourd'hui au seuil d'une telle interrogation. Les grands criminels ont toujours déjà le temps de s'enfuir et les juger par contumace est tenu par eux comme une grâce. Comme si la vraie règle devait toujours être l'impunité.

L'une des erreurs du mouvement démocratique haïtien consiste à se lancer dans des procès pour l'exemple ou à effet cathartique, et qui, à force d'être expéditifs, retardent l'établissement d'une véritable réforme judiciaire. L'occasion de s'appesantir sur un processus discursif détaillé, rationnel et par définition lent est chaque fois perdue. Ce processus procédural favoriserait une réflexion approfondie sur les ressorts du crime et conduirait la société tout entière à un retour sur elle-même et à un travail de symbolisation du traumatisme produit par le crime[92].

---

[92] Voir, par exemple, les *Propos sur la démocratie* (1995) de Blandine Kriegel et Anne-Marie Rovielo (1995) qui précise la place du droit dans l'État de droit : «L'État de droit n'est pas un État dans lequel la politique serait de fait, ou de manière, mais un État où c'est une exigence première pour la pratique juridico-politique de rechercher toujours un tel accord, et dans lequel c'est un droit fondamental et un devoir de dénoncer toutes les pratiques bafouant cette exigence»

On peut certes m'objecter que l'état catastrophique de l'appareil judiciaire n'autorise pas à nourrir une telle attente. Mais justement, nous disposons là de l'argument principal pour instaurer une démarche procédurale, lente, mais sûrement efficace pour faire prendre conscience jusqu'à quel point les crimes mettent en péril les fondations du lien social. La possibilité de nommer le crime, non point comme crime en soi, mais à partir du sujet responsable, présuppose la sanction du crime, hors de laquelle tout horizon de changement vient à s'effacer. Qu'on nous comprenne encore bien, il ne s'agit pas simplement de mettre à nu les horreurs du crime, mais de montrer en quoi le crime pourrait être évité et comment sa sanction donne à dire et à indiquer le juste et l'injuste. Le temps long du procédural offre l'opportunité de parvenir à une problématique des valeurs pour sortir la société d'une perspective relativiste ou indifférentiste. Une hiérarchie des valeurs s'établit peu à peu, au cours de l'affrontement entre des arguments qui supposent la suspension d'un univers de violence et de contrainte. Au fond, ce qui est sauvé et est mis en évidence à travers la sanction du crime (donc son identification comme crime), c'est la liberté elle-même, que ce soit au moment où le crime est perpétré, ou au moment où il est jugé. Il n'est plus possible de soutenir que les crimes sont partagés par les bourreaux et les victimes, que les meurtriers ont été poussés à la colère, et que la violence a été inévitable. De tels énoncés sont négateurs des résistances à l'injustice et des possibilités d'instauration d'un ordre social où la liberté est prévalente. Dans un même temps, la loi ne remplit plus aucun rôle dans la société.

Reconnaître la nécessité de la sanction du crime, c'est sortir d'une conception du mal qui le renvoie sur Dieu, le destin ou l'histoire transformée en mythe, ou encore sur la culture et les mœurs. Tentation facile, et à vrai dire attitude courante en Haïti, commandée par la simple contemplation de nos traditions et donc appuyée sur un réalisme aveuglant.

D'ailleurs, tous ceux qui, aux États-Unis, appuient le putsch et ont protégé de fait les grands criminels des trois dernières années,

---

(p. 109).

pensent en dernière instance que le macoutisme nous ressemble comme notre seconde nature et trouvent incongrue la demande de justice qui s'élève des victimes. C'est cette demande insistante qui précisément annonce une mutation culturelle dans une société qui prétend dorénavant ruiner la pratique d'apartheid social et fonctionner sur la base de l'égalité devant la loi. Vivre dans la demande de justice, c'est finalement vivre selon l'humanité, c'est-à-dire en reconnaissant l'humanité de chacun, par laquelle la mienne peut être acquise. Mais c'est là, me dira-t-on encore, une vision utopique. Bien sûr, et heureusement, car si la justice était déjà réalisée dans sa perfection, la liberté qui caractérise ma condition d'être humain serait compromise. La justice suppose son propre déploiement indéfini, et l'ouverture de l'homme à un avenir suspendu entre ses mains. C'est elle qui doit imbiber l'activité politique et mettre en question tout ordre établi. La perspective indiquée ici ne revient pas à soutenir qu'on peut toujours attendre demain pour faire justice, bien au contraire, elle implique qu'il n'y a pas de temps à perdre et sert d'aiguillon pour mettre en route l'action de la justice et ouvrir la discussion publique sur les valeurs qui doivent primer dans la société.

À ce niveau de la réflexion, nous nous rendons compte que la justice n'est pas un élément annexe ou secondaire de l'État de droit, mais plutôt son pilier central. Ne reconnaît-on pas d'ailleurs les signes de l'instauration de l'État de droit à l'expression multiforme de revendications chaque jour plus nombreuses? Croire qu'il reviendrait à un tel État de rassembler d'un seul coup les criminels, de faire produire par des procès hâtifs les sentences, c'est dénaturer la demande et le principe de justice. L'État de droit se détruit dès lors qu'il prétend reprendre une pratique symétrique à celle des criminels, en sautant par-dessus le processus argumentatif et discursif. Certes, ce processus n'est pas en soi suffisant, il ne demeure vraiment opératoire que s'il est soutenu par le débat sur les valeurs, au sein de la société civile, et s'il y renvoie en permanence, afin que le pouvoir politique ne s'endorme sur ses lauriers et ne se contente d'offrir des promesses qui enchanteront toujours les victimes et les criminels, et plus sûrement les criminels que les victimes...

... Encore une fois, s'il est admis que l'absence du sens de la responsabilité individuelle est la marque de la société haïtienne, il est non moins vrai qu'un travail de déresponsabilisation prend sa source dans l'État lui-même et peut-être dans la classe politique tout entière. Que les dossiers des présumés criminels et de leurs complices soient vides, cela ne saurait être l'effet d'un hasard. L'inertie et l'incompétence de l'appareil judiciaire ne sont jamais qu'un résultat et donnent à penser que la crise des valeurs et le brouillage des repères permettant de distinguer le juste et l'injuste, qui caractérisaient la période de terreur ouverte par les trois ans du coup d'État, sévissent encore de plus belle.

Références bibliographiques

Revue Autrement, numéros spéciaux :

______, 1991, Le *Pardon. Briser la dette et l'oubli,* s.d., Olivier Abel, Série Morales, n° 4, Paris.

______, 1994, *La Justice. L'obligation impossible,* s.d., W. Baranès et M. A. Frison Roche, Série Morales, n° 16, Paris.

______, 1994, *Oublier nos crimes,* s.d., D. Nicolaidis, Série Mutations, n° 144.

ARENDT Hannah, 1990, *La Nature du totalitarisme,* tr. Payot, Paris.

BONELLO Yves-Henri, 1995, *L'Injustice,* Éd. Galilée, Paris.

DERRIDA Jacques, 1994, *Force de loi,* Éd. Galilée, Paris.

HARDT Michaël, 1994, «Les raisonnables et les différents, le libéralisme politique de John Rawls», dans *Futur antérieur,* 59-70, Éd. L'Harmattan, Paris.

KRŒGEL Blandine, 1994, *Propos sur la démocratie. Essai sur un idéal politique,* Ed. Descartes et Cie, Paris.

RICŒUR Paul, 1990, *Soi-même comme un autre,* Seuil, Paris.

ROVIELLO Anne-Marie, 1994-1995, «L'État de droit et la question du formalisme», dans *Les Choses politiques. Les Cahiers de philosophie,* n° 18, pp. 103-124.

RAWLS John, 1987, *Théorie de la Justice,* Éd. du Seuil, Paris.

______, 1993, *Justice et démocratie,* Éd. du Seuil, Paris.

Troisième partie

POLITIQUE

Du retour à l'ordre constitutionnel 1994 à 2001

ILE
« Es-tu cette île larguée
sans boussole, sans étoile,
sans yeux, île de démence
es-tu cette île sans aile
quel mauvais vent a fait
dériver ta barque vers cette
Table-au-Diable… »

Claude Pierre, *Le Voyage inventé,*
Pétion-Ville (Haïti),
Éd. Pleine Page, 1998, p. 69.

Les textes de cette troisième partie portent tous sur le thème du populisme qui nous semble conduire à la dérive de l'idée démocratique en Haïti. Le terme « dérive » implique pour nous un processus qui s'est déployé tout d'abord de manière insidieuse, pour finir par se présenter dans tous ses atours. Tous les repères de fonctionnement d'un État de droit sont désormais tombés et tout devient possible au sens où Hannah Arendt parle de la mise en place des pratiques d'insécurité et de terreur. Du coup, tous les vieux fantasmes de la dictature sont réveillés et reviennent en force : nationalisme crispé, problème de la couleur, appel à la classe majoritaire contre les élites et « les gros », ou aux organisations dites populaires contre les médiations institutionnelles (parlement, justice, administration). Tout se passe comme si le pays était ainsi maintenu dans un ordre prépolitique qui n'accepte aucune dissidence. En même temps, l'efficacité de ces fantasmes s'éprouve à un moment où ce qu'on appelle « la communauté internationale » paraît disposer, dans la phase actuelle d'incertitude de la mondialisation, à se contenter d'une démocratie-simulacre, laquelle serait à la hauteur des capacités dites limitées des pays du Sud.

Chapitre 7
Démocratisation, identité nationale
et identité culturelle en Haïti[93*]

L'évolution de la situation politique et culturelle d'Haïti depuis la chute de la dictature (en 1986) laisse désemparés à la fois les observateurs étrangers de la communauté internationale, et les chercheurs haïtiens eux-mêmes. En effet, le processus de démocratisation a été marqué par une lenteur exceptionnelle, jusqu'ici les institutions démocratiques ne sont pas toutes établies et quand elles fonctionnent, elles suscitent encore des contestations très violentes. Ce processus a connu même des régressions : un coup d'État sanglant (faisant 4 000 à 5 000 morts) a pu durer trois ans, et n'a été vaincu qu'avec un débarquement de 20 000 GI américains autorisés par l'OEA et l'ONU. Enfin près de douze gouvernements se sont succédé en dix ans, sans qu'on soit assuré – au moment même où nous écrivons – de la stabilité actuelle du régime en vigueur. Comprendre ce que le processus de démocratisation produit comme effet sur les pratiques et les conceptions de la culture et de la nation, c'est s'engager dans ce que Edgar Morin appelle une question complexe pour laquelle on ne dispose pas encore de concepts adéquats[94]. Nous ne pourrons prétendre ici que repérer des

---

[93*] Publié dans la revue du CRPLC (Centre de recherche sur les pouvoirs locaux dans la Caraïbe), *Pouvoirs,* Fort-de-France, n° 10, septembre 1998, pp. 217-238.

[94] «On ne sait pas grand-chose, écrit S. Nair (1997, p. 85) de la signification profonde des identitarismes nationaux, culturels et religieux. (...) Les sciences sociales peuvent apporter des éclaircissements subtils ou déclarer qu'il ne s'agit que de pulsions irrationnelles selon le cas. Ce qui est sûr, c'est qu'aucune approche, aucune théorie ni discipline ne peut prétendre expliquer ces mouvements d'identification obscurs, étranges, tour à tour positifs, convulsifs, révulsifs et finalement irréductibles. La question identitaire nationale c'est le grand trou noir de la connaissance... » Les positions que nous défendons ici rejoignent généralement celles d'E. Morin et de S. Nair (1997).

tendances, offrir des approximations, ouvrir des pistes comparatives pour favoriser le débat.

Plus précisément, nous tenterons de soutenir que l'instauration d'un régime démocratique en Haïti conduit à une crise profonde de l'État qui jusqu'ici fonctionnait comme un État de colonisation interne. L'Eglise catholique ne pouvant plus remplir le rôle positif qu'elle avait au moment de la chute de la dictature en 1986, il apparaît qu'une nouvelle fondation du lien social est nécessaire. Aussi assiste-t-on à un repli sur des valeurs individualistes et à un regain du nationalisme.

Données actuelles de base sur Haïti

On peut difficilement aborder l'examen du processus actuel de démocratisation en Haïti sans rappeler la toile de fond sur laquelle il se déroule. Économie délabrée et inégalités sociales criantes se conjuguent en effet pour compliquer la situation.

Haïti est connu comme l'un des pays les plus pauvres de l'hémisphère occidental avec 360 dollars US de revenu par habitant en 1987[95]. Ce revenu n'a guère varié dix ans plus tard. Le taux de mortalité infantile est de 123 %. On ne compte pas moins de 65 % d'analphabètes, localisés pour la plupart dans le monde rural où réside encore environ 65 % de la population totale. De 1950 à 1988, la production céréalière (riz, mais, sorgho) n'a augmenté que de 8 % pendant que la population a doublé et atteint aujourd'hui près de 7 millions d'habitants. En 1986, la production alimentaire par tête d'habitant a décru de 13 % par rapport à ce qu'elle était en 1979. La part de l'agriculture dans le produit national brut est passée de 44 % en 1950 à 28 % en 1988. Une crise sévit donc depuis près d'un demi-siècle dans le système agricole, en sorte que le pays connaît un exode rural qui vient alimenter la main-d'œuvre bon marché aux USA (où le nombre d'Haïtiens peut être estimé entre 750 000 et 1 million, une vague de boat people a fait la une de la presse américaine de 1972 à 1994), en République dominicaine où les pouvoirs

---

[95] Les données statistiques que nous utilisons sont tirées de l'ouvrage de M. Lundhal (1992), fort peu optimiste sur une évolution d'Haïti dans le sens du développement et de la démocratie.

publics tentent périodiquement de réduire – par des expulsions massives – le nombre d'Haïtiens, estimé à 500 000 (la plupart d'entre eux sont attirés par la Zafra [saison de la coupe de canne], par le travail de l'agriculture en général et dans le bâtiment); ou encore au Canada, aux Bahamas et aux départements français de la Caraïbe (Guadeloupe, Martinique et Guyane).

Les industries d'assemblage qui avaient, pendant les années 1970-1980, employé environ 80 000 ouvriers ont plié bagage depuis 1986 et ne mobilisent plus que 30 000 ouvriers dont le salaire journalier n'excède pas 2 dollars US (transport, santé, pension, avantage social n'étant nullement assurés). L'insécurité et l'instabilité politique ont fait presque disparaître le tourisme qui pourtant, en 1981, rapportait 44 millions de dollars et atteignait le sommet de 339 000 visiteurs. Les rumeurs répandues aux États-Unis sur le taux d'Haïtiens atteints par le sida (soit 10 % de la population totale) ont évidemment dissuadé radicalement les touristes de s'approcher d'Haïti.

Ces éléments d'information, présentés ici sommairement et dans le désordre, nous renseignent déjà quelque peu sur la situation chaotique de l'économie haïtienne. Mais ce que tout observateur peut découvrir rapidement, c'est ce qu'on a appelé la pratique d'apartheid qui caractérise les rapports sociaux en Haïti. Environ 5 % de la population, vivant notamment dans la capitale, disposent de 50 % des richesses globales du pays et l'écart entre les salaires est de 1 à 176. Deux langues sont en vigueur, l'une, le français, parlé par moins de 10 % de la population est la langue de l'école, de l'administration, du prestige et de l'écrit, pendant que le créole, parlé par la totalité de la population, a encore du mal à s'imposer et est vécu comme un signe d'analphabétisme et d'infériorité culturelle. La nouvelle Constitution de 1987 reconnaît enfin le créole comme langue nationale, mais aucune politique n'est mise en place, du moins de façon visible, par le pouvoir exécutif pour lui permettre de se hisser au niveau du statut du français. Dans le même temps, face au catholicisme imposé par le concordat (de 1860) comme religion officielle, le culte du vodou passe pour être fortement implanté en milieu rural ou à la périphérie des villes. Ayant survécu dans une sorte de clandestinité après plusieurs vagues de persécutions par l'Église, le vodou demeure un culte encore vivace, et il est la matrice de tous les arts en Haïti (musique, danse, sculpture, littérature, etc.).

Le processus de démocratisation : enthousiasme et désenchantement

Pour aborder maintenant la problématique de l'identité culturelle et du nationalisme telle qu'elle apparaît aujourd'hui, nous devons rendre compte tout d'abord des deux phases du processus de démocratisation que le pays vient de connaître, à savoir l'enthousiasme et le désenchantement.

La chute du dictateur Duvalier en 1986, la même année que celle de Marcos aux Philippines, avait fait naître une immense espérance non seulement pour les Haïtiens, mais aussi pour tous ceux qui s'intéressaient au triomphe de la démocratie dans le monde. Il y a eu comme une sorte de contagion de la démocratie dans le monde notamment dans les pays de l'Union soviétique. On ne savait pas encore ce que serait le nouvel ordre mondial qui naîtrait avec la chute du mur de Berlin, mais on avait toutes les raisons d'être optimiste quand on observait le déferlement des foules dans les rues de Port-au-Prince, réclamant des élections démocratiques (libres), le jugement des criminels, ou se lançant dans les pratiques dites *dechoukaj* (terme créole pour dire « déracinement ») des « macoutes » ou partisans actifs du dictateur Duvalier ou de leurs symboles. On semblait discerner à travers cette catharsis d'un peuple pauvre, mais ivre de ses nouvelles possibilités de libre prise de parole, une volonté de reconstruire le lien social sur les bases d'un système démocratique.

Nous avons appelé cette phase de la démocratisation la phase de l'*enthousiasme*, pour éviter l'emploi de la notion d'*illusion* chère à ceux qui tombent aujourd'hui dans un certain cynisme face aux obstacles apparemment insurmontables rencontrés par les courants démocratiques pour s'imposer dans les pays du tiers-monde. L'enthousiasme est un concept que nous reprenons de Kant, lorsqu'il parle de l'idéal moral qui meut les groupes ou les foules qui refusent un ordre social fondé sur l'égoïsme. La phase d'enthousiasme apparaît à nos yeux salutaire, car c'est elle qui peut nourrir sur un mode critique et utopique le mouvement même de démocratisation.

Le coup d'État sanglant du 30 septembre 1991 contre le premier gouvernement démocratique élu du pays (celui du président Aristide) n'a pas réussi à briser cet enthousiasme. Pendant les trois années de la nouvelle dictature militaire, la résistance n'a jamais perdu de son intensité dans les nombreux bidonvilles de la capitale et dans les campagnes. Il faudra attendre le retour du gouvernement constitutionnel d'Aristide et celui actuel de son successeur, René Préval, pour qu'on puisse connaître une phase de désenchantement. Là encore, ce désenchantement n'est pas spécifique à Haïti. Que ce soit en effet en Pologne et dans les pays de l'Est en général, en Afrique noire, en Amérique latine, on se rend compte que le chemin conduisant à la démocratie se fait plus long de jour en jour[96].

Parmi les signes de ce désenchantement vis-à-vis de la démocratie, on peut signaler tout d'abord l'absence de toute politique de l'emploi face à un chômage massif d'au moins 60 % de la population active, une baisse continuelle du pouvoir d'achat, une lenteur exceptionnelle manifestée pour réaliser la moindre réforme, que ce soit dans l'administration en général ou dans l'appareil judiciaire. La privatisation des entreprises publiques, toutes de faible rendement par suite d'une gestion désastreuse soumise aux aléas d'une politique clientéliste, mais connues comme les dernières ressources de l'État, semble être le seul programme offert presque tout ficelé au gouvernement par le Fonds monétaire international et la Banque mondiale. De la sorte, toute contestation s'énonce en termes de rejet du néolibéralisme qui s'exprime à travers les projets de privatisation. Mais ce n'est point encore la source véritable du désenchantement, c'est plutôt la décomposition croissante de l'État dépourvu de boussole, car le gouvernement qui le dirige ne semble encore accorder aucun poids aux médiations institutionnelles et n'offre aucun objectif commun à la société haïtienne. Il en résulte un sentiment aigu de la précarité de la vie, comme si trois ans après

---

[96] Voir l'ouvrage de G. Hermet (1993) très lucide et surtout réservé sur le processus de démocratisation dans les pays non occidentaux. De même, B. Badie (1992) ne croit que dans les tendances à la création d'États démocratiques de droit dans les pays du tiers-monde et au mimétisme du monde occidental. Le problème demeure celui de la distinction entre valeurs universelles et culture occidentale. On ne saurait se contenter à mon avis, du constat de Max Weber sur l'occidentalisation du monde à travers la rationalité bureaucratique et la démocratisation.

la restauration du régime constitutionnel, l'insécurité paraissait aussi grave qu'au temps de « l'ancien régime » de Duvalier et de la dictature militaire. Impunité des bandits qui attaquent de nuit ou de jour n'importe qui dans les rues de la capitale ou dans leurs propres maisons, mais surtout banalisation de la vie comme de la mort, au point que certains sont tentés de préférer le régime de la dictature, qui offrait au moins des repères susceptibles d'être utilisés pour une protection. Cette fois, la situation est proche de l'état de nature ; c'est déjà la guerre de tous contre tous analysée par Hobbes. La fin de la dictature n'est pas l'instauration automatique de l'État démocratique de droit, mais la perte des repères symboliques traditionnels qui vient se réfracter dans la vie quotidienne par une insécurité grandissante, d'autant plus que la police substituée récemment à l'Armée dissoute est inexpérimentée et que les infrastructures routières et maritimes sont en toute rigueur d'un autre âge.

Pour comprendre ce que nous énonçons ici encore en termes abstraits, nous proposons de reconstruire – ne serait-ce qu'à grands traits – la genèse du processus de démocratisation dont Haïti fait l'épreuve depuis 1986. C'est à la lumière de cette reconstruction que nous pourrons valablement ouvrir une interrogation sur la problématique de l'identité culturelle et du nationalisme en Haïti, dans le contexte actuel de la mondialisation.

Reconstitution de la genèse de la démocratie

Dans la mesure même où la dictature concentrait entre ses mains tout le pouvoir de l'État, jusqu'à se confondre avec l'État lui-même et avec la nation tout entière, sa chute donnait à voir en même temps un véritable effondrement de celui-ci. Le *dechoukaj* devait symboliser un mouvement de retour à un point zéro de l'ordre social, et ainsi la reconstruction du lien social apparaissait un passage obligé pour l'instauration d'un régime démocratique. Concrètement, à quel moment et sous quelle impulsion s'est inauguré le processus de démocratisation ? Au départ, nous devons signaler qu'à partir des années 1980, seule l'Église catholique[97] pouvait être l'espace où

---

[97] Nous avons essayé de rendre compte du rôle important de l'Eglise catholique dans plusieurs

la demande de droit et de démocratisation parvenait à s'exprimer, partis politiques et syndicats ayant été préalablement interdits. Auparavant, c'est-à-dire depuis 1966, l'épiscopat catholique était rigoureusement dédié à la défense de la dictature duvaliériste. De surcroît, comme institution, l'Église était traditionnellement peu encline à prendre en charge une série de pratiques symboliques nécessaires au fonctionnement de la société : la distribution de sacrements, l'organisation de services d'aide caritative, la gestion de plusieurs réseaux d'écoles publiques et privées à travers le pays. En même temps, l'Église s'adaptait aux disparités sociales, admettait la division culturelle en adoptant les deux langues en vigueur dans leur fonctionnement hiérarchique (le français pour les classes aisées, le créole pour les classes populaires), et surtout laissait apparaître le vodou, culte populaire d'origine africaine réélaboré dans le contexte esclavagiste, comme un signe d'appartenance à un ordre diabolique, sinon primitif et barbare. On peut déjà soupçonner que l'analyse de l'évolution de l'Église en Haïti nous conduira directement à l'interrogation sur les modes d'appréhension de l'identité culturelle et, en même temps, sur le développement actuel du nationalisme.

En revanche, sous l'impulsion du concile Vatican II, l'Église s'est engagée dans une rupture progressive avec son mode d'action traditionnel dans la société haïtienne et l'on peut dire qu'on a assisté à un véritable changement de paradigme au plan pastoral et théologique. En effet, l'Église paraissait désormais moins soucieuse de défendre une chrétienté toute faite en Haïti, en cherchant à aider à la libération concrète contre le sous-développement économique, et à se rapprocher des masses pauvres (le slogan «option préférentielle pour les pauvres» de Medellin s'est vite répandu dans plusieurs groupes de religieux et de religieuses) par la langue (le créole), la musique (les rythmes vodou repris dans les cantiques). Bref, un nouveau contenu semblait être donné aux pratiques religieuses au sens où ce qui était jusqu'ici périphérique à l'église passait désormais au centre des préoccupations. Les demandes sociales se

---

textes, dont l'ouvrage de 1987, et l'article sur «Rôle et statut…» (1997) reproduit ici un peu plus loin. Mais je signale par exemple les travaux plus détaillés du F. Midy (1989), ou H. Toussaint (1992).

laissaient plus facilement repérer en particulier à travers le culte des saints, les pèlerinages, les cérémonies en l'honneur des « esprits » du vodou. Or désormais, lors des rassemblements de catéchistes, de directeurs des chapelles, des campagnes, des organisations de jeunes, des groupements communautaires et surtout des communautés chrétiennes de base (dénommées encore *ti-legliz* ou TKL ou *ti kominote legliz)*, l'on pouvait observer un réel changement des mentalités : critique du caractère dictatorial du régime, création de nouvelles solidarités différentes des traditions communautaires, c'était, pourrait-on dire, un véritable apprentissage des règles de fonctionnement démocratique. L'Église devenait ainsi peu à peu leader du mouvement pour les droits humains et la démocratie. Le monde vécu des classes populaires et de la paysannerie faisait donc son entrée en force dans l'Église, en sorte qu'elle pouvait dorénavant affronter directement le pouvoir politique. Que par la suite et fort tôt la hiérarchie catholique ait choisi de se désolidariser du mouvement démocratique, à cause, entre autres, du *leadership* pris par le salésien Jean-Bertrand Aristide, ce n'est pas ce qui retiendra ici notre attention. Qu'il nous suffise de prendre acte du poids considérable de l'Église dans le processus de démocratisation en Haïti.

Mais dès lors que ce processus entre dans une phase d'institutionnalisation, les repères symboliques traditionnels auxquels la collectivité et l'individu étaient accoutumés sont déstabilisés et deviennent obsolètes[98]. L'Église elle-même, qui a contribué à préparer le mouvement démocratique, opère un retrait par rapport au politique ; elle n'est plus ni un lieu d'expression des revendications sociales ni le destinataire de ces revendications. Peu à peu, un certain désarroi se répand de plus en plus dans toutes les couches sociales. Impuissance ou incapacité du gouvernement à gouverner, c'est-à-dire à trouver et à fournir un modèle quelconque de développement ? Sans doute, mais dans tous les cas, la formidable énergie qui s'était manifestée dans la lutte contre la dictature n'a jamais pu être réemployée, comme si désormais chacun se repliait

---

[98] Nous n'avons pas la possibilité d'entreprendre ici, faute de place, une analyse des diverses sectes et des mouvementés religieux comme les charismatiques, qui semblent devoir leur succès à la crise du politique et au désenchantement vis-à-vis de la démocratie.

sur lui-même, sur ses propres intérêts, à la recherche de sa propre survie et de celle de sa famille, tout horizon collectif, toute vision d'un bien commun ayant littéralement disparu. Ce qui ici apparaît pour le symptôme, sinon la réalité elle-même du désenchantement renvoie à la crise du lien social dont il faut encore bien prendre mesure.

La crise du lien social

Une enquête statistique récente (réalisée par F. Houtart et A. Rémy) va nous servir ici de guide pour nous introduire dans l'épaisseur de la problématique culturelle et politique du pays. L'objet de cette enquête intitulée *Les référents culturels à Port-au-Prince. Étude des mentalités face aux réalités économiques, sociales et politiques* (1997) concerne ici directement notre propos. Bien entendu, il ne sera pas question de reprendre tous les résultats de cette vaste enquête. Seules quelques données statistiques pouvant servir de support à notre réflexion seront évoquées.

Tout d'abord, en 1996 seules 49,6 % des personnes interrogées se reconnaissent catholiques contre 78,9 % en 1982.

Dans cette même enquête de 1996, 35 % se déclarent pratiquant du vodou, ce qui représente une nouveauté en Haïti puisque le vodou n'avait pas droit jusqu'ici à une expression officielle. On peut reconnaître avec les auteurs de l'enquête que les Haïtiens – du moins ceux de la capitale – sont en train d'accéder à une culture pluraliste, mais si l'on prend en compte d'autres données de l'enquête comme par exemple celle-ci : l'Église catholique ne représente plus l'aspiration du peuple haïtien (53 % le reconnaissent contre 21,7 %), ou encore que le vodou – en milieu urbain – n'est pas non plus considéré comme une condition de réussite dans la vie quotidienne ; on apprend en même temps qu'une majorité de 43,1 % ne prend déjà pas les nouveaux mouvements religieux (confessions baptistes, pentecôtistes, témoins de Jéhovah ou adventistes) comme une solution, même si ces mouvements sont en progression. En revanche, le politique n'est pas plus porteur d'espérance ; les classes populaires ne se croient pas en meilleure position après la chute de la dictature : 43 % (contre 26 %) pensent qu'aucune amélioration ne s'est produite pour eux, et 90 % – ce qui est énorme – soutiennent qu'il n'y a pas à l'horizon de projet collectif de développement.

En somme, ni le religieux ni le politique ne semblent offrir pour le moment un nouveau lien social après l'effondrement de l'État depuis 1986, et après ce qu'on peut appeler l'épuisement du rôle positif et actif de l'Église dans le changement de régime politique. En outre, c'est l'expérience démocratique elle-même qui a eu pour effet principal de déloger les religions de cette position privilégiée, sans que les signes de l'instauration d'un État démocratique de droit ne soient encore repérables. Aucune nouvelle fondation à la société n'apparaît, aucun nouveau modèle de société n'est trouvé. Chacun est conduit à se replier sur des valeurs individualistes, dans une sorte de deuil de tout avenir collectif. En même temps, on assiste à l'émergence de mouvements culturels identitaires ou tout simplement nationalistes qui viennent s'étayer sur la crise du lien social dans nombre de pays qui accèdent récemment à l'expérience démocratique.

Identité culturelle, nationalisme et mondialisation

Les problèmes posés par l'expérience démocratique en Haïti ne peuvent guère être expliqués de manière satisfaisante si nous nous enfermons dans le seul cadre de la société haïtienne. C'est essentiellement pour la clarté de l'exposé que nous avons cherché à présenter d'abord les données empiriques. Mais une analyse véritable du processus de démocratisation doit s'inscrire dans le contexte du phénomène de la mondialisation qui suppose justement ce que le politologue Bertrand Badie appelle la « territorialisation » du monde, et, partant, l'universalisation du droit, l'appartenance à un ordre économique commun et une homogénéisation culturelle du monde. C'est bien au cœur de cette logique que certaines sociétés du tiers-monde connaissent la démocratisation comme une contagion. Mais il s'agit d'un phénomène complexe et contradictoire. Plus l'exigence de l'universalisation de la démocratie est affirmée, plus les centres occidentaux (dont les États-Unis et l'Europe) s'évertuent à reconstituer leur hégémonie et à conduire nombre de pays du tiers-monde vers un type de démocratie-simulacre sans contenu réel. L'ordre politique comme tel est banalisé, au profit de l'ordre nouveau d'un système économique mondial qui se fonde sur « l'autonomisation croissante des marchés financiers par rapport aux systèmes productifs » et qui commande la vie politique et culturelle à la fois[99]. La demande de démocratie, venue d'abord des couches populaires d'Haïti, n'est pas une conséquence, ni une production de cet ordre économique. La communauté internationale, dominée par les États-Unis, a été plutôt comme prise de court par la ténacité de la revendication démocratique et a dû, malgré elle, faire quelques concessions pour les reprendre rapidement d'une autre main. La communauté internationale s'est ainsi enfoncée dans une série de contradictions dont elle n'est pas prête de sortir : ainsi par exemple, un ordre international soumis aux mêmes règles est loin d'être véritablement mis en place et la volonté de contrôler les instances internationales comme l'ONU est patente chez les grandes puissances[100]. Autrement dit, ce qu'on tente d'imposer c'est moins la démocratie que le système néolibéral qui lui n'a aucune affinité élective avec la démocratie. Le système néolibéral a fort bien fonctionné par exemple avec Pinochet au Chili. Ce qui miroite aux yeux des élites politiques et intellectuelles des pays du tiers-monde, c'est la possibilité d'une extension des formes de production et de consommation des pays occidentaux industrialisés vers le tiers-monde. Mais la mondialisation est indifférente à la problématique des inégalités entre nations et entre classes. Elle parvient plutôt à mettre entre parenthèses sinon à disqualifier toute vision d'un avenir collectif, tout ce qui relève de l'intérêt public, tout horizon de bien commun. Sous ce rapport la mondialisation ouvre une grave crise à la fois de l'identité culturelle et de l'idée de nation[101]. Tout d'abord, dans le cas d'Haïti, certaines pratiques tendent clairement à mettre en avant une quête d'identité culturelle : la langue comme le créole, parlée par tous, mais n'ayant pas le prestige du français

---

[99] Voir E. Morin et S. Nair, 1996, p. 59 ; et surtout l'économiste F. Chesnais (1997).

[100] Sur les diverses interventions armées soutenues par les grandes puissances au cours de cette dernière décennie et particulièrement sur l'intervention en Haïti, voir Cl. Moïse (1994), pp. 156-166.

[101] Sur les crises culturelles provoquées par la mondialisation, voir par exemple A. Giddens (1994) ou encore E. Morin et S. Nair (1997).

comme langue écrite, le vodou comme culte populaire d'origine africaine, signifiant une différence claire avec la culture occidentale, sont revendiqués par certains groupes culturels comme les marques distinctives de l'Haïtien. Sans qu'on puisse observer en Haïti une tendance au fondamentalisme ou au fanatisme, l'on doit reconnaître que s'amorce un mouvement vers une revalorisation de tout ce qui de près ou de loin renvoie à des racines culturelles[102], et ce mouvement devient relativement hégémonique par rapport à ce qu'on tenait jusqu'ici pour la culture des couches sociales urbaines privilégiées (bourgeoisie et petite bourgeoisie formée par des écoles catholiques congréganistes ou des écoles étrangères américaine et française). La quête d'une identité culturelle s'opère non pas dans une opposition intra-territoriale à la culture bourgeoise dominante en Haïti, mais au processus de mondialisation comme tel. Car tout se passe comme si, en se rapportant à ses racines, on pouvait retrouver un sens à l'évolution actuelle du monde qui semble se déployer sans boussole, ou en tout cas, qui tend à détruire les liens traditionnels (de parenté et de village), ainsi que les pratiques religieuses – catholiques ou vodou – qui servaient de ciment à la communauté. La transnationalisation vécue – à travers les médias qui orientent vers la consommation de masse des gadgets électroniques, et à travers l'émigration massive vers les États-Unis et la Caraïbe – est justement le support inattendu de ce retour aux pratiques identitaires qui offrent les ressources nécessaires pour surmonter l'angoisse créée par une mondialisation qui désacralise tout, nivelle les cultures pendant qu'elle maintient et renforce le racisme, les exclusions et la pauvreté. La revendication identitaire c'est la reterritorialisation de soi, comme source de sécurité. Mais dans le même temps une telle stratégie aboutit soit à une relativisation générale des cultures : je valorise la mienne à l'égal de la tienne et une pratique de rivalité est instaurée ; soit à la croyance en la supériorité de sa culture. Revers d'un complexe d'infériorité, cette croyance implique alors une intériorisation de la domination culturelle occidentale, et ainsi l'on reste déterminé par le ressentiment. Dans les deux cas toute rencontre

---

[102] Il y a actuellement plusieurs travaux qui ont mis en relief la vitalité des cultes afro-américains, citons seulement Th. Brenner et U. Fleischmann (1988) qui viennent de présenter un panorama de ces cultures.

interculturelle est vouée à l'avance à l'échec. L'on ne parvient plus en effet à distinguer réellement ce qui, de la culture des « autres », peut être pour soi une source d'enrichissement et d'approfondissement de notre savoir sur l'homme et le monde, l'on ne parvient pas non plus à prendre en compte ce qui est de l'ordre des valeurs universelles ou universalisables (comme les droits humains fondamentaux, la démocratie, les valeurs républicaines, etc.) au cœur de la culture occidentale en expansion dans le monde à travers les pratiques de colonisation d'exploitation économique ou de contrôle politique des pays du tiers-monde.

Toutefois la question de l'identité culturelle demeure à double face comme Janus, car dans bien des cas, elle peut, comme par exemple chez les Indiens du Chiapas au Mexique ou du Guatemala, prendre des formes tout à fait critiques à la fois par rapport aux conceptions traditionnelles de la communauté et à la mondialisation économique. De même, il n'est pas inutile de rappeler que la revitalisation actuelle des cultes afro-américains dans la Caraïbe (Cuba, Porto Rico, République dominicaine, Jamaïque) ou en Amérique latine (Venezuela et Colombie par exemple et même le Brésil plus connu par le Candomblé et l'Umbanda) demeure liée à la volonté des communautés noires de sortir des ghettos où le racisme les avait enfermées et de prendre en main leur propre développement économique et culturel.

Mais il y a encore au moins deux écueils importants des mouvements identitaires. Le premier est la tendance à hypostasier l'identité culturelle au profit de la précarité de la situation économique des couches urbaines intermédiaires ou qui sont récemment « déruralisées » ou qui aspirent à des emplois devenus rares dans l'administration publique. Le second écueil consiste à créer un lien immédiat et essentiel entre l'identité culturelle et le nationalisme, et il représente la pente la plus facile et la plus empruntée aujourd'hui par diverses sociétés, qu'elles soient des pays du centre ou de la périphérie. Or, et c'est ce que nous aimerions ici souligner, le nationalisme est bien une idéologie qui, paradoxalement, est rallumée par le processus même de mondialisation, non comme son antidote véritable, mais comme le symptôme de son incapacité actuelle à soutenir le caractère réellement universalisant du droit et de la démocratisation.

Ce qui caractérise le processus de mondialisation, ce n'est pas simplement le fait nouveau de la fin de la géopolitique Est-Ouest, et l'unification du monde, c'est aussi la croyance dans une économie de marché qui peut s'autoréguler et qui prétend disqualifier toute intervention de l'État dans l'organisation des sociétés. Comme nous l'avons déjà évoqué plus haut, le mode même de déploiement de la mondialisation suppose que plane une nouvelle menace sur l'humanité : celle d'un abandon à eux-mêmes de pans entiers de l'humanité, exclus du développement et de la consommation. C'est bien une telle réalité qui pousse les élites des pays de l'ex-tiers-monde (puisque la mondialisation ignore ou feint d'ignorer les divisions du monde entre pays riches et pays pauvres) à choisir d'élever l'étendard du nationalisme. Celui-ci apparaît alors comme une sorte de désespoir vis-à-vis de toute égalité (possible) avec les pays du centre, le marché suivant ses propres lois qui ne peuvent bénéficier qu'aux couches déjà privilégiées. Ceux dont le marché n'a plus besoin rentrent désormais dans le champ des exclus, comme si le concept même de l'exploitation soudain disparaissait. L'idéologie nationaliste vient à la rescousse d'un échec et d'une peur de l'État à choisir une voie républicaine de solution en faveur des couches sociales qui risquent d'être laissées pour compte du nouvel ordre économique mondial. Mais ainsi, c'est le processus de démocratisation qui perd toute pertinence et qui est renvoyé comme décor et même comme prétexte pour une reconquête du monde. On se crispe sur son identité culturelle et on invoque le nationalisme pour pouvoir affronter la domination occidentale. On prétend exalter ses particularités culturelles d'où l'on peut donner un sens au monde et à la vie. On s'accroche au fantasme d'une origine, d'une lignée qui est celle de sa tribu ou de sa nation pour lutter contre la menace de dissolution introduite par la mondialisation. Dans le cas d'Haïti, il était fatal, compte tenu des données actuelles de la crise du lien social, que le nationalisme retrouvât quelque vigueur à travers tous les partis et organisations politiques, toutes tendances confondues, en raison même de l'impuissance de l'État à intervenir pour ouvrir un horizon collectif à la société. Or curieusement c'est l'appui de la communauté internationale qui a valu au pays de retourner à un régime constitutionnel : le président Aristide est revenu au pouvoir grâce à une intervention armée des USA autorisée par l'ONU. Or la communauté internationale ne s'intéresse qu'à l'ouverture des nouveaux marchés et à la politique de l'ajustement structurel, elle ignore ce qui en Haïti relève de l'intérêt public. Le nationalisme est donc ici réactif et stérile et bien entendu, il se fait antinomique à la démocratie conçue comme une pure lubie du monde occidental. Réinsertion de soi dans un territoire, dans une communauté et dans une histoire, bien différenciés de ceux des autres, le nationalisme accorde un faible intérêt aux droits individuels fondamentaux, et est plus soucieux de créer des lignes de démarcation avec les autres peuples que de favoriser une ouverture aux valeurs universelles. En revanche, ce que nous disons ici du nationalisme ne vise pas à invalider l'idée elle-même de nation[103], car la nation émerge dans le contexte de la Révolution française avec le projet de démocratisation d'une société, de la transformation des individus en citoyens, et même d'un effort pour diminuer le poids des particularismes culturels. L'idéologie nationaliste est, elle, à la recherche d'un autre type d'ancrage que celui de la démocratie ; elle veut essentialiser une série de marques culturelles : la langue, la religion, le territoire pour offrir une sécurité ontologique que l'individu ne saurait trouver aujourd'hui dans un monde dominé par une pluralité de systèmes religieux et ou toutes les formes de solidarités traditionnelles sont défaites.

Universalisation de la démocratie et rencontre interculturelle

En dernière instance, on découvre de plus en plus que les possibilités de communication interculturelle au sens où Habermas[104] le propose (comme nouveau paradigme venant se

---

[103] Voir D. Schnapper (1994) pour Un approfondissement de l'idée moderne de nation.

[104] Nous nous appuyons, bien sûr, sur les travaux de Habermas (1987 et 1996) et Cl. Lefort (1986) pour la problématique de l'universalisation de la démocratie, dans le champ de la philosophie politique. Cette perspective contraste quelque peu avec le point de vue des sociologies

substituer à celui du travail et de l'État social) sont extrêmement réduites. Paradoxalement, plus les moyens de communication prolifèrent, plus la communication entre les peuples apparaît déficitaire. L'exclusion ou la construction de nouveaux murs entre riches et pauvres semble être l'autre face inquiétante de la mondialisation. On dirait que l'humanité actuelle s'est à peine éloignée de l'époque où Las Casas lançait dans le désert ses cris pour la reconnaissance de l'humanité des Indiens, et de leur droit à disposer d'une culture, d'une religion, d'un territoire, et à s'autogouverner. Certes, le débat n'est plus exactement le même, c'est-à-dire celui de la Conquête. Mais l'exigence d'universalisation du droit représente une problématique aussi vieille que celle de la conquête et doit être mise au premier plan dans les rapports entre les peuples, et donc dans toute pratique de rencontre interculturelle, sous peine de reconduire de manière inconsciente, insidieuse ou cynique, le système de domination politique et économique qui se déploie encore à travers le processus de mondialisation. La fermeture sur une vision identitaire rigide de la culture et de la nation conduit à se donner continuellement des ennemis et à vivre dans un état de guerre. Il n'y a pas de doute que la réflexion prophétique de Kant dans son Projet de paix perpétuelle qui cherche à fonder un droit cosmopolite contre la souveraineté (absolue) de l'État-nation est d'une étonnante actualité. Kant a également pensé dans la même foulée ce qui est le présupposé de toute rencontre interculturelle, à savoir la déprise de soi par rapport à tout ordre sacral, ancestral et éternel pour assumer un procès d'interrogation permanente sur sa culture, et sur son identité, et pour sortir ainsi de l'âge de la barbarie, c'est-à-dire de la guerre de tous contre tous (Bellum omnium contra omnes). Concrètement, la problématique de la démocratie doit être conçue comme une affaire mondiale : dans chaque pays s'énonce et se lit le sort de tous les peuples. On ne peut se fonder sur le fait des différences ou des particularités culturelles pour justifier l'exclusion ou l'abandon à elles-mêmes de fractions importantes de l'humanité.

---

désabusées sur les difficultés insurmontables rencontrées par les sociétés du tiers-monde et de l'ex-Union soviétique pour accéder à un régime démocratique. Voir aussi notre article (« The hope for democracy ») (1994) dans *New York Review of Books*.

Il resterait maintenant à ouvrir une discussion sur un aspect difficile et complexe de la rencontre interculturelle et qui est l'interrogation sur l'égalité des cultures. La passion identitaire, avons-nous vu, demeure une conséquence de la domination culturelle et, à ce titre, se déploie comme action politique. Ce problème apparaît non seulement dans les rapports entre pays du centre et ex-pays du tiers-monde, mais aussi à l'intérieur de chaque pays. Dans le cas d'Haïti, la nation ou l'État-nation n'a jamais pu encore réaliser une quelconque homogénéité culturelle. La quête de l'identité culturelle dans les couches sociales qui connaissent une situation économique précaire est souvent une même réaction, et il n'y a pas lieu de la considérer comme un refus des Lumières, un choix en faveur d'une conception mythique et irrationnelle du monde. La création du vodou en Haïti, dans le contexte de l'esclavage, comme celle des cultes afro-américains de la Caraïbe et de l'Amérique latine, est une part du patrimoine culturel universel, et à ce titre mérite d'être respectée comme un mode particulier d'appréhension du monde et de l'histoire. Mais chaque culture ne peut vraiment développer toutes ses potentialités et s'enrichir que dans le contact avec les autres : il suffit que ce contact ne soit pas une mise en hiérarchie des cultures ni une pratique de domination. Toutefois la rencontre interculturelle peut avoir lieu là où le conflit parvient à s'exprimer. Car l'on doit à l'avance admettre que chaque culture est encline à se prendre pour toute culture et que c'est une telle prétention qui se trouve suspendue à chaque cas de rencontre interculturelle. Cette perspective rejoint comme naturellement le débat sur la place ou le statut des religions dans le contexte de la mondialisation. Il n'y a pas de religion à pouvoir prétendre épuiser toute l'expérience humaine et il en est de chaque religion comme de chaque culture. Le mouvement de mondialisation met en pleine lumière la nécessité du pluralisme religieux, vieux problème qui depuis le XVIe siècle est à l'ordre du jour. En effet, moins on assume ces croyances comme subjectives et privées, plus la démocratie devient fragile. Si celle-ci ne se fonde pas sur la raison et sur la critique permanente d'elle-même, comment pourra-t-elle soutenir la pratique de la rencontre interculturelle ? La crise de l'État comme la culture dont Haïti fait aujourd'hui l'épreuve dans l'expérience démocratique ne sera pas surmontée, si elle n'est pas assumée comme une interrogation sur le destin même de la démocratie dans le monde.

Références bibliographiques

BADIE B, 1992, *L'État importé. L'occidentalisation de l'ordre politique,* Paris, Fayard.

BAYART J.-F, 1996, *L'Illusion identitaire,* Paris, Fayard.

BREMER Th. et FLEISCHMANN V., 1988, *Alternative Cultures in the Caribbean,* Berlin, Vervuert.

CASTORIADIS C, 1986, *Domaines de l'homme. Les carrefours du labyrinthe II,* Paris, Le Seuil.

______, 1996, *La Montée de l'insignifiance. Les carrefours du labyrinthe IV,* Paris, Le Seuil.

CHESNAIS Fr., 1996, *La Mondialisation du capital,* Paris, Éd. Syros.

CORTEN A., 1989, *L'État faible. Haïti et la République,* Montréal, Québec Dominicaine, Éd. du CIDHICA.

GIDDENS A., 1994, *Les Conséquences de la modernité,* trad. O. Meyer, Paris, L'Harmattan.

FILLITZ Th., 1993, *Kultur, Identitat und Macht Ethnologische Beitrage zu einem Dialog der Kulturen der Welt,* Frankfurtara Main, Verlag fur interkulturelle kommunikation.

HABERMAS J., 1987, *Théorie de l'agir communicationnel,* t. 1, Trad. Paris, Fayard.

______, 1992, *Droit et démocratie,* tr. Rochlitz et Bouchindhomme, Paris, Gallimard.

HERMET G., 1993, *Les Désenchantements de la liberté. La sortie des dictatures dans les années 90,* Paris, Fayard.

HOUTART F. et RÉMY A, 1997, *Les Référents culturels à Port-au-Prince,* Port-au-Prince, Éd. du Cresfed.

HURBON L., 1987, *Comprendre Haïti. Essai sur l'État, la nation, la culture,* Paris, Éd. Karthala.

______, 1988, *Le Barbare imaginaire,* coll. «Sciences humaines et religions», Paris, Éd. du Cerf.

______, 1993, *Les Mystères du vodou,* Paris, Gallimard, coll. « Découvertes ».

______, 1994, « The hope for democracy » dans *New York Review of Books,* 3 novembre.

______, 1996 (s.d. collectif), *Les Transitions démocratiques,* Paris, Éd. Syros.

______, 1997, « Rôle et statut du religieux dans les luttes haïtiennes de sortie de la dictature », dans *Religion et démocratie,* Patrick Michel (éd.), Paris, Éd. Albin Michel.

LE BOT Y, 1992 et 1994, *La Guerre en terre Maya. Communauté, violence et ethnicité au Guatemala,* t. 1 et 2, Paris, Karthala.

LEFORT CL, 1986, *Essais sur le politique, XDf-XT siècles,* Paris, Le Seuil.

LUNDHAL M., 1992, *Politics or Markets? Essays on Haitian Underdevelopment,* Routledge, Londres et Paris.

MIDY F., « La religion sur les chemins de la démocratie », dans *Chemins critiques,* revue haïtiano-caribéenne, vol. 1, n° 1989, pp. 23-44.

MOÏSE Cl., 1994, *Une constitution dans la tourmente. Le nouveau régime politique haïtien et la crise nationale (1987-1993),* Montréal, Éd. Images.

MORIN E. et NAIR S., 1997, *Une politique de civilisation,* Paris, Éd. Arlea.

SCHNAPPER B., 1994, *La Communauté des citoyens. Sur l'idée moderne de nation,* Paris, Gallimard.

TOUSSAINT H., 1992, « Église catholique et démocratie en Haïti », dans *La Documentation française,* n° 4, janv.-mars, pp. 43-60.

Chapitre 8
La compassion pour le peuple[105*]

> «La justice sans la force est impuissante, la force sans la justice est tyrannique, il faut mettre ensemble la justice et la force et pour cela faire que ce qui est juste soit fort, et que ce qui est fort soit juste.»
>
> Blaise Pascal

Onze ans après la chute de la dictature de Duvalier qui eut lieu le 7 février 1986, Haïti présente le visage d'un pays dévasté, à peine sorti d'un intense bombardement ou d'un puissant tremblement de terre. Débarquer aujourd'hui en 1997 à Port-au-Prince, la capitale, et se faire happer à la sortie de l'aéroport par des foules de mendiants qui vous prennent pour des «pères Noël» cruels parce que vous n'avez pas su manifester votre compassion ou votre culpabilité en offrant les quelques dollars attendus ; ou encore poursuivre sa route et apercevoir des colonnes d'hommes et de femmes installant des marchés publics et des restaurants sur tous les trottoirs des grandes artères, ce ne sont point encore là les impressions qui invitent au pessimisme, car dans la boue ou dans la poussière, au milieu des détritus, c'est à la recherche de la vie que tout un peuple semble se mettre en marche autour de Port-au-Prince comme si la vie avait déserté toutes les autres villes, tous les autres villages pour trouver dans la capitale son dernier carré de retranchement. Mais ici, les bidonvilles poussent comme des champignons et rien ne semble pouvoir arrêter la progression de la misère et de la pauvreté. Si l'on me demande où est le changement dont le monde entier pressentait le frémissement à travers le médias qui ont mis en avant les pratiques dites de *dechoukaj* ou de déracinement de la dictature, je risque

---

[105*] Article publié dans *Chemins critiques*, vol. IV, n° 1, sept. 1998, pp. 51-64.

d'entrer dans le plus grand mutisme. Non pas parce que je n'aurais pas su détecter à temps les facteurs qui retarderaient l'établissement de la démocratie (car nulle analyse en terrain sociologique ne saurait prétendre à la parfaite objectivité scientifique), mais plus simplement, je ne vois pas comment je pourrais ne pas exprimer mes propres attentes et mes propres déceptions face au processus de démocratisation du pays qui est le mien.

On se souvient que sept mois après l'accession d'Aristide à la présidence à la faveur des premières élections vraiment libres au regard de tous les observateurs, l'armée réalisa un coup d'État sanglant qui avait fait plusieurs milliers de victimes. Pendant trois ans, viols, tortures, assassinats ont été pratiques courantes dans les quartiers populaires de la capitale autant que dans les villes de province et dans les campagnes. Avec le retour de l'ordre constitutionnel le 15 octobre 1994, grâce à l'intervention américaine autorisée par l'ONU, on espérait partout à travers le pays non seulement un retour de la sécurité, mais aussi un regain progressif de la vie économique. Or ce que nous vivons aujourd'hui en Haïti n'a rien à voir avec le désenchantement qui suit le temps de l'euphorie. La déception et la déprimé semblent être ici à l'ordre du jour autant chez des intellectuels que dans les couches populaires. Tout se passe comme si nous avions collectivement le sentiment d'une radicale impuissance à entrer dans l'ère de la démocratie et à prendre le chemin du développement.

On savait auparavant qu'il y avait comme ennemi le corps des Tontons macoutes appuyé par une armée infiltrée par la maffia et que le pays était ainsi comme pris en otage. Cette fois, on a beau tenter de désigner l'impérialisme américain ou les forces multinationales d'intervention venues encadrer la nouvelle police comme des boucs émissaires, plus personne ne saurait croire à une telle fable, car il est clair que la population avait massivement applaudi à la force qui a vaincu les militaires putschistes et que c'est bien l'ensemble des démocrates qui voulait voir le retournement de la politique américaine vis-à-vis d'Haïti dans la mesure même où le gouvernement américain avait bien sa main trempée jusqu'au coude dans le coup d'État. Il nous a fallu nous résoudre à reconnaître que nous avons au pouvoir depuis trois ans le groupe politique qui a effectivement en main le destin du pays. Ce n'est pas qu'aucun facteur extérieur ne puisse être convoqué parmi les sources des obstacles et des difficultés rencontrées sur le chemin de la démocratie. Mais nous ne saurions indéfiniment nous croire purs et saints et soutenir que seuls «les Blancs», les «impérialistes» sont la cause de tous nos tourments et de tous nos faux pas. Ce monde en noir et blanc est sans doute rassurant, mais il ne semble pas correspondre tout à fait à la réalité ; force est désormais d'apprendre à nous découvrir tels que nous sommes, mais pour cela il nous faut regarder du côté de notre culture, de notre manière d'interpréter le monde et l'histoire, de trouver ou de donner un sens à la vie quotidienne et au vivre ensemble sur un même territoire. Car là où un peuple décide d'accéder à la démocratie, il ne saurait garder intacts ses schémas culturels et ses représentations traditionnelles : les bases mêmes de sa culture en sortent ébranlées. Certes, nous n'avons toujours eu – depuis notre indépendance en 1804 – que des régimes despotiques et nous avons ainsi hérité d'une culture résistante à la démocratie. Une telle situation ne doit pas être prise pour un cercle vicieux. Je prétends seulement qu'une crise profonde semble affecter actuellement la culture haïtienne et qu'il est urgent de chercher à comprendre cette crise dans son rapport à la difficile instauration de la démocratie.

Démocratie et question sociale

Ce qu'on observe tout d'abord, c'est un grave malentendu qui plane sur la notion de démocratie confondue la plupart du temps avec la question sociale. Sous ce rapport, on peut déjà affirmer qu'il n'y pas en Haïti de réelle hégémonie de l'idée de démocratie, principalement dans la classe politique et dans l'élite intellectuelle. Mais ce n'est pas par conservatisme ; bien au contraire, il s'agit pour elles d'entretenir une vision révolutionnaire de la société haïtienne. Dans cette perspective, le programme sur lequel s'entendent presque tous les partis politiques consiste à donner des terres aux paysans pauvres ou sans terre, donner du travail ou plus simplement donner à manger au « peuple ». Le peuple doit être entendu au sens qu'il avait au temps de la Révolution française : il est constitué de pauvres, et plus exactement de « malheureux », qui n'ont pas de travail et qui passent leur journée à chercher le pain quotidien, ou encore qui vivent dans les nombreux bidonvilles qui quadrillent la capitale. Le peuple en question n'aurait que faire de la démocratie comme régime politique, celle-ci servirait même peut-être à l'endormir, quand elle n'est pas une simple importation du monde occidental qui aurait tout intérêt à nous pousser dans une sorte de mimétisme par rapport à elle pour mieux nous dominer.

La démocratie, même quand le peuple en parle, aurait toujours un contenu précis : l'amélioration de sa condition socio-économique. Par exemple, l'actuel président, René Préval, est heureux de s'intéresser personnellement à réaliser une réforme agraire tout de suite, sans tarder, même s'il s'agit d'un problème qui requiert du temps, des études patientes, de la mobilisation d'un système judiciaire et de bien d'autres facteurs pour connaître un début de solution qui ne soit pas l'éclatement de la violence. D'un autre coté, l'ex-président Aristide ne cessait de déclarer s'identifier au peuple, au point d'inviter dans la cour du palais national des centaines de pauvres pour leur donner lui-même à manger. Ce qui est bon, c'est d'avoir une grande « sensibilité » sociale, de pouvoir être épris d'amour ou de compassion pour le peuple. D'ailleurs, ceux qui ne savent pas manifester un tel amour sont rapidement étiquetés comme des « grands mangeurs » ; cette notion qui a eu un immense succès à travers le pays, pour avoir été popularisée par presque toutes les chansons des carnavals de 1996, est encore à l'ordre du jour au moment où nous écrivons. La société est ainsi divisée entre les « grands mangeurs », c'est-à-dire ceux qui sont dans l'orbite du pouvoir établi ou font partie des riches ou des privilégiés, et le peuple des pauvres.

Il faut comprendre que nous sommes bien en présence d'un renversement de la vie politique traditionnelle en Haïti. Il n'y a pas si longtemps en effet, on considérait la question sociale comme relevant totalement de l'Église catholique (les confessions protestantes viennent en second lieu seulement, à cause du Concordat de 1860 entre l'État haïtien et le Vatican qui accorde à l'Église une série de privilèges, mais lui impose aussi certains devoirs par rapport à la masse des pauvres). Avec l'opération dite de *dechoukaj* en 1986, le peuple fait son irruption sur la scène publique et réclame sa participation à la chose politique. D'un seul coup en quelque sorte, la question sociale est devenue une question politique. Si le dictateur Duvalier concentrait en sa personne à la fois la loi et le pouvoir ou encore renvoyait au fantasme de l'unification du peuple à travers lui comme leader issu du peuple, le *dechoukaj* constituait une opération qui, en détruisant les symboles et les supporters de la dictature, ramenait le pouvoir et la loi au sein même du peuple. C'est ce que le religieux salésien, Jean-Bertrand Aristide, semble avoir, nettement et fort tôt, compris pendant que les hommes politiques s'attardaient dans une interprétation résolument traditionnelle du système social et politique haïtien. Dès l'annonce de sa candidature aux élections présidentielles, le peuple s'est levé comme un seul homme pour obtenir ses cartes d'inscription électorale. Je pouvais alors sans exagérer soutenir qu'Aristide a été un opérateur symbolique du passage de la société haïtienne d'un régime de faveur et de despotisme à un régime où tous les Haïtiens pouvaient enfin, après environ deux siècles d'indépendance, accéder à la citoyenneté. Avant, la masse des pauvres, paysans et habitants des bidonvilles (formant l'écrasante majorité de la population du pays) était objet de la sollicitude de l'Église catholique, des diverses dénominations religieuses et des organisations non gouvernementales. Maintenant, elle exige d'exister au regard de l'État. Une ère d'expression des droits non seulement fondamentaux, mais aussi sociaux est ouverte. Les revendications socio-économiques s'adressent dorénavant directement à l'État. Celui qui «se branche» directement sur les revendications sociales a toutes les chances d'obtenir les faveurs du peuple. Mais tel est précisément le grand leurre ou si l'on veut la tentation qui guette les hommes politiques. La démocratie comme telle n'a plus aucune pertinence dans la compétition pour le pouvoir, elle s'évanouit presque sous le discours de l'amour pour le peuple qui demande du travail et du pain, ou plus exactement à qui on ne prête plus que des demandes socio-économiques. Un tel processus s'apparente à celui que Hannah Arendt a décrit à propos du glissement de la Révolution française de la République à «la bonté naturelle du peuple» : «la Révolution, écrivait-elle, atteignit son moment décisif quand les Jacobins, dirigés par Robespierre, s'emparèrent du pouvoir, (…) parce qu'ils croyaient au Peuple plutôt qu'à la République» et «qu'ils faisaient plus confiance à la bonté naturelle d'une classe» «qu'aux institutions et constitutions[106]». Dans cette affaire, comme on pouvait s'y attendre, la terreur n'est plus trop loin, car il n'y a pas de lois qu'on puisse invoquer pour se protéger contre le moindre arbitraire : le peuple est toute la loi et par là même celui qui parle en son nom ou qui peut prétendre être en fusion avec lui dispose d'un pouvoir considérable sans limitation véritable. Mérite le qualificatif de démocrate celui qui sait se rapprocher du peuple ou pour faire vite de son leader. La politique dans ce contexte est alors de l'ordre du témoignage : on est près du peuple ou pour le peuple, ou bien l'on bascule du côté de l'ennemi qui, en l'occurrence, est le «macoute» ou le «putschiste». L'indispensable critique dont doit se nourrir toute démocratie fait place au silence et au chuchotement. Il n'y a plus que des fidèles ou des traîtres et entre les deux une masse de suspects.

Il se trouve cependant qu'il n'est pas très facile de répondre vraiment et tout de suite aux demandes socio-économiques qui proviennent de tous les secteurs, et d'abord des appareils de l'État.

Car l'État est le lieu où dorment toutes les richesses destinées au peuple. On prend le pouvoir essentiellement pour faire une meilleure distribution des richesses. On s'étonne de l'absence de plan rationnel de développement économique, des valses hésitations autour des projets de privatisation d'entre-crises publiques, de la

---

[106] *Essai sur la Révolution*, trad. Gallimard, 1967, p. 107.

part du pouvoir constitutionnel en place. À la vérité, il privilégie les pratiques qui consisteraient à donner à manger au peuple, en installant, par exemple, des cantines dans les écoles. Mais la misère ne cesse de croître, les prix des biens alimentaires de base ne cessent d'augmenter. La déception est alors sur toutes les lèvres. On dirait que le pays est porté à se précipiter de crise en crise, comme si un nouveau consensus se réalisait sur l'impuissance et l'incapacité du pouvoir à s'intéresser au développement. C'est qu'en définitive une pensée du social tourné vers la charité ou la compassion peut parfaitement être en opposition à l'idée de développement, de même que l'ellipse de la démocratie va de pair avec un rapport de séduction avec le peuple. On le saisira beaucoup mieux si l'on s'interroge sur la conception de l'État qui est sous-tendue par la passion pour le peuple.

La conception de la démocratie que nous croyons découvrir dans la tendance politique qui a accédé au pouvoir en Haïti consiste à suivre ou à déclarer suivre la pente du peuple et donc, de ce fait, à ignorer l'État et les médiations institutionnelles. On s'attendait, au moment de l'effondrement de l'État duvaliériste, à une progressive mise en place d'un État de droit, notion devenue courante non seulement dans la classe politique, mais aussi dans les couches populaires. Il ne semble pas, cependant, que le pouvoir constitutionnel d'Aristide-Préval ait bien pris la mesure de cette attente. L'État haïtien allait devenir, pour la première fois, une instance qui protège les droits de tous les citoyens sans exception (y compris par conséquent les masses de pauvres traditionnellement exclues ou marginalisées au point d'avoir été considérées comme un autre pays dans le pays) en même temps qu'elle est limitée par ces mêmes droits. Un tel État allait cesser d'être un pur et simple système de domination, c'est-à-dire un État de puissance ou Herrschaftstaat. Pour cela, il aura fallu commencer par établir un véritable appareil judiciaire et donner les signes d'une volonté de rétablir les valeurs juridiques dans la société, car on était jusqu'ici sous le règne de l'arbitraire.

La suppression de l'Armée en 1994, par suite de sa disqualification grâce aux forces d'intervention américaine et de la décision du président Aristide, a fait place à une police qui, pour la première fois, vise explicitement la protection de la population. Qu'elle soit encore inexperte, ce n'est point là un réel objet d'inquiétude. Le problème réside d'abord tout entier dans un système judiciaire jamais encore rénové et qui se donne pour la rigoureuse continuation de ce qu'on appelle en Haïti «l'ancien régime», parce qu'il demeure encore marqué par la corruption et l'incompétence. Du coup, l'insécurité est devenue plus forte, plus évidente même que jamais, alors que toute la lutte menée contre les militaires putschistes était fondée sur la revendication massive de sécurité que ceux-ci se refusaient à fournir en particulier aux quartiers populaires de la capitale et des grandes villes de province. Aujourd'hui, nul n'est à l'abri des délinquants, bandits, anciens «macoutes» ou militaires désœuvrés et appauvris. Le gouvernement s'est révélé impuissant à rétablir la justice, parce qu'elle n'est jamais apparue comme sa priorité. On peut dire que c'est bien l'impunité des criminels qui les encouragerait à reprendre ainsi du service. Si les pratiques de lynchage expéditives caractéristiques des moments chauds du *dechoukaj* énonçaient en creux la défaillance du système judiciaire, il est maintenant difficile, avec le retour de l'ordre constitutionnel de ne pas s'en remettre à la loi. Or tout se passe plutôt comme si les criminels étaient à l'avance excusés. En effet, il arrive qu'on entende dire que c'est la situation économique, comme par exemple le chômage, qui expliquerait la recrudescence de l'insécurité.

Le laxisme à l'œuvre face à la question du système judiciaire se retrouve également dans les services administratifs. Car s'il faut suivre le peuple sur sa pente, se rapprocher de lui jusqu'à se confondre (fantasmatiquement) avec lui, c'est qu'on n'a pas besoin d'État; instaurer un État de droit ne fait d'ailleurs pas assez révolutionnaire. On s'efforcera donc de maronner l'État, tout en étant au pouvoir. Cette perspective n'est point celle du «moindre État» que souhaitent certaines instances financières internationales comme le Fond monétaire international, elle est plutôt celle de «l'État faible» (Corten) qui tend vers zéro et qui ne cherche pas à mettre en valeur ce qui relève de l'intérêt public. Par exemple, l'école est à 85 % aux mains du privé et n'est pas prête à être soumise demain matin à une régulation étatique ; les moyens de communication comme le téléphone sont au plus bas niveau au cœur des pays de la Caraïbe et de l'Amérique centrale ; les routes sont pour la plupart en mauvais état et les transports en commun ne semblent pas être une source particulière d'inquiétude pour l'État pendant que les accidents qui font périodiquement 15 ou 20 morts d'un coup, quand ils ne font pas environ 300 morts comme dans le cas récent du naufrage du bateau appelé la Fierté gonaïvienne ; la santé, de son côté, est en toute rigueur un service depuis longtemps privatisé. Dans un tel contexte, on est surpris de découvrir que les revendications les plus virulentes portent sur la privatisation des entreprises publiques alors qu'on ne semble guère demander les services publics qui cruellement font défaut. On se sent à gauche quand on proteste contre toute privatisation des entreprises publiques. Or pour quelqu'un qui connaît l'origine de ces entreprises (elles étaient passées du privé au public sous le régime de Duvalier qui en avait besoin pour sa clientèle politique), leur mode de fonctionnement (certains postes à la compagnie téléphonique ou au service des Eaux sont très souvent déjà privatisés, puisqu'il faut offrir à l'employé une somme d'argent supplémentaire pour obtenir un service) et leur faible performance, il ne fait aucun doute que le débat politique ne saurait résider dans la maigre opposition entre privatisation et anti-privatisation. L'orientation populiste a l'art de déporter les problèmes réels sur des terrains piégés, ou plutôt d'apporter au peuple des problèmes qu'il peut facilement appréhender sur la base de simplifications rassurantes.

Imaginaire d'un État providence

L'inquiétant paradoxe que nous vivons en Haïti est ce caractère lacunaire de l'État auquel on ne cesse cependant d'adresser des doléances qui portent sur l'emploi (il appartient au gouvernement de nous donner de l'emploi et de quoi manger tous les jours), comme si était constamment hallucinée l'existence d'un État providence. Dans la petite bourgeoisie urbaine en particulier, on dirait que prévaut le principe « hors de l'État, point de salut ». En dernière instance, si l'on essaie de produire un bilan du processus démocratique, on ne saurait pavaner. Les tâches essentielles qui permettraient de fonder un État démocratique de droit et d'assurer sa longue durée ne sont pas entreprises ou en tout cas ont été négligées. On ne constate que des pratiques d'improvisation et une faible écoute de la part du pouvoir, des revendications qui viennent de tous les secteurs de la société haïtienne. Mon propos ici ne vise pas à esquisser une critique négative du processus démocratique, mais à tenter de comprendre ce processus en choisissant la voie de la lucidité. La quête de l'espoir ne me quitte pas, mais je ne la confonds pas avec un attachement à des illusions.

Il y a bien eu en Hatti un mouvement démocratique très fort avec des revendications axées sur le droit et la démocratie et qui ont su manifester une exceptionnelle patience dans les questions socio-économiques. Mais rien ne me laisse croire que la classe politique a été à la hauteur de la demande des couches populaires du pays (paysans et habitants des bidonvilles). Il s'est produit comme une dérive et une dérivation de ce combat. C'est face aux difficultés à réaliser effectivement les promesses d'ordre social ou même politique, qu'on se rabat sur une idéologie nationaliste à bon marché qui ramène sur le terrain de l'ennemi (le duvaliériste qu'on prétendait critiquer et évincer) : ce seraient «les Blancs», les Américains, la communauté internationale, bref les étrangers qui seraient tenus responsables de l'échec économique ou de l'absence ou de l'incroyable lenteur des réformes. Or, il est clair que la démocratisation entraîne la société dans une crise sans pareille de ses fondements, une crise dans sa manière de comprendre l'État, le développement, la place de la religion et des religions, les rapports sociaux et culturels en général. Assumer cette crise fait déjà partie du processus démocratique comme tel, car aucune société ne saurait s'installer du jour au lendemain dans un système démocratique, mais ce n'est pas là un argument qui autorise à renvoyer chaque fois à plus tard les stratégies nécessaires à l'instauration de la démocratie. La tendance populiste a été hégémonique depuis la chute de la dictature et n'est point portée à assumer la fondation des institutions démocratiques et donc à des reformes qui placeraient en avant des règles universalisables de fonctionnement dans l'administration et partiraient d'une hiérarchie des urgences. Une telle tendance ne saurait pas tenir compte des ruptures que la population doit opérer par rapport à ses représentations traditionnelles de l'État et du développement économique. Par exemple, la mise en place d'une justice procédurale qui requiert une nouvelle conception du temps, de la responsabilité individuelle, du régime de la vérité (en tant que celui-ci devrait être bâti sur l'argumentation et non sur le recours aux traditions de type religieux, qu'elles soient chrétiennes ou vodouisantes) doit être assortie d'une tâche d'explication de la part des pouvoirs publics ou, si l'on veut, d'une tâche d'éducation et pour cela le gouvernement dispose de divers canaux. Mais il ne devrait pas hésiter à aller à contre-courant des schémas dominants dans la société sur la justice : tantôt en effet, l'on adopte une interprétation sorcellaire pour les crimes de droit commun (le bandit est poussé au crime par une force extérieure à lui-même), ou tout simplement on s'enferme dans une vision cyclique du temps et l'on croit que le bourreau ou le meurtrier d'aujourd'hui sera la victime de demain. L'indifférence aux règles de droit et à la sanction des criminels à partir du recours à l'institution judiciaire a pour effet immédiat de laisser la population sans boussole et sans repères symboliques. Elle ne peut que perdre toute confiance en l'État de droit, sombrer dans la déception et déserter l'espace politique. De la sorte, c'est le religieux qui est bénéficiaire de cette crise que vivent ainsi les secteurs les plus démunis du pays. En effet, les mouvements religieux charismatiques, les confessions protestantes baptistes, évangélistes ou pentecôtistes envahissent le terrain et se constituent comme des petites républiques autonomes à défaut d'une véritable base républicaine du processus démocratique. À travers un sauve-qui-peut général, chacun essaie de trouver une solution à ses problèmes personnels, une tendance à faire de la mise en scène de soi la seule forme de vie qui vaille la peine de se développer dans cette dépression de l'État qui n'a su, face aux problèmes socio-économiques, que proposer des palliatifs et des solutions à court terme. Le développement ne saurait se produire de manière magique à coups de projets qui viseraient à donner à manger ou à coups de places offertes dans les appareils de l'État aux milliers de jeunes chômeurs, comme si l'État pouvait se confondre avec une institution de charité et apparaître aux yeux du peuple comme une instance religieuse ou une autre Église.

L'autre obstacle peu facile à contourner dans le processus démocratique consiste à faire de la démocratie une valeur essentiellement occidentale. C'est au fond cet obstacle que nous avons vu à l'œuvre quand nous évoquions plus haut la tendance à la dissolution de la démocratie dans le social. Ce n'est point, bien entendu, que celui-ci revête une importance secondaire, il semble plutôt qu'on ne peut vraiment apporter la moindre amélioration économique dans les conditions de vie de la majorité de la population, en l'absence de règles, d'un gouvernement des lois, d'une confiance dans les valeurs juridiques exprimant la reconnaissance réelle de l'égalité formelle entre les citoyens qui est l'attendu de tout le combat démocratique inauguré avec la chute de la dictature en 1986. Une orientation de ce combat vers l'idéologie nationaliste n'est jamais dans la réalité que l'expression de l'impuissance – de la part de la classe politique, surtout du groupe qui détient le pouvoir – à vivre la rupture avec l'ancien régime. Dans le cadre de ce qu'on appelle aujourd'hui la globalisation, les couches populaires démunies ne se gênent pas pour se faire « boat people » et aller n'importe où sur la planète en vue d'une vie décente et digne d'un être humain. C'est qu'elles ont encore une conscience aiguë de leurs droits et que ce qui les avait mis en mouvement en 1986 pour déraciner la dictature, mais aussi bien avant, depuis bientôt deux cents ans d'indépendance, est loin de s'éteindre en elles. En cherchant à comprendre sur la longue durée ce processus fait de bonds en avant et de reculs, il m'est possible de surmonter quelque peu toute tentation de pessimisme. Mais encore convient-il d'inscrire également le problème haïtien dans son rapport à ce qu'on appelle aujourd'hui « la communauté internationale ». Il apparaît encore – mais cela requiert un autre développement – que les maladies infantiles de la démocratie en Haïti sont probablement un microcosme de ce que ladite communauté internationale expérimente dans ses relations avec les pays pauvres. En effet, alors que le caractère universalisable de la démocratie est admis de plus en plus, on aperçoit l'édification de nouveaux murs, la bataille pour une nouvelle hégémonie des grandes puissances (dont notamment les États-Unis), mais on est loin encore d'un monde polycentrique, solidaire, cosmopolitique que Kant appelait de tous ses vœux pour assurer et préserver la domination du droit et de la démocratie dans le monde.

Chapitre 9

La loi, le populisme
et la dé-symbolisation du pouvoir[107*]

… Oscillant entre l'appétit caché ou voilé pour le pouvoir, et l'identification au peuple à travers une sorte de « kénose » qui par définition ne peut jamais être totale, l'intellectuel haïtien n'a pas de consistance propre, sauf s'il accepte de se conformer à l'image qu'on a déjà de lui dans la société. S'il se tait, il est coupable : on dirait qu'il dispose d'une vérité qu'il peut cacher en tout ou en partie au peuple. S'il parle, c'est obligatoirement pour conforter le pouvoir en place, le servir, l'aider dans son action au service de la nation. À quoi servirait-il d'avoir des idées qui ne seraient pas susceptibles d'être appliquées de suite ? Les souffrances et les misères du peuple sont telles qu'elles n'attendent pas et que l'intellectuel silencieux finit par paraître comme le modèle même de l'égoïsme. Mais si d'aventure il s'avisait de critiquer le pouvoir – ce qu'il ne peut faire que par convoitise, ou par jalousie –, il faudrait supposer qu'il est déjà lié à un autre parti politique qui lui sert de tremplin pour des objectifs politiques inavoués. Tout cet imaginaire tissé autour de la figure de l'intellectuel haïtien s'enracine bien dans une méprise sur la définition de l'intellectuel, et dont on devra trouver les racines dans la nouvelle vision du peuple ou de tout ce qu'on dit relever du populaire depuis la chute de la dictature de Duvalier en février 1986.

[107*] Ce chapitre reprend seulement des extraits de l'article publié dans *Chemins critiques*, vol. 5, n° 1, janvier 2001, sous le titre « La dé-symbolisation du pouvoir et ses effets meurtriers ». Voir nos analyses sur les rapports entre les intellectuels et la politique en Haïti dans notre ouvrage *Comprendre Haïti* (1987). Il y a eu de nouvelles perspectives dégagées sur le rôle des intellectuels depuis le siècle dernier par M. Winock (1999) et depuis l'actualité avec la revue Lignes, n° 32, 1997, Éd. Hazan, Paris.

Il y aurait une réelle impuissance à se lancer dans une entreprise de critique publique du gouvernement en place d'autant plus que, cette fois, le gouvernement a déjà acquis un label démocratique par le seul fait que ses représentants sont déclarés appartenir au secteur dit démocratique en lutte depuis la chute de la dictature en 1986. Devrions-nous parler de la prédominance des rapports interpersonnels dans le champ de la politique ? Sans doute et cela voudrait dire que la politique ne serait pas encore parvenue au stade de sphère autonome régie par ses règles propres et par des normes universalisantes. Mais nous pouvons déjà admettre que notre proximité avec les amis au pouvoir ne nous enjoint au silence que parce que tout d'abord nous sommes enclins à croire que nous risquons, en nous détachant d'eux, de nous distancer du peuple. Nous avons collaboré à leur accession au pouvoir par attachement au peuple qui en avait été traditionnellement exclu ; nous ne voyons plus comment nous pouvons ne pas nous retrouver dans le camp des tenants de conservateurs, de tendance pro-bourgeoise, pro-duvaliériste ou pro-putschiste, là où nous essayons d'exercer notre esprit critique. Dans tous les cas, il serait préférable de garder le silence. C'est là indiquer que la discussion publique du politique n'est pas chose admise dans un système où domine la croyance que le peuple détient tout savoir sur le social et sur le politique et partant tout pouvoir. Nous rencontrons ainsi l'une des formes du populisme. Mais ce qui nous inquiète ici, c'est qu'elle semble se confondre avec la démocratie, comme si donc être démocrate revenait à avoir le prurit de mettre le peuple à toutes les sauces, c'est-à-dire à faire de lui la mesure et la raison de tous les discours et de toutes les pratiques. Tout concourt à montrer que c'est cette situation nouvelle, inédite depuis 1986 en Haïti, qui prévaut et qui détermine l'ensemble de discours et pratiques politiques. Entre démocratie et populisme, il y aurait donc une connivence foncière (mais pas essentielle) qu'il convient d'éclairer et d'examiner.

Ne devrions-nous pas nous demander s'il ne s'est pas produit en Haïti une inversion totale du mouvement démocratique, comme si tout ce qu'on croyait d'une main rejeter avec le duvaliérisme était d'une autre main repris par « le peuple », devenu le nouveau despote auquel l'on est amené à se soumettre pieds et poings liés ? Auparavant, la dictature avait un visage bien précis, plutôt grimaçant, menaçant ou patibulaire : on savait ainsi comment le fuir, le marronner, ou ruser avec lui, car il y avait des repères et des forces identifiables un peu comme dans le vodou où des contrats sont autorisés même avec des « esprits » tenus pour cruels et malfaisants. Cette fois, le despote est sans visage, il s'est répandu partout, on ne peut savoir où et quand il décide de frapper et de se manifester. Une telle situation suscite une angoisse beaucoup plus profonde que celle qu'on éprouvait sous la dictature des Duvalier. Il n'y a pas de lois, de règles ni de normes que l'on puisse invoquer pour se protéger, il n'y a pas d'institutions sur lesquelles on puisse s'appuyer. Comment a-t-on pu en arriver là ? Cette question elle-même peut paraître superflue à plus d'un, car elle peut être attribuée uniquement au petit-bourgeois flottant à la dérive, par incapacité à faire le saut nécessaire pour rejoindre le peuple et se fondre en lui. Voilà pourquoi il n'est pas inutile de reprendre ici sur une base phénoménologique les formes insidieuses que prend le populisme en Haïti au cœur même de ce qu'on disait être le secteur démocratique. Nous tâcherons d'ouvrir ce débat en recourant à deux paramètres, le premier étant le phénomène de l'insécurité qui n'a jamais cessé de s'amplifier depuis 1994, c'est-à-dire depuis et malgré le retour à l'ordre constitutionnel avec le débarquement américain autorisé par l'ONU. Ce sont les réactions face à l'insécurité qui vont retenir notre attention, dans la mesure où elles nous paraissent riches en haute teneur de populisme. Le second est le processus de désintégration des institutions au fur et à mesure que se trouve mis en avant le principe anarchique du pouvoir comme pouvoir rabattu essentiellement sur le peuple.

Insécurité et terreur

Ce qui caractérisait le coup d'État militaire de septembre 1991, c'était avant tout l'instauration d'un régime d'insécurité et de terreur et non pas la simple rupture avec l'ordre constitutionnel. Certes, cette rupture rendait possible un ordre fondé sur la pure force. Mais ce qui n'a pas cessé de faire l'objet des revendications de toutes les couches sociales et de tous les groupes politiques qui soutenaient le principe du retour du président Aristide à ses fonctions en Haïti même, c'est la garantie du droit à la sécurité vis-à-vis duquel le gouvernement militaire manifestait la plus grande indifférence. Militaires, « attachés » et macoutes pouvaient librement entrer par effraction de nuit dans de nombreuses maisons, surtout dans les quartiers populaires, pillaient et violaient en toute impunité. Toute manifestation contre le putsch et contre l'insécurité était interdite ; ce fut le sauve-qui-peut général. Tous ceux qui pouvaient fuir le pays partaient pour l'étranger. Les militaires et leurs supporters ne reconnaissaient comme source des désordres et des dysfonctionnements des institutions que l'embargo décrété par les États-Unis et l'ONU contre Haïti, ce qui revenait à focaliser l'attention sur les problèmes économiques. La victoire sur les forces armées haïtiennes avait un contenu précis : le retour de la sécurité pour tous, à partir de quoi un nouveau démarrage du pays vers la démocratie et le développement pourrait être initié. Or l'on assistait avec stupeur à une recrudescence des crimes, la nuit comme en plein jour dans la plupart des quartiers de la capitale et sur certaines routes de province. On pouvait encore dans les premiers mois du retour à l'ordre constitutionnel mettre une sourdine aux critiques que méritait le gouvernement, en arguant de l'immaturité de la police (faiblesse des effectifs, insuffisance du temps de formation, etc.), de l'absence de moyens à la disposition du pouvoir, du non-désarmement des macoutes et des militaires. Mais qu'on puisse cinq ans après découvrir que dans tous les secteurs de la société et dans toutes les couches sociales sans exception des plaintes contre l'insécurité sont l'objet des conversations de la vie quotidienne, comme si aucun progrès n'avait été accompli en ce domaine, cela ne saurait être tenu pour un phénomène passager et banal. Il y a tout lieu de subodorer que nous sommes en présence d'un problème de fond qui renvoie à la nature même du pouvoir politique autant qu'à une situation d'ébranlement des bases de la société. C'est à ce titre que nous proposons un examen de la question de l'insécurité en rapport avec les conceptions dominantes de la politique en Haïti.

Nous n'avons pas l'intention de nous livrer à une étude détaillée au plan quantitatif de l'insécurité en Haïti. De nombreux rapports[108]

---

[108] Nous pensons en particulier au rapport d'Amnisty International de 1999 sur Haïti.

existent qui n'autorisent pas le doute sur la montée de l'insécurité. Ce qui nous inquiète le plus, c'est non seulement la régularité et la progression constante du phénomène, mais surtout la nature des crimes qui sont perpétrés. En effet, le viol paraît être presque un principe chaque fois que des bandits pénètrent dans une maison pour piller et voler ; dans d'autres cas non moins courants, il s'agit de tuer apparemment pour rien, alors que la victime consent à donner la clef de sa voiture et tout l'argent qu'il a dans ses poches ou dans son sac à main. Un autre aspect non moins insolite de l'insécurité est l'absence de réaction de la foule qui assiste à un acte d'agression en plein jour et pleine rue contre un individu totalement impuissant à se défendre. Tout se passe finalement comme si l'on se résignait à la quotidienneté et à la normalisation de l'insécurité. Chacun passe désormais son temps à mettre en œuvre une stratégie qui lui permette de protéger lui-même sa vie, car il n'y aurait pas d'État, pas de gouvernement préposé à une telle tâche. Quelque chose, un verrou peut-être, aurait sauté dans ce qu'on appelle le vivre-ensemble de la société haïtienne. Nous n'avons pas la prétention ni la possibilité de nous engager dans un véritable diagnostic d'une telle situation qui est apparue dans la vie quotidienne du pays. Certes, il y a déjà eu de longues périodes de terreur, mais cette terreur avait été le fait direct et évident du pouvoir établi, cette fois celui-ci déclare avoir les mains propres quand il ne s'enferme pas dans le plus grand mutisme. Nous nous bornerons à porter une interrogation qui puisse se situer au plus près des conditions qui ont rendu possible jusqu'au discours même de l'innocence du pouvoir.

J'ai tenté dans le chapitre intitulé « La compassion pour le peuple » de montrer que le pouvoir Lavalas prétendait donner la priorité au social, sur une base non point conservatrice, mais par volonté de faire œuvre révolutionnaire. Il faut encore approfondir cette perspective. Le problème posé ici n'a rien à voir avec la dénonciation d'une quelconque impuissance ou incapacité à venir à bout de l'insécurité ; il s'agit d'un phénomène bien plus inquiétant qui consiste à nier toute relation entre l'insécurité et la responsabilité du pouvoir en place. Celui-ci veut bien lutter contre l'insécurité, mais cette lutte procède d'une compassion pour le peuple, d'un penchant pour la solidarité avec le peuple dont il convient de se rapprocher le plus possible, car c'est la situation sociale de misère (le peuple a besoin d'avoir la paix dans le ventre, il a besoin de manger à sa faim) qui conduit à cette compassion. Nous serions donc en présence d'une recherche d'égalité (sociale) et non point d'abord de liberté. Sous ce rapport, accaparer (par voie légale, constitutionnelle ou révolutionnaire) les appareils de l'État, c'est chercher à les orienter au service du peuple. Aucune interrogation sur la nature de l'État haïtien n'apparaît ici, alors que de nombreux travaux publiés depuis une vingtaine d'années sur Haïti tendent presque toujours à prouver que les problèmes essentiels du pays s'enracinent dans un type d'État tantôt faible[109], tantôt quasi inexistant ou mis au service d'une minorité de privilégiés, ou encore préoccupé de laisser découvrir davantage ses fonctions répressives. Bref, s'il en est ainsi, il y a quelque paradoxe à prétendre lutter contre l'insécurité et à éviter une réflexion sur la nature de l'État. La protection et la défense des droits individuels fondamentaux font normalement partie des préoccupations premières d'un État (démocratique) de droit qui demeure borné par ces droits, comme l'a montré Blandine Kriegel[110]. Un simple saupoudrage administratif ou une simple décision de combattre l'insécurité laisserait encore intactes les structures de l'État, et ne prouve pas qu'on est prêt de rompre avec la vision d'un État indifférent à la problématique de la liberté. Dans une partie de la classe intellectuelle et surtout chez de nombreux partisans du pouvoir Lavalas, on raille les concepts de droit et de démocratie, car on se sent plus à gauche ou plus révolutionnaire quand on parle de lutte de classes, d'anti-néolibéralisme, d'anti-impérialisme. Positions empreintes de sincérité, qui mettent presque dans une sorte d'état de grâce par rapport au peuple, également par rapport à tous ceux qui s'attardent dans des bavardages sur les droits individuels, car ceux-ci lorgneraient inévitablement vers un certain libéralisme.

Si ce que nous venons de souligner est vrai, il est hautement probable que le populisme tel qu'il apparaît ici soit à l'amont et à l'aval

---

[109] Comme par exemple avec le travail d'André Corten (1989), voir aussi Mats Lundhal (1993).
[110] Cf. Blandine Kriegel (1998).

de la progression de l'insécurité en Haïti. Cette hypothèse peut être cependant facilement et à l'avance contestée. En effet, l'on observe tout d'abord que la police est portée à protéger essentiellement l'État plutôt que les citoyens, comme si l'État cherchait à travailler à sa propre reproduction. Les exemples ne manquent pas. Alors qu'il est interdit de circuler dans des véhicules à vitres teintées, une exception est faite pour tous les véhicules de la police, des autorités (ministres, directeurs, hauts fonctionnaires), comme si donc les agents du pouvoir n'étaient pas soumis aux mêmes lois que le citoyen ordinaire. Ce qui se passe d'ailleurs dans la circulation routière est assez édifiant : les véhicules de la police sans feu giratoire et ceux qui portent des plaques officielles fonctionnent comme des ambulances et ne se croient pas astreints aux règles de la circulation. Dans un même temps, des voitures sans plaque sont régulièrement aperçues dans les artères de la capitale, sans être inquiétées par les policiers. Dans cette affaire, on n'arrive plus à distinguer entre policiers et bandits, les deux fonctionnent avec des voitures sans plaque d'immatriculation et avec des vitres fumées[111]. C'est dire encore une fois que les policiers ne se croient pas astreints à suivre et à appliquer pour eux-mêmes les règles et les lois qui s'appliquent aux citoyens ordinaires. De même, les transports en commun surchargés ne sont pas inspectés et les accidents pouvant produire chaque fois dix ou vingt morts sont prévisibles et réguliers sans que l'État ne se sente concerné par l'insécurité routière. Comment expliquer en outre qu'aucune patrouille policière ne se trouve sur les grandes artères où généralement opèrent les bandits ? Il peut arriver en revanche que des policiers se mettent comme dans un excès de zèle à contrôler les véhicules qui circulent dans les allées d'un lotissement privé sans être appelés par quiconque, en déclarant disposer de tous les droits n'importe où et n'importe quand, partout où existent des «habitations», la propriété privée collective étant assimilée ou assimilable à un espace public. Cette confusion entre le privé et

---

[111] De même, les policiers refusent d'être identifiés ; ils circulent souvent en civil dans des voitures immatriculées «Police». Par ailleurs, ils croient qu'ils ne sont pas astreints aux lois de la circulation par le seul fait qu'ils sont policiers. À vrai dire, il en est ainsi de la présidence dans différents domaines, comme l'économie, le judiciaire, l'administration.

le public, symptomatique de l'indifférence à la problématique du droit, doit être rapportée à un type de pouvoir qui se donne comme un pouvoir absolu (*solutus legibus*, ou délié des lois) et qui donc ne porte aucun intérêt à un « monde commun » au sens de Hannah Arendt. Tout conspirerait ainsi à montrer que le populisme ne livre pas la clé du développement de l'insécurité. Mais justement ce qu'on a du mal à admettre c'est la compatibilité foncière qui existe entre les pouvoirs de type populiste et les dictatures[112].

Le président François Duvalier est connu pour avoir exercé l'une des dictatures les plus sauvages en Haïti en se prenant pour un leader messianique, en communion mystique avec le peuple à travers le vodou. Tout individu qui prétendrait douter de son pouvoir est censé trahir le peuple lui-même et peut perdre jusqu'à sa citoyenneté haïtienne. Le Tonton macoute, force parallèle et bras armé du pouvoir, est censé provenir du peuple et en même temps s'identifier au leader du peuple qu'est le président. La différence entre le régime duvaliériste et le régime Lavalas est en dernière instance très faible, en dépit de toutes les apparences. Les deux déclarent exercer leur pouvoir ou tirer leur légitimité directement à partir du peuple, sauf que dans le cas du duvaliérisme l'individu dispose d'un certain nombre de repères qui lui permettent de se doter de moyens de défense : il y a par exemple des chefs, un système hiérarchique, un monopole clairement défini de la violence. Dans le cas du régime Lavalas – et tel est le tragique de la situation politique actuelle en Haïti –, tous les repères viennent à disparaître, le pouvoir se démet de toute responsabilité, la violence se répand partout dans tous les interstices de la vie quotidienne, comme une fatalité, une

---

[112] Voir pour de plus amples informations sur le populisme (théories et pratiques) le numéro spécial de la revue Vingtième siècle (1997) sur les populismes, en particulier l'étude très fouillée de P.-A. Taguieff. M y a différents types de populisme, mais on peut leur reconnaître des caractéristiques communes : contenu idéologique minimal, appel au peuple auquel on identifie quelques organisations dites populaires, appui sur le ressentiment des couches pauvres contres les « gros » ou « les bourgeois » ou encore les partis politiques, absence de contradiction avec le culte de l'autorité ou du chef charismatique considéré comme porte-parole infaillible du peuple, utilisation de procédés de flatterie des « qualités » invraisemblables attribuées au « petit peuple » et surtout appel à l'émotion et à la haine contre « l'étranger » pris comme bouc émissaire. Taguieff souligne encore que le populisme « fait coexister une dimension protestataire avec une dimension manipulatoire », p. 14. On se reportera également à l'article de Michel Hector (1998) sur la tradition du populisme dans l'histoire politique et sociale d'Haïti.

donnée avec laquelle on semble devoir vivre. On dirait que la main de cette violence est invisible. Elle suscite d'ailleurs dans toutes les couches sociales – et il n'est pas inutile de le signaler – des réactions religieuses de grande intensité.

Il suffit d'entrer dans les églises aux tendances les plus diverses qui se multiplient dans tous les coins du pays pour entendre le même refrain, la même complainte sur une insécurité que seul Dieu serait capable de stopper : «*se Bondye sèl ki pou retire nou nan sa* ("Dieu seul peut nous délivrer")», ou encore «Jésus, l'unique solution». Les protestations passent même la plupart du temps dans les corps, comme on peut l'observer par exemple dans les nombreuses assemblées pentecôtistes et dans les réunions des groupes charismatiques qui se développent à l'intérieur des églises catholiques. C'est sans doute – en partie – à défaut de pouvoir trouver un destinataire réel, un dispositif d'accueil quelconque aux plaintes et aux revendications que ces mouvements religieux, où se réfugient et s'expriment les angoisses devant la montée aveugle de l'insécurité, prennent de l'ampleur partout à travers le pays. Si les formes mêmes que prend l'insécurité laissent sans parole, c'est qu'elles ont quelque chose d'inaccoutumé qu'il faut élucider, ou à tout le moins interroger.

Qu'est-ce qui explique par exemple que les tâches de prévention contre l'insécurité soient si peu repérables, si peu rendues publiques ? Qu'est-ce qui explique que les procès de bandits capturés soient si rares, qu'après cinq années de retour à l'ordre constitutionnel on n'a jamais fini de découvrir le caractère vermoulu et corrompu du système judiciaire ? Qu'est-ce qui explique également que le corps de la police semble fonctionner sur une base non hiérarchique, comme si l'État lui-même assumait de divorcer avec le principe du monopole légitime de la violence ?

À la vérité, le pouvoir ne pouvait trop longtemps dissimuler son mode de fonctionnement et remettre au «peuple» toute responsabilité. À méditer deux événements clés récents, nous pouvons éventuellement parvenir à cerner la signification de l'incessant recours au peuple que fait le mouvement populiste Lavalas aujourd'hui au pouvoir. Il s'agit tout d'abord de la décision de faire appel à des organisations dites «populaires» pour signifier aux députés et aux sénateurs de la République que leur mandat est terminé le 11 Janvier 1999[113]. Sans entrer ici dans la controverse autour de la Constitution et de la loi électorale, il nous importe de signaler que le peuple est ici utilisé sous les espèces des organisations dites populaires comme force de frappe par le pouvoir en place. Ce serait donc les organisations «populaires» qui auraient décidé en dernière instance de la fin du mandat des députés et les auraient délégitimés. L'impopularité du Parlement aurait été ainsi avérée. Or il a bien fallu que le peuple ait été convoqué pour s'engager dans une telle tâche de *dechoukaj* contre des parlementaires soucieux de faire «illégitimement» de vieux os dans les deux chambres. Ce qui ici est donné pour une action spontanée est en fait le résultat d'une stratégie bien planifiée qui consiste à dissimuler son pouvoir derrière le recours au peuple et à faire taire toute interrogation sur le caractère constitutionnel ou non de la fin du mandat des parlementaires. Ce n'est pas le principe pascalien de la force au service de la loi, il s'agit de mettre en mouvement la force qui tient lieu véritablement de loi, à savoir le peuple lui-même. Dans le différend qui l'oppose aux parlementaires, l'exécutif s'arrange pour les placer non face à lui-même, mais face aux organisations «populaires»; il y aurait identité de vue entre celles-ci et l'exécutif. Mais pourquoi ne pas se contenter de la force de police pour contraindre les parlementaires à vider les lieux? C'est que les organisations populaires ont préséance sur toute institution, pour prouver qu'on n'est plus en dictature : le «peuple» est tout, l'exécutif n'est rien.

… Les arguments employés pour justifier l'interruption d'une manifestation contre l'insécurité ne peuvent que susciter l'inquiétude. Organisée à l'initiative du secteur privé à cause de la pusillanimité des partis politiques, cette manifestation[114] faisait automatiquement

---

[113] La date donnée pour la fin du mandat des députés et sénateurs par la Constitution devait en principe primer sur celle de la loi électorale, dès lors qu'il y a conflit.

[114] En portant un jugement négatif sur la manifestation (stoppée par le gouvernement) du 28 mai 1999, on ouvrait la voie encore plus grande à l'insécurité, puisqu'on ne se rend pas compte que

l'objet de tous les soupçons. La domination de l'idéologie populiste aidant, il n'était pas difficile de faire accroire que des bourgeois, mulâtres de surcroît et entrepreneurs n'ont pas droit à manifester à cause même de leur statut, autrement dit des bourgeois ne peuvent pas prétendre être des citoyens à part entière, ils ne sont pas le peuple, ils n'en font pas partie. Tout se passait auparavant comme si, le peuple ayant été totalement exclu de la scène politique – il en avait été ainsi de manière assez explicite pendant les trois ans du putsch militaire de 1991 à 1993 –, un renversement à 180° s'est opéré cette fois en faisant de ceux qui ne sont pas immédiatement identifiables comme bourgeois ou mulâtres les représentants réels de la nation.

... La vision du politique qui prévaut ici n'est rien d'autre en effet que celle du politologue allemand Cari Schmitt[115] dont les positions théoriques exprimées un peu avant l'établissement du IIIe Reich ont largement profité à Hitler : il faut, écrivait-il, diviser la société en amis et ennemis si l'on veut fonder un ordre politique, tout doit être ordonné autour de cette opposition, mais à partir de là importe le pouvoir et sa consolidation par tous les moyens, la démocratie n'étant définitivement plus à l'horizon. Faire de la politique consiste à produire, débusquer et terrasser l'ennemi. Le risque d'être un ennemi est maximal dès qu'on lève le plus petit doigt pour exprimer une critique, une protestation, un désaccord ou une mésentente. Un régime démocratique présuppose que chacun puisse librement exprimer sa conception du bien public et que la vie politique soit faite de la confrontation sur une base argumentative des diverses conceptions du bien public, car nul n'est censé posséder une fois pour toutes la juste ligne ou la vérité sur le bien public.

Retenons déjà que les difficultés rencontrées à la fois pour protester contre l'insécurité et pour ouvrir un débat public sur ce

---

n'importe qui – de toutes les couches sociales – peut être victime de l'insécurité. Depuis cette date, aucune manifestation contre l'insécurité n'a effectivement vu le jour dans la capitale du pays.

[115] Cf. Carl Schmitt, Théologie politique (1922, tr. Schlegel, 1985, Gallimard). Voir aussi la critique de ses théories politiques proposée par Blandine Kriegel (1998, pp.98 sq.).

thème rentrent dans une économie politique qui revient à placer le pouvoir hors d'atteinte de la critique et de l'imputation de responsabilité. Il y a insécurité, pourrait-on dire, comme il fait chaud ou comme il fait froid. On prétend toutefois la combattre, sans qu'on puisse s'interroger publiquement sur ses sources.

Mais à partir du moment où les organisations populaires servent de force de frappe contre les manifestations d'éventuels opposants au gouvernement ou pour exécuter ses décisions comme dans le cas du différend avec les parlementaires, il n'y a pas de doute que le pays s'enfonce ainsi davantage dans une anarchie qui aboutira, non seulement à la liquidation du mouvement démocratique instauré en 1986 avec la chute de la dictature duvaliériste, mais à la désintégration des institutions. C'est ce deuxième aspect du pouvoir qui nous fera mieux approcher sa nature véritable.

Anarchie et populisme

La pente vers l'anarchie du régime Lavalas fait souvent l'objet de nombreux commentaires dans le cadre de réunions de salon ou de rencontres entre amis ; il s'agit une nouvelle fois de chuchotements et non de discussion publique. Dans les quotidiens, certains journalistes signalent souvent des pratiques de l'État qui relèvent d'une nette tendance à l'anarchie. Mais nous disposons rarement d'une analyse qui puisse inviter à débattre du phénomène. Nous indiquons pour le moment deux textes, émanant l'un d'un collectif de citoyens, l'autre de Marc Maesschalck et Jean-Claude Jean. Le premier tente, sur la base d'un recours constant à la Constitution (de 1987), de souligner les conséquences à moyen et long terme du vide institutionnel dans lequel évolue l'actuel exécutif avec la dissolution du Parlement le 11 Janvier 1999 et celle des mairies et des conseils d'administration des sections communales, avec également un Premier ministre ratifié, mais sans politique générale. Le texte impute sans ambiguïté la responsabilité de ce vide institutionnel au président de la République qui fonctionne dorénavant sans contrôle et par conséquent de manière dictatoriale, étant entendu que le fait d'être dictateur ne relève pas de la subjectivité, de l'intention ou du désir de l'être : il suffit de disposer de pouvoirs incontrôlés, de pouvoir décider des biens publics sans avoir à en rendre compte à quiconque. Parmi les conséquences du vide institutionnel, le collectif insiste sur « l'effondrement de l'État,... la liquidation des principales institutions du pays et des valeurs positives traditionnelles[116] » (p. 7). Un véritable souci démocratique aurait dû pousser la présidence à éviter coûte que coûte ce que la Constitution elle-même a prévu, à savoir « la préséance du législatif », comme « un impératif absolu » et comme « clé de voûte du système étatique[117] » (p. 3). [Les fruits de l'illégalité sont amers. Ce que tout Haïtien devrait savoir sur la crise. Par un collectif de citoyens.] Mais la gravité de la crise va se laisser découvrir dans le recours aux organisations populaires pour stopper le fonctionnement du Parlement.

Le collectif de citoyens que nous venons seulement de citer n'a pas eu la prétention de produire une analyse théorique qui devait aboutir à faire saisir la nature du pouvoir actuel, mais il a su, avec le maximum de précision, décrire le processus dangereux d'effondrement de l'État et du lien social ; en cela, il nous dispense de nous appesantir sur les coordonnées de la crise politique que traverse le pays depuis près de trois ans. Nous essayons seulement de comprendre les fondements du mode de fonctionnement du pouvoir exécutif lavalassien représenté à la fois par le président Préval et par Aristide, depuis le retour à l'ordre constitutionnel. Il y aurait, selon nous, à la base de ce que le collectif de citoyens appelle « l'effondrement de l'État » une conception politique qui renvoie au populisme comme ce qui seul peut nous donner la clé de lecture de l'ensemble des pratiques du pouvoir lavalassien. Le paramètre de l'insécurité que nous avons choisi comme première invitation à la réflexion nous a permis de comprendre jusqu'à quel point le

---

[116] Cf. M. Maesschalck et Jean-Claude Jean, p. 7.

[117] *Ibid.*, p.3.

régime se déresponsabilise par rapport à la demande de sécurité qui correspond cependant à l'un des premiers principes d'un État démocratique de droit. C'est pour cela que nous pensons que le problème de l'insécurité est un problème structurel et non accidentel, puisqu'il nous renseigne sur la nature du régime, ou plus exactement sur son caractère populiste.

On peut aller plus loin dans cette analyse, ainsi que nous y invitent Marc Maesschalck et Jean-Claude Jean, en proposant une critique, sans concession, du mouvement politique Lavalas tel qu'il s'est développé depuis une dizaine d'années. Il vaut la peine de reprendre ici quelques-uns des points essentiels de cette critique. Pour ces auteurs, le pouvoir Lavalas est d'abord un pouvoir essentiellement autoritaire qui reprend à son compte les mêmes armes et les mêmes mécanismes que le pouvoir duvaliériste dont il favorise finalement la reproduction. La chute de Duvalier aurait laissé un espace « à prendre » comme « chance », en sorte que rien n'aurait fondamentalement changé avec le pouvoir Lavalas qui peut se définir comme « une recomposition populiste de la classe dirigeante totalitaire[118] ». Sur cette base, l'ouvrage démontre avec une très grande rigueur que, contrairement à toutes les apparences, le pouvoir Lavalas contribue à une « mise hors jeu » de la population dans tous les domaines de la vie sociale, culturelle, juridique et politique, après avoir utilisé les frustrations de toutes les couches sociales du pays qui se sont battues pour sortir de la dictature et de la misère. Comment cette entreprise de « mystification » a-t-elle pu si bien fonctionner ? Il a fallu pour cela, expliquent les auteurs, que soit mise en œuvre une tâche systématique de manipulation des diverses contradictions qui traversent les rapports sociaux en Haïti, que le gouvernement se donne donc à voir comme la propre opposition à lui-même, déclarer par exemple travailler dans la perspective de la justice pendant qu'il protège les criminels ou feint de recourir à des enquêtes dont nul ne connaît jamais les résultats ; ou encore qu'il prétend refuser les privatisations d'entreprises publiques, pendant qu'il privatise sans principes, par coups fourrés et avec sa propre

---

[118] *Ibid.*, p. 152.

oligarchie. D'un autre côté, la personnalité d'Aristide comme leader charismatique est devenue tout le mouvement Lavalas à elle seule, dans la mesure où toute politique revient à chercher l'adhésion au leader, représentant envoyé par le ciel aux masses pauvres du pays. Avec lui, c'est « un nouvel espace politique totalitaire[119] » qui est mis en place et qui ne peut que mettre fin à tout débat politique et rend impossible le fonctionnement d'un pluralisme politique. L'incapacité de gouverner le pays est masquée par un recours verbal permanent au « peuple », dans la mesure même où celui-ci est rigoureusement exclu du pouvoir. Il lui suffit de se mirer fantasmatiquement dans son leader charismatique, qui lui renvoie son double dans lequel il se perd et se rend prisonnier (p. 160). Je ne peux malheureusement pas rendre compte ici de tous les éléments développés dans cet ouvrage, il m'a semblé que pour l'essentiel cette critique rencontre tout à fait le point de vue que je défends concernant la forme de populisme qui se déploie en Haïti avec le gouvernement Lavalas. Comme bénéfice de cette critique, nous retenons déjà que le pouvoir Lavalas demeure bien un pouvoir autoritaire et un mode d'éloignement du peuple de toutes les scènes de décision concernant l'intérêt public. En revanche, les auteurs donnent malheureusement l'impression de développer leurs analyses à partir d'un point de vue qui semble provenir de Syrius. En effet, on voit difficilement comment on pouvait ne pas défendre le principe du retour d'Aristide à la fonction de président en Haïti, contre le coup d'État de septembre 1991. Ce n'est pas être aveugle au risque d'une nouvelle dictature portée sous les ailes de l'anarcho-populisme que de réclamer le retour à l'ordre constitutionnel. On est autorisé à se demander si nos auteurs de l'Essai sur la transition politique ne se félicitent pas d'avoir eu, quant à eux, les mains toujours propres pour n'avoir jamais fait qu'analyser la situation politique. Il n'était pas difficile de savoir que des difficultés insurmontables surgiraient dans les domaines de l'économie et de l'administration avec l'accession d'Aristide au pouvoir. Mais était-il possible d'imaginer que le processus de

---

[119] *Ibid.*, p. 160.

démocratisation allait suivre une telle dérive avec lui[120]? Et quand bien même on pouvait l'imaginer, devait-on faire chorus avec les défenseurs du coup d'État?

Je voudrais cependant, en prolongeant les éléments de critique acceptables de l'ouvrage de Maesschalck et de Jean, préciser que l'anarchie est l'accompagnement nécessaire de cette forme de gouvernement à cause même et au travers de ses prétentions à parler et à agir au nom du peuple.

L'anarchie n'est pas simplement un effet de l'incompétence du pouvoir lavalassien à diriger le pays, car alors il suffirait avec un peu de bonne foi d'introduire un peu de formation continue dans les appareils administratifs, un peu de technocratisme pour corriger et changer peu à peu, presque à l'insu du pouvoir le mode de gouverner. Ce serait là encore se méprendre sur la nature du gouvernement lavalassien. L'anarchie est bien le résultat d'un calcul politique qui vise à donner le change sur les pratiques du gouvernement, c'est-à-dire à brouiller toutes les pistes de responsabilité. À partir du moment où l'allégeance au leader charismatique devient déterminante pour l'obtention d'un poste dans les rouages des appareils administratifs, toutes les vannes sont ouvertes pour le culte du petit chef, un peu mutatis mutandis comme au beau temps du macoutisme. Cette fois, nulle hiérarchie n'apparaît; pour être du bon côté, il suffit de s'autoproclamer du peuple ou vrai lavalassien. L'anarchie devra servir à offrir l'impression que le gouvernement choisit la voie du laisser-aller (au peuple), pendant que les affaires publiques deviennent des affaires privées traitées comme dans les secrets d'alcôve d'amis vivant en groupie.

Pour qu'une telle situation soit rendue possible, il a fallu que le gouvernement lavalassien prenne de la distance vis-à-vis des institutions, en particulier vis-à-vis du Parlement. On aurait tort considérer la longue crise politique survenue depuis les élections contestées d'avril 1997, comme un effet du hasard. Il s'agit bien plutôt d'un renforcement explicite du caractère caché des mécanismes

---

[120] Claude Lefort (1998), p. 265.

du pouvoir. Le Parlement n'existant pas, il n'y a plus que des chuchotements et des supputations sur telle ou telle décision, aucune question véritable ne peut être légitimement posée au pouvoir et le chemin est ouvert pour laisser libre cours à l'imaginaire populaire, plus exactement pour le porter à suivre sa pente qui est le recours au magico-religieux afin d'expliquer la faillite économique du pays, l'insécurité devenue la condition normale de la vie quotidienne en Haïti et le désordre dans les appareils administratifs, c'est-à-dire le désespoir vis-à-vis d'un quelconque changement de la situation sociale et politique. Les lieux où l'anarchie est signalée en Haïti sont tous des lieux vitaux pour la vie quotidienne ordinaire : prenons le cas de la compagnie de téléphone (Teleco) qui est une entreprise publique, les pannes téléphoniques dans des institutions universitaires ou dans des usines ou encore dans des services administratifs, autant que dans les maisons privées sont courantes et il n'est guère possible de revendiquer, encore moins de trouver un destinataire aux revendications.

Dans tous les secteurs et dans toutes les couches sociales, on entend monter les plaintes avec un sentiment d'impuissance et de résignation comme s'il s'agissait d'un fait naturel semblable au beau temps et à la pluie. Il n'y a ni responsable ni coupable : le mode de fonctionnement de la Teleco est devenu paradigmatique du contexte général d'anarchie dans lequel on vit en Haïti. On peut voir des groupes d'individus accaparer librement des terrains dont les propriétaires disposent de titres de propriété dûment vérifiés dans les tribunaux, sans pouvoir faire appliquer la loi pour la restitution de ces terrains. Broutille encore que cette insécurité de la propriété. Des organisations dites populaires peuvent d'un moment à l'autre, d'un jour à l'autre, se lancer dans des revendications comme des demandes d'emploi ou des demandes de révocation de tel ou tel directeur de service public, en barrant les routes, en incendiant des voitures ou en leur lançant des jets de pierres, ou encore en faisant brûler des pneus. Ce qui se passe ainsi dans la compagnie téléphonique – d'ailleurs en plein processus de privatisation et de dépeçage dans l'obscurité la plus épaisse – est congruent quelque peu au phénomène de l'impunité des criminels : un individu peut être maintenu en prison alors que le juge ordonne de le relâcher ; un autre peut être relâché alors que le juge ordonne sa détention. Bref, on dirait que tout est possible dans ce système. Le principe de l'anarchie semble tellement aller de soi qu'on a fini par lancer ce dicton devenu célèbre à travers le pays *jan-l pase l-pase* : qui signifie que tout peut arriver et tous les moyens sont bons, ou que tous les coups sont permis et on n'a à se soumettre à aucune règle, aucune norme. Ce dicton, expression claire de l'anarchie régnante, semble donner au peuple à rire de lui-même. Mais d'un rire jaune, qui cache plutôt mal la détresse, le désenchantement et le désespoir vis-à-vis d'un pouvoir qu'il croit avoir contribué lui-même à créer.

La dé-symbolisation du pouvoir et ses effets

Sans avoir encore une fois la prétention de comprendre tous les mécanismes de fonctionnement du pouvoir lavalassien depuis le retour d'Aristide en Haïti en 1994 et surtout depuis l'accession de René Préval (son frère jumeau en politique) à la présidence, je suggère de prendre pour boussole le texte fondamental de réflexion sur la singularité de la démocratie de Claude Lefort dans ses *Essais sur le politique*. « De tous les régimes que nous connaissons, écrit-il, elle [la démocratie moderne] est le seul dans lequel soit aménagée une représentation du pouvoir qui atteste qu'il est un lieu vide, qui maintienne ainsi l'écart du symbolique et du réel[121] » (p. 265). Dire que le pouvoir est un lieu vide, c'est indiquer qu'il ne saurait appartenir à personne et que celui qui l'occupe ne peut être que provisoirement à cette place. Mais pour cela, il doit le montrer dans son mode même de gouverner. Entre lui et ce lieu vide (du pouvoir), il y a l'écart symbolique qui fait qu'à aucun moment un président ne peut s'identifier à la fonction qu'il occupe, autrement dit, il n'y a aucun lien essentiel entre sa personne et cette fonction. Cette division entre soi-même et la fonction renvoie finalement à celle qui est la

---

[121] *Ibid.*

marque de la société comme telle, dans la mesure où celle-ci n'existe réellement qu'à travers la pluralité et la diversité des intérêts et donc dans le conflit permanent qu'exprimeront les partis politiques. En somme, la teneur symbolique du pouvoir a une double vertu : tout d'abord celle d'appeler toute la société à un « vivre-ensemble » non pas malgré les conflits, mais à travers même les conflits, à cet égard il n'y aura pas de société sans espace public comme lieu de manifestation et de libre discussion autour de ce qui peut être reconnu comme bien commun ; ensuite celle de donner à voir le président d'un pays (ou éventuellement le Premier ministre) comme quelqu'un constamment convié à rendre compte, à fonctionner comme un individu en transit dans cette fonction, dans ce lieu vide qu'est le pouvoir et qui « n'appartient à personne[122] », comme Claude Lefort le souligne et le précise. Si l'on prend au sérieux cette perspective, l'on devra convenir qu'elle est incompatible avec la conception qu'un leader charismatique a du pouvoir en règle générale.

Se faire passer pour le centre réel du pouvoir, pour l'incarnation des aspirations du peuple, celui-ci étant conduit peu à peu à remettre en lui son destin, c'est en effet induire l'idée d'une société non divisée, et non soumise au principe du débat sur la base du recours à des arguments fondés rationnellement. Le leader charismatique tiendrait son pouvoir d'un ailleurs, assimilable soit aux dieux, soit à la société alors conçue comme une substance. Telle est – et il n'est plus guère besoin d'en faire la démonstration – l'image qu'Aristide a imposée lui-même à travers ses discours et ses écrits. Entre Dieu, le peuple et lui, il y aurait osmose totale ; quand le leader parle, c'est la parole du peuple lui-même qui le traverse, car il s'était mis à son écoute en écoutant la parole de Dieu. Sur cette base, dès qu'il perd le pouvoir, le peuple le perd. Situation tragique, s'il en est. Il faudra donc tout faire pour reconquérir le pouvoir qui apparaît comme un droit, un attribut même. On doit maintenant comprendre comment une telle conception d'un pouvoir de droit divin, parce que du

---

[122] *Ibid.*, p. 265.

peuple, ne connaît que l'opposition amis/ennemis et ne saurait tolérer de contradicteurs. L'état de guerre est ce qui convient à une telle conception du politique qui, en dernière instance, est une régression par rapport aux luttes pour le droit et la démocratie entreprises dans toutes les couches sociales depuis la chute de la dictature en 1986. N'a-t-on pas l'impression qu'il y aurait identité de vue entre le duvaliérisme et la perspective politique du leader charismatique, Jean-Bertrand Aristide ?

Là où François Duvalier recourait aux dieux du vodou pour s'identifier à « l'âme » du peuple, Aristide déclare être la voix de Dieu qui se fait entendre par les rumeurs du peuple. Le pouvoir qui vient de Dieu, c'est-à-dire d'un ailleurs, ne tolère qu'avec peine la critique ; de surcroît, il n'a pas de conseillers, il n'a que des thuriféraires. Le refus de la critique signifie le refus de la contradiction. Concrètement, pour me sentir réellement président de la République, je ne dois pas avoir de comptes à rendre[123]. Le rejet ou la peur du Parlement s'enracine dans ce sentiment de plein pouvoir qui s'avance toujours masqué sous le manteau du recours direct au peuple sous les espèces des organisations populaires. Il faut ici lever un autre malentendu : que reprochait-on à Duvalier ? Ce n'était pas de porter sans plus le nom de dictateur, mais celui de n'avoir de comptes à rendre à personne, de disposer des biens de l'État librement, non pas nécessairement pour s'enrichir personnellement, mais pour en faire cadeau à qui il voulait, de disposer également du pouvoir d'emprisonner ou de libérer qui il veut. Cette vision du pouvoir présidentiel est celle d'un pouvoir absolutiste – il ne faut pas avoir peur du mot absolutiste, car il veut simplement dire solutus legibus ou « délié des lois ». Vision donc de monarque au-dessus des lois qu'en dernière instance beaucoup d'Haïtiens peuvent prendre pour naturelle, tant l'éducation à la démocratie est une faible préoccupation du pouvoir, ce qui est presque une tautologie dans notre cas. Cependant, dans un contexte de demande tous azimuts de démocratie, il est difficile d'échapper au

---

[123] Pierre Bourdieu (1997), p. 270.

soupçon de violer les principes de la démocratie. On fera donc chorus avec les revendications de démocratie : on lancera par exemple des spots publicitaires sur la démocratie, comme si celle-ci était comparable à une marque de savon ou d'automobile. On ne saurait mieux éviter le débat contradictoire et la pratique argumentative.

Ne pourrait-on dire finalement que les formes d'exercice actuelles du pouvoir en Haïti sont congruentes à la mentalité de la population, toutes couches sociales confondues, au niveau général de l'éducation dans le pays et que par conséquent le pouvoir ne fait que s'adapter aux réalités haïtiennes ? Tel était justement le point de vue du duvaliérisme et – à certains moments – celui de ce que l'on appelle la communauté internationale. La dictature nous va bien comme un gant, elle est notre seconde nature : le palais présidentiel n'a pas l'habitude de rendre des comptes à quiconque, ainsi par exemple la tradition veut que le Parlement soit au service de la présidence ; il n'y donc plus qu'à se résigner et à se soumettre.

Ce recours à la tradition comme à la théorie des pesanteurs sociologiques et culturelles, c'est-à-dire à ce qu'on juge être le mode d'exercice normal du pouvoir en Haïti permet d'évacuer le principe de responsabilité en politique : l'insécurité régnante devient, comme nous l'avons dit plus haut, un fait naturel ; la dégradation des institutions ou plus exactement l'absence totale de rationalisation bureaucratique dans les services administratifs, passe pour être l'une des caractéristiques de la société haïtienne. Toutes les revendications qui pourraient être adressées aux services de l'État viennent se briser contre ces préjugés dont le pouvoir a l'habitude de s'entourer pour se mettre à l'abri de la critique.

Il y a encore pour le pouvoir une autre source, plus insidieuse, d'esquive de toute responsabilité, ce sont les facteurs externes. Ainsi par exemple le processus de mondialisation, qui s'avance de manière chaotique et renforce l'hégémonie des grandes puissances impérialistes comme les États-Unis, a comme effet d'accélérer l'effondrement des États déjà faibles. Plus ils subissent la pression de l'exigence de privatisation dans tous les secteurs, plus les perspectives de bien commun ou d'intérêt public disparaissent de l'horizon des pouvoirs. De surcroît, le narcotrafic qui se développe à la faveur même de la mondialisation parvient à parasiter avec aisance tous les rouages de l'État et les entreprises bancaires. Sur cette base, tous les troubles, désordres et dysfonctionnements dans le système étatique sont censés être des effets de la mondialisation, or comme celle-ci est considérée comme inéluctable, ses effets sont rapidement naturalisés. Tous les maux du pays (misère, pauvreté, insécurité, exploitation sociale, etc.) deviennent des malheurs. Ce mouvement par lequel le pouvoir se déresponsabilise, rencontre, il est vrai, une propension de l'Haïtien moyen (au sens sociologique) à renvoyer toute culpabilité sur autrui et de proche en proche sur un agent externe à l'humain (les dieux vodou, Dieu le grand maître, Satan, la nature, etc.), mais par là même, c'est cette propension elle-même qui est mise à l'abri de toute critique, et dans la foulée, le pouvoir place les gouvernés dans l'impossibilité de mettre en question sa légitimité et même de percevoir le rapport qui existe entre ses pratiques et l'état du monde social.

Aujourd'hui certains intellectuels semblent avoir un tel sentiment de désespoir vis-à-vis de la démocratie en Haïti qu'ils n'acceptent même pas qu'on puisse parler de transition démocratique à propos d'Haïti des années 1980 à nos jours. Le pays passerait tout simplement d'un pouvoir politique à un autre, la notion de démocratie renvoyant à une mystification entretenue par certains penseurs ou idéologues. Que signifieraient donc ces revendications tous azimuts qui ont poussé dans tous les coins du pays et dans tous les secteurs ? L'absence de réponse à cette question est en fait une manière de garder à l'horizon, loin de toute contamination par le mensonge, une attente eschatologique de l'instauration de l'ordre social et politique enfin juste. Pour nous il y a eu dérive du processus démocratique vers la construction d'un pouvoir absolu de type messianique qui reconduit la papadocratie rejetée par le mouvement populaire en février 1986.

Un pouvoir absolu dissimulé derrière le recours aux organisations populaires

En dernière instance, la grande réussite du gouvernement de Préval n'est rien d'autre que la dissimulation du pouvoir absolu qu'il a su exercer en persistant à se faire passer pour démocrate du moins aux yeux d'un certain nombre d'intellectuels. Tout d'abord, rappelons-le, il donne l'impression qu'il n'est assujetti à aucune règle ni à aucun principe dans les décisions qu'il prend au niveau national. Aujourd'hui, il intervient dans les caisses de l'État pour demander d'acheter une vingtaine (mais il se pourrait que ce soit 40 ou 50, sans que cela revête la moindre importance) de voitures de luxe pour des directeurs de bureaux ou des services administratifs, en dehors de tout contrôle par quiconque, sans que cela corresponde à un plan ou à une stratégie de modernisation ou de développement. De même, il ne se préoccupe pas de savoir s'il est normal qu'il puisse nommer lui-même six membres du Conseil électoral provisoire (alors qu'une telle pratique va contre l'esprit et la lettre de la Constitution) et qu'il intervienne dans toutes les décisions importantes de ce Conseil. Ainsi par exemple, il diffère lui-même par trois fois les dates prévues par le. Conseil électoral pour les élections législatives, laissant dans l'incertitude les partis politiques de l'opposition et l'électorat. Ne serait-ce pas là une manière de montrer et de démontrer que son régime n'est pas aussi laxiste qu'il paraît? Il décrète et proclame les échéances, organise le temps pour tous les autres. Il ne va pas de soi qu'on puisse déchiffrer avec sûreté une telle stratégie d'exercice du pouvoir. Il s'agit de placer tous les adversaires (ou plutôt les ennemis) dans une condition où ils ne peuvent rien prévoir et donc où ils ne peuvent pas à leur tour élaborer de stratégie. «Le pouvoir absolu, écrit justement Bourdieu dans ses Méditations pascaliennes, est le pouvoir de se rendre imprévisible et d'interdire aux autres toute anticipation raisonnable, de les installer dans l'incertitude absolue en ne donnant aucune prise à leur capacité de prévoir» (p. 270). «Mortelle incertitude», tel est le titre que Jean-Claude Bajeux a donné de manière quasi prophétique à un article écrit récemment, soit peu de temps avant l'assassinat du célèbre journaliste et propriétaire de radio de la capitale, Jean Dominique, le 3 avril 2000. Il y a donc bien paradoxalement une prévision qu'on peut raisonnablement faire, mais c'est celle de la violence et/ou de la mort que porte un tel pouvoir sous ses ailes.

La reconnaissance de la fonction symbolique du pouvoir présuppose une débanalisation de la fonction présidentielle ; or dans la plupart de ses interventions publiques, l'actuel président s'évertue à adopter une posture d'individu parmi les autres dont la responsabilité se situe au même niveau que le simple citoyen. En évitant, par exemple, de faire des conférences de presse, de faire des appels officiels à la nation (il préfère les déclarations à la sauvette lors de voyages pour l'étranger), de passer en revue les forces de police, de lui donner des consignes strictes, (comme chef de l'exécutif, on s'occupera d'affaires plus sérieuses, parce que plus concrètes, plus matérielles, et partant plus révolutionnaires, plus en faveur du peuple, comme se targuer de faire des routes ou de la réforme agraire, activités qui répugneront à coup sur à des intellectuels prompts à critiquer dans le vide), bref tout ce qui permettrait de montrer que la fonction présidentielle devra survivre à lui-même, occupant provisoire de la fonction. Justement à force de jouer celui qui ne représente rien d'autre que lui-même, l'arbitraire de ses pratiques est rigoureusement occulté auprès de la population. Dans la foulée, l'idée que l'État a le monopole de la violence légitime s'envole en fumée, puisque celui qui dirige l'État se démet de toute capacité de faire usage de la force pour faire respecter la loi. À la banalisation du pouvoir répond la banalisation de la violence. Celle-ci sera reléguée au rang de fait divers, presque privé ou de malheur, à moins qu'elle soit mise sur le compte de l'opposition, c'est-à-dire de ceux qui n'aiment pas le peuple auquel le pouvoir s'identifie.

Les conséquences d'une telle posture sont incalculables ; elle place toutes les couches sociales dans un état de crise sans fond, dans la mesure où tous les repères symboliques viennent à disparaître et où aucun signe de changement possible n'apparaît à l'horizon. On entre ainsi dans une sorte de temps vide ; ce n'est pas qu'on soit affranchi de toute attente, c'est plutôt que l'attente elle-même est vidée de tout contenu. Alors, tout est possible, l'avenir est perçu comme un pur arbitraire, et du coup, c'est le présent vécu qui est donné comme absurde. Seule la fuite hors du pays ou hors du politique par le passage aux sectes (baptistes, pentecôtistes, témoins de Jéhovah, adventistes, etc.) et aux groupes dits charismatiques a la vertu de rouvrir une espérance. Nous suggérons ainsi que nous ne sommes pas simplement en présence d'un régime qui ne parvient pas à honorer ses promesses et qui creuse les frustrations. Il s'agit de rendre compte d'une situation bien plus tragique qui survient avec le gouvernement de Préval et qui, à proprement parler, laisse sans parole. Car dans le fond nous ne savons pas encore comment nommer son régime ; il ne rentre encore dans aucune typologie connue. On ne peut l'identifier comme une simple dictature, ni comme un régime autoritaire. Son populisme qui demeure ancré sur celui d'Aristide est dépourvu de charisme propre. Mais si nous ne pouvons pas le caractériser complètement, nous n'échappons pas à reconnaître ses effets. Claude Lefort disait, dans une étude critique du Passé d'une illusion de François Furet, que les régimes totalitaires représentaient une nouveauté dans le moderne et qu'ils ne se laissent pas encore insérer dans une typologie[124,] et que cette nouveauté consistait à produire un type de société dans lequel «est brouillée l'opposition entre dominants et dominés…» et donc qu'on peut difficilement analyser «en termes purement politiques[125]». Nous sommes porté à croire que le régime instauré par René Préval en Haïti depuis les cinq dernières années nous donne en spectacle une situation tout à fait inédite qui aboutit à placer les gouvernés devant une absence totale de recours effectif quand leurs droits fondamentaux sont lésés, alors que toutes les apparences d'un régime démocratique sont offertes.

---

[124] Claude Lefort, *La Complication*, 1999, p. 186.

[125] *Ibid.*, pp. 182 et 183.

Tout se passe comme si le clivage entre gouvernants et gouvernés n'existait plus et qu'à quiconque – dans la sphère du pouvoir – rien ne saurait être imputé. Il est question d'un grave déficit de repères symboliques qui vient à accompagner ce mode d'exercice du pouvoir fondé sur la tendance anarcho-populiste et qui a des conséquences sur le fonctionnement de la vie quotidienne. Dans un tel contexte, chacun n'est plus obsédé que par ce que Pierre Legendre appelle « la mise en scène de soi », condition dans laquelle tous les interdits s'effondrent et qui engendre l'indifférence face à la vie comme à la mort, au bien comme au mal, au vrai et au faux, c'est-à-dire un ordre où tout s'équivaut, où toute valeur disparaît[126]. Ce sont les types spécifiques de crimes régulièrement commis à travers le pays qui nous autorisent à parler d'une situation politique qui excède le politique. Quand plusieurs crimes sont accompagnés de viols ou sont commis de manière gratuite, la victime ayant donné ce qui lui est demandé (argent, bijoux ou voiture), ou encore quand des policiers chargés de protéger les vies exécutent en pleine rue des jeunes qui sont cependant déjà menottes, il convient de porter l'interrogation sur les fondations elles-mêmes[127] de la société. Celles-ci sont nécessairement lézardées. Certes, de telles situations se rencontrent aujourd'hui dans de nombreux pays, comme ceux de l'ex-Union soviétique ou du tiers-monde comme l'Algérie, la Somalie, le Rwanda, le Congo-Brazzaville, pour ne citer que les plus connus. On a même parlé de ces pays comme des « entités ingouvernables », tant le chaos en est la caractéristique dominante. Il

---

[126] Dans sa « Note sur le désespoir politique » à la fin de son ouvrage Dieu au miroir, Pierre Legendre parle avec justesse des « politiques du laisser-faire symbolique et de leur effet de contre-institution : l'immolation du sujet au non-sens » (p. 284), où il parle des conséquences meurtrières du sujet libéré de toute référence, de tout interdit.

[127] La souveraineté nationale ne peut vouloir dire qu'un État n'est soumis à aucune règle, ni qu'aucun autre État ne peut demander compte, voir l'exposé de cette problématique par Jean Combacau, dans la revue Pouvoirs (1993) : « dès lors qu'un État s'est engagé internationalement envers un ou plusieurs autres, fût-ce sur un objet aussi interne que le traitement de ses propres sujets sur son propre territoire ou l'organisation de ses pouvoirs constitutionnels, ses partenaires sont aussi parfaitement fondés à lui demander des comptes sur la façon dont il s'acquitte qu'il l'est de son côté dans ses relations avec eux : rien dans ces regards réciproques ne heurte la souveraineté », p. 52.

n'y a pas de doute cependant qu'on est en présence d'un phénomène nouveau pour lequel on ne dispose pas encore des concepts adéquats.

Comment a-t-on pu en arriver là ? Comment a-t-on pu à ce point détruire les repères symboliques du vivre-ensemble de la société haïtienne ? Devra-t-on se contenter de se rabattre sur un seul individu, par exemple un président de la République, pour rendre compte d'un tel désastre de toute une nation ? Nous avons bien vu que le débat ouvert ici porte sur des problèmes de structure et non sur les dérives personnelles d'un individu. Nous avons plutôt montré jusqu'ici que la fonction d'un président renvoie à une fonction symbolique dont la dénégation ouvre la voie à la plus grande anarchie. Privée de repères symboliques, la démocratisation laisse place au despotisme... La mort est entrée dans la plus grande proximité avec la vie, au point qu'on arrive avec peine à voir où passe la distinction entre les deux phénomènes. Vous conduisez en voiture vos enfants à l'école, vous voyez au coin de la rue un cadavre gisant dans une flaque de sang ; vous apprenez que c'est un commerçant qu'on vient d'assassiner. Comme tout le monde, vous détournez assez vite votre regard et vous continuez votre chemin. La radio n'en parlera même pas, tant ce spectacle est quotidien. Car la police ne se mettra pas en branle pour demander à quiconque s'il a vu l'assassin, et dans quel type de voiture il a pris la fuite. Aucune enquête n'a jamais vraiment abouti depuis six ans bien qu'on ait prétendu établir un régime démocratique. L'horreur commence précisément dans le processus de banalisation du mal, qui fait s'envoler en fumée ce qui reste d'humanité en chacun de nous chaque fois que nous acceptons ces crimes comme des faits naturels, vis-à-vis desquels nul ne peut rien, comme si l'on ne peut, l'on ne saurait même imputer la responsabilité à quiconque, et surtout pas au gouvernement. La conséquence est terrifiante : si la plainte contre le mal reste enfermée dans le cercle des rencontres entre amis intimes, elle abandonne l'espace public au pouvoir établi et n'arrête pas notre descente dans l'abîme. Plus on se tait, c'est-à-dire plus on laisse la peur nous envahir, plus le mal progresse. Dorénavant en effet, chacun n'est plus dans les rues de Port-au-Prince qu'un cabri errant; le « chimère » – nouveau nom donné à des hommes armés comme les macoutes par le parti Lavalas au pouvoir – a droit de vie et de mort sur n'importe quel passant; il n'y aurait qu'à attendre son tour, comme si la capitale devenait un immense camp de concentration sans clôture. Une philosophe, Françoise Collin, commentant Hannah Arendt et le phénomène totalitaire, avance cette réflexion sur la violence qui semble s'appliquer parfaitement à la tragédie actuelle que vit le peuple haïtien : « la violence a cessé d'être un moyen de défense ou d'attaque contre des ennemis pour devenir une valeur en soi dans l'indifférence de ses cibles » (p. 34).

Il est donc bien question de la disparition de l'humain en Haïti, poussant les uns et les autres quelle que soit leur catégorie sociale à prendre la fuite de nouveau et à entrer dans le plus profond désespoir par rapport à un avenir démocratique pour le pays.

Les difficultés pour saisir la nature du pouvoir Lavalas s'estompent dès lors qu'on se met à réfléchir sur les élections législatives du 21 mai dernier. Véritable test révélateur des intentions réelles du président Préval, ces élections ne cessent encore de susciter des remous dans la communauté internationale et surtout des contestations de la part de tous les partis politiques qui ont participé à la compétition, y compris des partis alliés au pouvoir Lavalas. Celui-ci déclare avoir gagné tous les sièges dans les deux chambres et ne veut rien entendre des arguments qui viennent démontrer le caractère illégal des pratiques développées le soir des élections comme le vol des urnes par la police, l'absence de procès-verbal, l'exclusion des mandataires qui ne sont pas du parti au pouvoir, et finalement le mode de comptage qui fait fi de la constitution comme la loi électorale. En effet, nul ne voit comment on peut décider de ne pas appliquer la règle de la majorité absolue en ce qui concerne l'élection des sénateurs. On serait en face – au bout du compte – d'un problème banal et de surcroît fréquent dans de nombreux pays du tiers-monde; mais ce qui se passe avec les élections du 21 mai ne supporte guère de comparaison avec d'autres pays, pour la simple raison que le pouvoir s'organise pour laisser découvrir les fraudes massives, pour rendre évidente la tricherie et ainsi laisser sans parole les autres partis politiques qu'ils dénoncent désormais comme « mauvais perdants ». De même que le gouvernement décidait lui-même de la date des élections, comme si le Conseil électoral provisoire qui en avait la charge fonctionnait sous sa stricte dépendance, de même le gouvernement décidait des résultats des élections de manière ostensible, dans le seul but d'énoncer le pouvoir absolu dont il disposait et dont il n'avait de comptes à rendre à quiconque.

Les élections paraissaient alors comme une formalité qu'il fallait remplir au regard de la communauté internationale qui le réclamait comme indice ou comme signe de démocratie. C'est pourquoi toute contestation des méthodes qui ont abouti aux résultats proclamés par le gouvernement est considérée comme un « affront » à la souveraineté nationale. Bien entendu, il n'y a de souveraineté que du pouvoir en place et non de l'ensemble des citoyens. Aucune voix discordante, aucun *dissensus* n'est censé s'exprimer, autrement dit, il n'y a pas d'opposition possible au pouvoir qui est déjà en exercice. Des partis politiques existent, mais d'une existence résiduelle à raccrocher au temps des luttes pour la démocratie, luttes qui ont pris fin avec l'accession du peuple au pouvoir à travers Préval-Aristide.

Cette mainmise sur les urnes, faite pour vous en couper les bras, ne pouvait susciter qu'une hilarité générale, car nulle possibilité n'a été offerte par le pouvoir pour un « usage public de la raison ». À moins qu'il faille supposer l'existence d'une raison spécifiquement haïtienne, à la mesure même du pays, expression de la souveraineté nationale, conçue paradoxalement comme possibilité d'enfreindre ses propres règles et donc de fonctionner sans recevoir la moindre limitation. Il est extrêmement curieux que le pouvoir Lavalas, ramené en Haïti (depuis 1994) par les forces armées américaines sur la base d'un recours explicite au droit d'ingérence de la communauté internationale contre un coup d'État inconstitutionnel, reprenne aujourd'hui – en feignant l'amnésie – l'argument de la souveraineté nationale pour disqualifier le soupçon jeté par l'OEA et le gouvernement américain sur les résultats des élections du 21 mai dernier.

Le nationalisme ici sert clairement à éviter tout débat sur les fraudes massives et sur le comptage des voix hors de la règle prescrite par la Constitution et la loi électorale et à justifier un pouvoir absolu sur la population tout entière. Comme si la démocratie dont on parlait abondamment n'avait jamais été que lubie des classes privilégiées, des gros, des riches ; de la sorte, il suffit de mimer ou de singer les pratiques démocratiques pour être quitte avec les ennemis (impérialistes, intellectuels critiques, opposants de tous bords). Les élections auraient servi à rendre possible la prise de pouvoir (par le peuple ou peut-être seulement pour le peuple) une fois pour toutes. D'où l'expression créole presque intraduisible qui a pu échapper de la bouche du président de la République, clamant la victoire de son parti aux élections contestées : *Nou pran l, nou pran l nèt.*

Cette expression appelle au moins deux remarques. La première porte sur le premier syntagme : *nou pran l* dont la traduction littérale en français : « nous le prenons » ou « nous l'avons pris » laisse l'interlocuteur dans la plus grande confusion. Il faut penser « nous l'avons accaparé », ou encore « assauté » (sous-entendu) le pouvoir. Mais cette assertion ne peut être placée au présent, elle n'est proférée qu'une fois l'acte d'accaparement accompli, comme s'il y avait au départ une ruse, un détour pris pour accaparer le pouvoir sans que les autres s'en aperçoivent, donc à la surprise des concurrents.

Le débat ouvert par une telle expression porte directement sur la conception du pouvoir propre au président de la République. Si en démocratie, le pouvoir est toujours reçu, en dictature, le pouvoir est pris, rapté, usurpé ; déclarer qu'on a pris le pouvoir, c'est employer une forme performative, c'est-à-dire annoncer à ceux qui pourraient en douter que le pouvoir est déjà pris et que toute compétition prend fin. Peine perdue donc de s'opposer au pouvoir ou plutôt, vous savez désormais que vous ne pouvez plus comme opposant qu'entrer dans un défi, mais l'échec est assuré, car la place est déjà prise, les jeux sont faits : *brèf, nou pran l.* Le simple fait de recevoir le pouvoir désigne son caractère révocable, contingent et limité. Je suis censé donc recevoir le pouvoir pour une durée précise, un objectif clairement défini. Mais ce n'est pas tout à fait ce qui se passe si l'on essaie de comprendre la signification du noupran-l net. Tout d'abord, la redondance ne fait pas que renforcer l'acte de rapter le pouvoir, elle prétend procéder à une démonstration de force liée au défi qui est lancé aux autres qui pourraient s'aventurer à réclamer même des miettes de participation. Le pouvoir m'appartient en propre, je ne le dois à personne, ne vous en approchez pas, car je ne peux savoir ce que sera ma réaction si ce pouvoir venait à tomber de mes mains. Voilà pourquoi il faut que l'acte de prise du pouvoir soit total, et même que ce pouvoir comme tel soit total : *nou pran l nèt*. C'est-à-dire, il n'y a pas de reste au pouvoir, pas de partage, pas de limitation dans l'espace ni dans le temps. Sans faille et sans fissure, le pouvoir n'a pas de dehors, il est sans vis-à-vis, il n'est pas altérable, il est possédé une fois pour toutes, donc à vie, car on ne voit plus ce qui pourrait entraver son exercice. C'est un absolu qui est exprimé finalement dans le *nou pran l nèt*, lequel énonce en même temps l'absolutisme comme marque distinctive du régime politique ainsi instauré.

L'expression fait d'ailleurs référence à d'autres régimes connus pour leur dureté et leur cynisme. Ainsi, par exemple, le régime du dictateur François Duvalier qui se fit proclamer président à vie et qui dut choisir son propre fils (19 ans) comme son successeur, en décidant de changer son âge. Pour Duvalier donc, au-delà de lui-même, le pouvoir perdure, car comme de l'or il ne subit pas d'érosion ni de corruption. Après Préval, le pays se retrouvera sans cesse devant Préval, devant un autre lui-même, un jumeau ou un clone. Un pouvoir qui est rapté ne se transmet pas, il ne peut que continuer dans la même ligne sans transformation, sans interruption. Aucune alternance n'est possible dans un tel contexte, puisque le pouvoir n'a pas de principe de limitation. Autant dire qu'il fonctionne comme à l'état de nature, sans règles et sans lois, il peut traiter ses propres sujets comme il l'entend (la citoyenneté étant ainsi abolie), hors de la problématique du droit. Il ne faut alors plus s'étonner que la barbarie (au sens où les Grecs l'entendaient, c'est-à-dire comme régime dépourvu de lois) soit le fruit que porte une telle vision du pouvoir absolu (*solutus legibus*).

Il serait cependant imprudent de conclure que le régime de Préval-Aristide serait en tous points identique à celui des Duvalier. Certes les rapprochements sont saisissants : même absence de programme, gouvernement au jour le jour axé sur des rapports interpersonnels (le président aime téléphoner aux uns et aux autres comme en bon père ou en bon ami), libre utilisation des deniers publics, refus de l'autonomie des institutions, dont en particulier le Parlement, la police, les tribunaux, recours à une milice civile de fait, c'est-à-dire à des groupes de civils armés pour casser les manifestations d'opposants ou organiser des grèves sauvages en faveur du pouvoir, sur le modèle des Tontons macoutes, la politisation des entreprises publiques, etc.

Bien d'autres traits communs aux deux régimes pourraient être repérés. Mais l'on observe en même temps un véritable appauvrissement idéologique avec le parti Lavalas. Si tout à fait à ses débuts, il pouvait faire un large et explicite emploi de thèmes venus de la théologie de la libération, cette fois seul le mot peuple est repris, mais avec un masque de sécularisation : le peuple a voté, a élu, et ne peut pas être trahi, c'est le peuple qui décide sous les espèces des organisations populaires devenues en même temps porte-parole du leader du peuple. On voit bien que le populisme en action aujourd'hui en Haïti n'est point comparable à celui de Peron, ni à celui de Getulio Vargas ou même de Hugo Chavez. Il y aurait comme une déperdition des forces idéologiques du mouvement populiste initié avec Aristide au début des années 1990, c'est peut-être ce qui expliquerait cet anarcho-populisme qui se nourrit, faute de théorie politique, du lexique même de la démocratie. Plus le peuple est invoqué, plus il est absent à moins qu'il ne serve qu'à favoriser l'accès ou le maintien au pouvoir de celui qui est donné désormais pour son incarnation.

Chez Duvalier, on pouvait reconnaître en travail les idéologèmes comme classe, race ou nation, mais sans recours aux valeurs du droit et de la démocratie. Cette fois, nous serions en présence de la réalisation étrange d'une démocratie-simulacre avec la simulation de vraies élections (mais dont les résultats sont décidés à l'avance), d'un vrai Parlement (qui fonctionne à l'unanimisme au service du leader), d'une police qui a toutes les allures d'une police, mais qui ne croit pas dédiée ses efforts à la protection des citoyens. Bref, une démocratie-simulacre pourrait fort bien être congruente à l'une des caractéristiques principales d'une mondialisation, à savoir la peur de penser et d'assumer l'universalisation concrète et effective de la démocratie.

Y aurait-il quelque recette qui permettrait de rompre le cercle enchanté de l'anarcho-populisme en Haïti? Question mal posée en vérité, car dans le domaine du politique les recettes n'ont qu'une valeur magique et ne font que raffermir le pouvoir déjà en place. Nous avons évoqué au début de ce texte les contradictions dans lesquelles l'intellectuel se trouve pris face à une critique du pouvoir. En effet, tout se passe comme si une telle critique était à l'avance disqualifiée. C'est le moment de préciser que justement l'imaginaire qui court sur une catégorie sociale dite intellectuelle fait partie du même cercle vicieux de l'anarcho-populisme. Il n'y aucune raison de croire – surtout en Haïti – que les intellectuels auraient la charge de dire la vérité sur la conjoncture politique du pays. Pourquoi un médecin, un ethnologue, ou un professeur de mathématiques saurait plus sur la politique qu'un paysan ou un ouvrier ou encore un employé de banque? Pourquoi n'importe qui ne peut pas exercer sa capacité de penser sur les assassinats crapuleux de tous les jours en Haïti, par exemple sur le massacre de onze jeunes gens dans la banlieue de la capitale, alors qu'ils venaient d'être arrêtés et menottes? Des intellectuels peuvent bien réagir pour leur propre compte face à des pratiques dictatoriales, ou à des élections frauduleuses. Mais leur dénonciation est encore celle de n'importe quel citoyen, car, comme le dit avec une particulière acuité Jacques Rancière,

> «il n'y a ni devoir envers la communauté qui pousse "les intellectuels" à renonciation politique ni honte de leurs privilèges qui devrait les en écarter... il n'y a pas plus de lien naturel entre

la condition de savant et la cause de la liberté que de vocation spécifique de l'artiste et du poète à résister aux pouvoirs. La "condition intellectuelle" n'est que la condition générale de l'animal humain[128] »…

La faculté de juger est un lot commun à tout individu, à quelque catégorie sociale qu'il appartienne, mais la ruse du pouvoir consiste à laisser croire qu'un collectif d'individu serait préposé à une activité purement intellectuelle et dispenserait « les autres » d'avoir à penser. Nouvelle manière de faire de la démocratie une impasse puisque alors l'égalité réelle entre les membres de la société ne serait pas reconnue. La perspective ici exprimée recèle encore quelque danger, car les pouvoirs despotiques ont toujours cherché à renvoyer sur un groupe particulier d'individus, plutôt désignés comme intellectuels, toute activité subversive, comme si le reste de la population, c'est-à-dire la masse, le peuple, demeurait pur et adhérait forcément au pouvoir en place. Il n'y aurait donc, pour que la paix sociale s'établisse et dure, qu'à retrancher indéfiniment ceux dont la tête au sens strict dépasse. La haine des intellectuels dans les régimes anarcho-populistes est une pente fatale du pouvoir, mais cette haine cache le refus de toute critique, la négation de l'exercice de la citoyenneté, c'est-à-dire de toute opposition possible au régime établi.

Références bibliographiques

AMNESTY INTERNATIONAL, 2000, *Haïti, la justice et les libertés encore en péril*, Paris, Éditions francophones.

BAJEUX Jean-Claude, 2000, « Mortelle incertitude », in *Nouvelliste*, quotidien haïtien, Port-au-Prince, 29 mars.

BOURDIEU Pierre, 1997, *Méditations pascaliennes*, Paris, Éditions du Seuil.

CORTEN André, 1989, *L'État faible. Haïti et la République dominicaine*, Montréal, Éditions du CIDIHCA.

---

[128] Revue *Lignes* (1997), pp. 119-120. Je n'ai pas la prétention de ne reconnaître aucune responsabilité aux intellectuels. Le point de vue que je propose ici se veut avant tout critique par rapport à la tentation populiste.

COLLIN Françoise, 1999, *L'Homme est-il devenu superflu?*, Hannah Arendt, Paris, Éditions Odile Jacob.

COMBACAU Jean, 1993, «*Pas une puissance, une liberté : la souveraineté internationale de l'État*», in Pouvoirs, revue française d'études constitutionnelles et politiques, n° 67, pp. 47-58, Paris, PUF.

DORAN Marie-Christine, 1996, «*Un exemple de théologisation du politique, le discours d'Aristide*», in le collectif Le Discours du romantisme théologique latino-américain, s.d., André Corten, Montréal, CIADEST, pp. 107-125.

DULONG Renaud, 1998, *Le Témoin oculaire. Les conditions sociales de l'attestation personnelle*, Paris, Éditions de l'École de Hautes Études en sciences sociales.

HECTOR Michel, 1998, «Populisme», in *Chemins critiques*, revue haïtiano-caribéenne, Port-au-Prince, vol. IV, n° 1, septembre, pp. 43-50.

HERMET Guy, 1989, *Le Peuple contre la démocratie*, Paris, Fayard.

_____, 1993, *Les Désenchantements de la liberté. La sortie des dictatures dans les années 90,* Paris, Fayard.

HURBON Laënnec, 1998, «*La compassion pour le peuple*», in Chemins critiques, Port-au-Prince, vol. IV, pp. 51-64.

HABERMAS Jürgen, 1997, *Droit et démocratie*, Paris, Gallimard (1992, trad. de l'allemand par Rochlitz et Bouchindhomme).

KRIEGEL Blandine, 1998, *Philosophie de la République*, Paris, Payot.

LEFORT Claude, 1986, *Essais sur le politique, XIXe-XXe siècles*, Paris, Seuil.

_____, 1999, *La Complication. Retour sur le communisme*, Paris, Fayard.

LEGENDRE Pierre, 1994, *Dieu au miroir. Étude sur l'institution des images,* Paris, Fayard.

MAESSCHALCK Marc et Jean-Claude JEAN, 1999, *Transition politique en Haïti. Radiographie du pouvoir lavalas,* Paris, L'Harmattan.

MOÏSE Claude, 2000, «Élections 2000 : problèmes, enjeux et perspectives», in Jonction, Bulletin d'information d'initiatives démocratiques, Montréal, juillet-août, pp. 7-14.

PÉAN Leslie, 2000, *L'Économie politique de la corruption en Haïti,* Port-au-Prince, Éd. Mémoire.

RANCIÈRE Jacques, 1997, «*Ce qu'intellectuel peut vouloir dire*», in la revue Lignes, numéro sur «Les intellectuels. Tentative de définition par eux-mêmes». Enquête n° 32, octobre, pp. 116-120, s.d., Philippe Hauser, Etienne Balibar, Paris, Éditions Hazan.

SMARTH Luc, 1998, *Les Organisations populaires en Haïti. Une étude exploratoire de la zone métropolitaine de Port-au-Prince,* Montréal et Port-au-Prince, Les Éditions du CIDIHCA et CRESDIP.

TAGUIEFF Pierre-André, 1997, «*Le populisme et la science politique. Du mirage aux vrais problèmes*», in Vingtième siècle, revue d'histoire, n° 56, octobre-décembre, pp. 4-33, Paris, Presses de Sciences-Po.

WINOCK Michel, 1999, *Le Siècle des intellectuels*, Paris, Seuil.

Quatrième partie

DE LA TRANSVERSALITÉ
DU RELIGIEUX

C'est en essayant de reconstruire la genèse du mouvement démocratique en Haïti qu'on peut le mieux rendre compte du poids du religieux dans la vie quotidienne du pays. La transversalité du religieux, sa prégnance dans tous les secteurs de la vie, dans les domaines du culturel, du politique comme de l'économie, au point que l'on est tenté de parler d'un véritable recul de la sécularisation en Haïti ces quinze dernières années. D'abord la faible présence des partis politiques, due à l'intolérance de la dictature des Duvalier (père et fils), a rendu possible l'émergence de la candidature de Jean-Bertrand Aristide, religieux salésien, qui bénéficie de toute l'action de l'Église en faveur des droits humains entre 1980 et 1986. Ensuite, l'échec reconnu du processus de démocratisation, qui correspond à un désenchantement du politique, a permis que les religions soient en toute clarté des lieux d'expression et de résolution provisoire de la crise politique, du moins dans des couches importantes de la population. Nous avons conduit cette enquête sur le religieux au triple niveau du catholicisme, du pentecôtisme et du vodou, trois systèmes religieux qui sont les plus influents dans la société haïtienne. Il nous a semblé que leur développement nous mettrait en présence d'une véritable sortie du politique, – du moins provisoirement – au rebours de ce que Marcel Gauchet a écrit à propos du religieux pour la modernité occidentale. Sur l'intrication du religieux et du politique, de nouvelles interrogations devraient voir le jour dans le contexte de la mondialisation, mais aussi face à la demande toujours insistante d'instauration d'un État de droit qui a besoin de se manifester dans son autonomie par rapport au religieux.

Chapitre 10

Rôle et statut du religieux dans les luttes haïtiennes de sortie de la dictature[129*]

À travers toute interrogation actuelle sur le rôle et le statut du religieux en Haïti, se profile l'image du père Aristide, religieux salésien, élu le 16 décembre 1990 président de la République avec 67 % des voix. Se recommandant de la théologie de la libération, le père Aristide est devenu pour les masses haïtiennes, pauvres notamment, catholiques, protestantes et vodouisantes (le vodou étant un culte populaire, d'origine africaine), la figure symbolique de la lutte contre le despotisme représenté par les «Tontons macoutes», hommes de main du dictateur Duvalier et de l'armée haïtienne. Sept mois après, il est renversé par un coup d'État sanglant. Son échec suscite de vives controverses aux États-Unis et de nombreuses interrogations un peu partout dans le monde sur le long combat du peuple haïtien pour la démocratie, qui devait aboutir à porter à la présidence un prêtre catholique. Sans prendre en compte les détails du processus qui devait ramener le père Aristide en Haïti, nous tenterons ici d'aller au-delà d'une réflexion sur les sources de la force d'attraction de ses discours auprès des masses haïtiennes, pour entreprendre un examen sociologique de l'évolution des rapports entre les systèmes religieux en présence dans le pays et les luttes de la longue transition démocratique qui va des années 80 à nos jours. Nous montrerons en particulier que le vote en faveur d'Aristide représente dans l'histoire du pays l'accès à la citoyenneté de la majorité de la population, qui avait été jusqu'ici exclue de la scène politique ; que la problématique du droit et de la démocratie

---

[129*] Publié dans le collectif *Religions et démocratisation*, s.d., Patrick Michel, Éd. Albin Michel, Paris, 1995, pp. 210-237.

est apparue comme hégémonique dans les couches populaires, en dépit de certaines tentatives de créer une polarisation religieuse des luttes entreprises contre la dictature. Enfin, nous nous demanderons si ces luttes n'ont pas pour effet, entre autres, d'introduire une crise dans toutes les institutions religieuses (catholique, protestante et vodouisante), au sens où, désormais, s'installe en leur cœur une division dont la source est le débat politique qui porte une nouvelle interrogation sur les fondements de la société.

Poids social et fonction traditionnelle des religions en Haïti

Culte officiel du pays depuis la période esclavagiste, le catholicisme fonctionne en Haïti sur la base d'un régime concordataire établi depuis 1860. Il dispose aujourd'hui à travers le pays d'un réseau d'activités et de communications dont l'impact sur la population est nettement aussi important, sinon parfois davantage, que celui de l'État.

En 1971, l'Église disposait de 229 écoles primaires, de 30 écoles secondaires et de 120 écoles presbytérales, ainsi que de 18 hôpitaux et de 106 dispensaires. En 1985, 438 prêtres desservent 200 paroisses et 1 300 chapelles rurales, réparties sur 9 diocèses correspondant aux 9 départements du pays. Quant aux religieux et religieuses, ils sont, en 1988, au nombre de 1 475, de 33 congrégations différentes, toutes s'occupant d'éducation, de santé ou de projets de développement à travers les villes et les campagnes. Constitués depuis la fin des années 70 en Conférence haïtienne des religieux, ils forment un groupe qui tente de donner une orientation collective à son action. Jusqu'à la veille du concile Vatican II, l'Église semblait orienter sa pastorale particulièrement vers la lutte contre les pratiques et les croyances du vodou, qu'elle tenait pour un amas de superstitions maintenant Haïti dans un stade de primitivité et de barbarie. Elle devait mener plusieurs grandes campagnes pour l'éradication de ce culte qui, depuis l'esclavage, était pourtant parvenu à se développer en se liant intimement à la liturgie catholique. Baptêmes, culte des saints, culte des morts, pèlerinages sont encore des pratiques dans lesquelles le vodouisant ne se laisse pas facilement distinguer du catholique. La même division culturelle attestée dans l'opposition entre le catholicisme, tenu pour un culte ouvrant l'accès à la condition de « civilisé », et le vodou se retrouve au niveau des deux langues en usage en Haïti, le français parlé par 5 % à 15 % de la population et le créole, parlé par tous, mais dévalorisé comme langue des analphabètes dont le plus grand nombre se situe dans le monde rural. L'Église s'adaptait aux rapports sociaux, tout en recevant de l'État la responsabilité de l'éducation nationale. Les critiques adressées à l'Église provenaient principalement de la franc-maçonnerie, institution puissante qui, depuis la fin du XIXe siècle, cherchait à obtenir de l'État une diminution des privilèges accordés à l'Église à travers le concordat. Haut lieu de combat pour la tolérance et la laïcité, la franc-maçonnerie est restée, jusqu'à présent, pour bien des membres du clergé, un ennemi principal à l'égal du vodou et du protestantisme. Sans être intéressée à la politique comme telle et au changement social, l'Église soutenait généralement les gouvernements qui la maintenaient à la place privilégiée de seul culte officiel de l'État.

Le protestantisme, qui connaît une progression spectaculaire depuis l'occupation américaine (1915-1934), a commencé à couvrir tout l'espace haïtien entre 1960 et 1990 et à pénétrer dans les zones rurales dans lesquelles il dispute à l'Église son hégémonie. En 1983, on dénombrait environ 300 dénominations religieuses, dont la plupart possèdent des écoles primaires et secondaires, des écoles professionnelles, des hôpitaux, des dispensaires, des centres d'orphelinat, des services de développement et des programmes propres de radio. L'une des caractéristiques du protestantisme haïtien, c'est son lien très étroit avec les États-Unis, d'où proviennent ses fonds et les moyens logistiques pour la formation des pasteurs et la construction des temples. En dépit de l'existence d'une Fédération protestante et du Concile national des Églises évangéliques, certaines confessions fonctionnent de manière autonome et apparaissent même comme des mini-États avec leurs ressources propres et leur propre projet de développement dans les quartiers suburbains des villes où elles s'implantent. Plus virulentes que l'Église catholique dans la lutte contre le vodou, elles obtiennent un succès grandissant dans les couches sociales des bidonvilles, en quête de mobilité sociale et disposées à réinterpréter le vodou comme source principale de leurs « malheurs ».

Maintenu depuis toujours dans les périphéries des villes et dans les campagnes, le vodou, en dépit des persécutions diverses qu'il a subies, demeure un culte populaire. Il est un système de croyances et de pratiques réglant les mentalités et les croyances davantage que le catholicisme et le protestantisme. Il ne dispose pas de moyens financiers et d'appuis extérieurs, en sorte que son développement est atrophié et, en tout cas, limité. Depuis l'indépendance du pays (1804), on n'observe aucune tentative d'unification de ce groupe religieux. Il fonctionne par confréries et par centres culturels autonomes soumis de manière rigoureuse à des prêtres vodou (appelés *oungan*) qui, en règle générale, sont propriétaires de leurs temples (ou *ounfò*). Pour le pratiquant ordinaire, le vodou demeure un culte familial, à travers lequel il honore des « esprits » ou *lwa* qu'il hérite de ses parents ou grands-parents. Les conditions dans lesquelles le vodou a évolué l'ont rendu vulnérable à la manipulation politique (notamment celle de la dictature des Duvalier père et fils).

Un contexte social et politique explosif

La déconstruction du mode de fonctionnement traditionnel des religions en Haïti s'est produite de deux manières : d'abord par l'intervention directe de la dictature de Duvalier pour obtenir l'allégeance des responsables des cultes à son gouvernement. L'Église catholique devait être plus sévèrement persécutée, d'autant plus que sa hiérarchie était encore, du moins jusqu'en 1966, composée d'étrangers, à l'exception d'un seul membre qui avait été le premier évêque haïtien. En second lieu, le concile Vatican II a peu à peu conduit l'Église à s'ouvrir aux problèmes sociaux et politiques et à s'adapter à la mentalité et à la culture du pays. La langue créole allait être utilisée dans la prédication et dans la liturgie en ville et dans les campagnes, et donc cesser de paraître comme moyen de dévalorisation de la condition sociale des paysans et des analphabètes. Des services de développement et de conscientisation sont promus et encouragés un peu partout dans les zones rurales. Désormais, la pastorale tournée contre le vodou et le protestantisme passe au second plan, et le signe auquel on reconnaît l'évangélisation, c'est le support offert par l'Église au changement social et politique. Ce qui se traduira à partir des années 80 par la lutte pour la reconnaissance des droits fondamentaux, sous l'influence croissante de la théologie de la libération, dans le jeune clergé haïtien et dans les congrégations religieuses. Sur cette base, l'Église catholique allait devenir l'institution la plus préparée à mettre en question les bases mêmes de l'ordre social et politique établi. Mais, pour comprendre cela, il convient de rappeler – ne serait-ce que sommairement – les aspects principaux de la vie socio-économique et de la dictature en Haïti.

Jusqu'au début des années 60, l'économie haïtienne[130] était fondée sur l'agriculture. Les denrées d'exportation comme le café, le coton, le cacao, par exemple, représentaient les sources principales de recettes de l'État et de l'enrichissement d'une bourgeoisie dite import-export. Mais c'est grâce à la culture de produits vivriers que le paysan parvenait à se pourvoir de moyens propres à sa survie. Il ne bénéficiait ni d'écoles, ni d'hôpitaux, ni de routes. La population active agricole est de 65,4 % : 4 millions d'habitants vivent donc encore dans les campagnes. Situation exceptionnelle dans la Caraïbe et l'Amérique latine, qui laisse subodorer l'importance des disparités sociales. En effet, 8 % de la population disposent de 70 % des terres cultivables, tandis que 90 % des propriétés ne dépassent pas

---

[130] Pour des informations détaillées sur l'économie haïtienne, on se reportera par exemple aux travaux de M. Lundhal (1979), de Corten (1989), aux chap. 7, 8 et 9 du collectif sous la direction de Barthélémy et Girault (1993), ou aux recherches récentes de l'équipe de Madian-Salagnac (1993).

2,6 hectares, et que 50 % des paysans ont moins d'un hectare. Depuis déjà une trentaine d'années, Haïti est obligé d'importer 30 % des aliments de consommation, mais on observe que 5 % de la population a 50 % du revenu total, et que le PIB est de 350 dollars US par tête d'habitant, le plus bas du continent américain. Une écrasante majorité de la population vit au-dessous du seuil de la pauvreté. En 1986, l'État consacre 9 % de ses dépenses pour l'éducation, mais 40 % pour l'armée. Au moment de la chute de la dictature, qui a duré près de trente ans (1957-1986), on découvre que la famille Duvalier aurait détourné entre 600 et 900 millions de dollars US des caisses de l'État.

Ce qui va cependant créer un contexte explosif dans la société haïtienne, ce n'est pas d'abord la situation socio-économique catastrophique que nous venons d'évoquer, mais le système politique caractérisé par une dictature archaïque[131] qui entrera en confrontation directe avec l'Église catholique à partir des années 80. Cette dictature ne s'est pas déployée seulement depuis l'accession au pouvoir de François Duvalier en 1957. Haïti n'avait connu depuis la fin de la période esclavagiste que des régimes despotiques. Mais c'est la paysannerie qui en subissait principalement les conséquences. Les divers codes ruraux élaborés par les gouvernements successifs tendaient tous à faire de cette paysannerie un monde à part, qui ne disposait d'aucun moyen d'expression de ses revendications auprès des pouvoirs publics. Enfermé dans une unité administrative dite « section rurale », le paysan est soumis sans défense aucune à l'autorité d'un chef, appelé précisément « chef de section », qui cumule en sa personne trois pouvoirs, militaire, judiciaire et administratif. Il sert ainsi de relais à la domination de la ville sur la campagne. Pour survivre, la paysannerie a dû très tôt chercher à fuir les agents de l'État, à se construire sa propre culture, ses propres techniques agricoles, ses propres modes de gestion des conflits, avec

---

[131] Sur le système politique duvaliériste, voir l'ouvrage de K. Delince (1993), ainsi que nos propres contributions à l'étude de la dictature et aux difficultés de la transition démocratique (1979, 1987, 1988, 1989, 1991).

le culte du vodou où elle puisait ses ressources pour supporter et rationaliser sa condition.

En revanche, la dictature établie par Duvalier va contribuer à ouvrir une crise aiguë dans le monde rural. Certes, d'autres facteurs doivent être pris en compte, comme l'accroissement démographique, qui conduit à une pression de plus en plus grande de paysans sur des parcelles de terres de plus en plus exiguës. Mais l'effet principal de la dictature consistait à relier désormais le chef de la section rurale au palais national et donc à introduire un contrôle politique encore plus direct et plus totalitaire sur la paysannerie. Excessive pauvreté et répression vont pousser à l'exode rural. De 140 000 habitants en 1950, Port-au-Prince, la capitale, passera à 1 200 000 habitants en 1990, et l'exode se dirigera vers la République dominicaine, les Antilles françaises, les Bahamas et surtout vers les États-Unis. Toutes les institutions seront annihilées dans leur fonctionnement autonome depuis la création de la police parallèle appelée les « Tontons macoutes ». Le système dictatorial devenait ainsi implacable, mais n'allait plus durer longtemps face à des revendications axées autour des droits de l'homme fondamentaux et qui s'exprimeront dans le cadre des Églises.

L'Église catholique n'a pas été la seule ni la première institution à déclencher et à favoriser les luttes pour la chute de la dictature. À partir de 1976, de nombreux journalistes, artistes et écrivains prenaient le risque de réclamer la liberté d'expression, et c'est même un pasteur protestant de l'Église baptiste, Sylvio Claude, qui, bruyamment, s'est mis à défier la dictature en fondant un parti politique (le Parti démocrate chrétien haïtien) dont il exigeait la reconnaissance officielle alors que tous les partis politiques étaient interdits à l'exception de celui du gouvernement. D'un seul coup, arrestations, expulsions et persécutions diverses mettent fin à cette vague de critique et de contestation de la dictature. C'est au cœur de cette absence de toute organisation proprement politique que l'Église va apparaître comme le seul canal possible d'expression des revendications. On assiste alors à un investissement massif des églises par les couches populaires. Pèlerinages, congrès eucharistiques, sessions et séminaires de directeurs de chapelle, de catéchistes, rassemblements de jeunes, d'organisations communautaires paysannes, tout est occasion de présentation de «cahiers de doléances». Une station de radio, appelée «Radio Soleil», fonctionnant sous la supervision de l'épiscopat, mais dirigée en majorité par des laïcs, retransmet à travers tout le pays les communiqués qui font entendre les voix des groupes de jeunes et de paysans, traditionnellement exclus de la vie politique. Le coup d'envoi donné par la Conférence haïtienne des religieux en 1980 mettait l'accent sur la nécessité d'un combat de l'Église tout entier fondé sur la demande de restauration des libertés fondamentales[132]. Débordés par les revendications qui provenaient de multiples organisations dites de base, les évêques, d'habitude timorés et prudents, sont acculés à reprendre à leur compte le langage des droits de l'homme. Les cérémonies religieuses accompagnées de chants de type protestataire en langue créole créent dans de nombreuses paroisses fréquentées par les couches populaires un véritable enthousiasme pour ce qu'on appelle désormais un peu partout dans le pays le «changement». En 1983, le pape, alors en visite à Port-au-Prince, lance le slogan : «Il faut que quelque chose change ici», qui sera interprété par prêtres, religieux et laïcs comme un encouragement à poursuivre la lutte contre la dictature. Sous le vocable de *dechoukaj* ou déracinement, se développent des mouvements populaires à travers les villes et les campagnes en vue de réduire les macoutes à l'impuissance et de forcer le dictateur à prendre la fuite. Deux hommes apparaissent en 1985 aux premiers rangs de la lutte : Mgr Romulus, évêque de Jérémie, et le père Aristide, religieux salésien de l'église Saint-Jean Bosco, située dans un quartier populaire de la capitale. Ils parviennent tous deux à élaborer un langage en prise directe sur les couches populaires et sur

---

[132] J'ai pu, au cours de longs séjours en Haïti de 1986 à 1993, suivre l'évolution des rapports entre la hiérarchie catholique et les *ti-légliz* ; on lira en outre avec profit les analyses de F. Midy (1989) ou de H. Toussaint (1992) et de C. Hector (1991) ; de même, l'ouvrage récent de M. Nérestant (1994) montre la rupture instaurée par les communautés de base avec les pratiques traditionnelles de l'Église en Haïti.

les jeunes des quartiers pauvres. Malgré une répression chaque jour plus meurtrière, la dictature finit par s'effondrer le 7 février 1986 devant une mobilisation populaire si radicale.

Un tel changement dans les attitudes de l'Église par rapport au pouvoir politique n'est pas surprenant quand on replace Haïti dans le cadre de l'Amérique centrale et de l'Amérique latine. En effet, des contacts étroits ont été noués entre de nombreux religieux haïtiens, canadiens ou français avec les conférences de religieux latino-américains ainsi que les réunions des conférences épiscopales de l'Amérique latine, d'où a été lancé le thème mobilisateur « option préférentielle pour les pauvres ». Sur cette base, il était désormais permis de s'engager, sans risque d'hétérodoxie, dans des luttes sociales et politiques aux côtés des couches populaires. Mais c'est la théologie de la libération[133] qui viendra donner un fondement à ces nouvelles pratiques. Des textes de théologiens latino-américains seront traduits et diffusés à partir du grand séminaire de Port-au-Prince. Ils vont inspirer la création de ce que l'on appelle des communautés de base, et qu'en Haïti on traduira en langue créole par *ti-legliz*. Jusque-là, la plupart des catholiques pratiquants considéraient l'Église comme une institution dirigée entièrement de haut par la hiérarchie – sauf sans aucun doute pendant la période faste des mouvements d'action catholique des années 60. Mais avec l'apparition des *ti-legliz* et leur mot d'ordre « nous sommes l'Église », l'autorité des évêques n'allait plus de soi et était largement fissurée.

Ce tournant de l'Église catholique que nous venons de pointer, mais à partir de facteurs internes à l'Église elle-même, appelle deux remarques avant que nous puissions esquisser une tentative d'analyse sociologique. La première est l'affaiblissement – provisoire – de la compétition entre les groupes religieux. Entre l'Église catholique et la Fédération protestante d'Haïti, un certain œcuménisme a vu le jour pendant la période de lutte intense pour la chute de la dictature. L'agressivité déployée traditionnellement contre le culte du vodou est passée au second plan. Du côté de l'Église catholique, les

---

[133] Sur la théologie de la libération en Amérique latine, nous nous contentons de renvoyer ici aux analyses de M. Lowy, D. Levine et J. Garcia-Ruiz (1990) qui rencontrent tout à fait celles que nous proposons dans le cas d'Haïti.

arguments théologiques justifiant cette agressivité avaient tari depuis le concile Vatican II, qui proposait le respect de la liberté religieuse et l'ouverture aux cultures locales. En même temps, des artistes et des intellectuels commençaient à porter un jugement moins péjoratif sur le vodou ; ils cessaient de le prendre pour un culte totalement acquis à la dictature, ou pour un signe de honte. Au moment de la chute de Duvalier, on découvrait pour la première fois que le vodou était divisé entre partisans du statu quo, repérables parmi de nombreux prêtres vodou déjà très liés aux Tontons macoutes, quand ils ne l'étaient pas eux-mêmes, et les partisans du changement démocratique.

La deuxième remarque porte sur la nouvelle orientation de la religiosité populaire comme force d'enchantement du politique, mais au sens où la perspective d'un renversement des bases de fonctionnement traditionnel de la société suscite un enthousiasme dans les couches populaires. Il s'agit pour elles de la reconstruction du lien social à partir de la reconnaissance des droits fondamentaux, et cela représente une nouveauté radicale par rapport à deux cents ans de despotisme dont le «macoutisme» est le dernier rempart. C'est pour cela qu'on peut parler de véritable enthousiasme, au sens où Kant l'indiquait dans Le Conflit des facultés à propos de la Révolution française : «Le véritable enthousiasme n'accueille jamais que l'idéal, plus exactement que ce qui est purement moral, telle la notion de justice qui ne saurait être greffée sur l'égoïsme.» Ce n'est pas qu'une telle situation soit exempte de possibilité de fanatisme religieux, ou ne soit pas un handicap pour le passage à une pratique politique autonome, disposant de sa propre rationalité et donc délivrée des références ou attaches religieuses ; mais tout se passant comme s'il fallait supprimer tous les symboles d'un passé d'arbitraire, on aboutissait à un degré zéro de la vie politique et sociale. La religiosité, diffuse dans les masses, ne donne pas en effet à voir en Haïti un attachement à tel ou tel culte particulier (il arrive que, dans les milieux populaires, un individu passe facilement du catholicisme au vodou ou du protestantisme au catholicisme) ; elle semble ainsi avoir offert un langage adéquat aux masses à un moment où elles expriment leur désir de changement radical. Autrement dit, l'effondrement de la dictature ouvre un contexte révolutionnaire où la demande de droit et de démocratie n'a point encore de support dans les structures et institutions de la société et apparaît au sens strict exorbitante, au point de se sentir à son aise dans le langage religieux. Cependant, là aussi réside un danger, celui d'une confusion entre le religieux et le politique, revers de l'enthousiasme caractéristique de ce que Ernst Bloch appelait les «courants chauds» de la lutte politique.

Mais si l'Église catholique garde son rôle de leadership dans la lutte pour l'établissement de la démocratie, à quelles conditions le pourra-t-elle? Et quelles en sont les conséquences? Plus concrètement, comment la hiérarchie catholique et surtout Rome vont-elles réagir? Et comment l'Église, mais cette fois toutes tendances confondues, va-t-elle se situer par rapport aux partis politiques qui sont censés désormais pouvoir prendre le relais du clergé, grâce à la chute de la dictature? Nous ne pourrons répondre à ces questions qu'en retraçant le processus qui conduira la majorité de la population à choisir pour président un religieux, le père Jean-Bertrand Aristide.

L'émergence de la candidature du père Aristide à la présidence

Avec l'implantation progressive des partis politiques, à partir de février 1986, le rôle de leadership rempli par l'Église au plan de la défense des droits de l'homme et de la démocratie aurait dû normalement diminuer. Mais ce n'est pas ce qui s'est passé, pour au moins deux raisons principales. La première est que les partis politiques, pour la plupart de tendance de centre droit, s'évertuent à rechercher la sympathie de l'armée lors des compétitions électorales et n'osent pas se laisser entraîner dans les revendications de justice des couches populaires. La seconde est que, consciente de sa force sur l'échiquier politique, l'Église prétendait déterminer l'évolution politique de la société haïtienne.

Face aux carences de l'État, l'Église dispose d'un nombre important de services sociaux et éducatifs à travers tout le pays et d'un crédit considérable auprès des couches populaires pour avoir collaboré activement à la chute de la dictature. De 1986 à 1988, la Conférence épiscopale produira divers documents (messages et lettres pastorales) par lesquels elle appuie le processus de transition démocratique, renforce les luttes pour la justice et pour les droits de l'homme. Le 7 juillet 1987, elle déclare à la suite de manifestations organisées contre le gouvernement provisoire et qui ont provoqué douze morts par balle tirées par les militaires : «Face à la crise actuelle, l'Église doit aider le peuple à se maintenir sur la route qu'il s'est choisie pour le passage à la société démocratique. Cette route n'est pas la voie de la violence ni de la violation des droits de l'homme, ni de la dictature[134].» Plus tard, le 4 décembre 1987, après les élections sanglantes du 29 novembre, la Conférence épiscopale publie un message dans lequel elle écrit :

> «C'est pour la première fois que nous voyons en Haïti tirer d'une façon généralisée sur des maisons privées, des presbytères et des églises (…). C'est pour la première fois que nous voyons des civils armés brûler des bulletins de vote (…). La Conférence des évêques d'Haïti (…) condamne ces crimes crapuleux commis contre des personnes sans défense.»

Non contente de donner des orientations précises sur ce que devrait être le nouveau régime démocratique, l'Église s'est lancée en 1986 dans un immense projet national d'alphabétisation (le taux d'analphabètes en Haïti étant le plus fort de toute la Caraïbe et de l'Amérique latine), qui allait mobiliser de nombreux prêtres, des religieux, des intellectuels et des jeunes.

Mais au fur et à mesure que le projet se développe, les évêques s'inquiètent de ne plus pouvoir le contrôler, et de ne plus exercer la moindre influence sur les « communautés ecclésiales de base» dites ti-légliz. Le 30 avril 1988, par un simple communiqué, les évêques déclarent dissous le Conseil national d'alphabétisation et mettent fin

---

[134] Cf. Présence de l'Église en Haïti (1988), p. 293.

brutalement au projet : «La situation du pays, soulignent-ils, n'est pas favorable à une opération hautement centralisée[135].» Comment expliquer ce revirement de la Conférence épiscopale par rapport à ses attitudes antérieures et quelles en sont les conséquences sur l'évolution politique du pays? Avant de répondre à ces questions, il faut rappeler dans quel nouveau contexte politique s'opère ce revirement. En 1988, le processus de transition démocratique est rigoureusement bloqué par les militaires, de plusieurs manières. Ils utilisent les macoutes comme escadrons de la mort, dénommés zenglendo, pour exercer la terreur dans les milieux populaires et réprimer les partisans du mouvement démocratique. Ils tentent ensuite d'empêcher toute élection qui serait organisée par un Conseil électoral indépendant, et surtout de rendre impossible l'application de la Constitution votée le 29 mars 1987, qui interdit à l'armée de sortir de la neutralité politique. En même temps, on observe que l'ambassade américaine prend un poids grandissant dans le fonctionnement de la vie politique du pays.

C'est au cœur de cette impasse politique que la Conférence épiscopale choisit d'adopter une attitude plus prudente, sinon plus réservée par rapport aux couches populaires dont les revendications se font chaque jour plus radicales, d'autant qu'elles sont devenues la cible de la répression mise en œuvre par l'armée. Massacres de paysans quand éclatent des conflits terriens, assassinats de leaders politiques et de représentants des organisations de défense des droits de l'homme, insécurité générale à travers le pays, pendant que les macoutes pourchassés lors de la chute de la dictature reviennent en force; telles sont les conditions encouragées par l'armée afin d'éviter toute possibilité de passage à la démocratie. Les leaders politiques, nombreux, n'ont cependant de cesse de chercher les faveurs de l'armée pour accéder à la présidence… À cette date, fin 1988, le père Aristide est en principe encore loin de penser à une candidature à la présidence du pays. Son action se situe dans le prolongement de

---

[135] *Ibid.*, p. 344.

celle qu'il avait menée au cours de l'année 1985 pour la chute de la dictature. Ses critiques du « macoutisme » autant que de la politique américaine, accusée de protéger et de reconduire un système néo-duvaliériste, sont de type prophétique et parviennent à maintenir les couches populaires sur le front de la mobilisation de manière soutenue, en dépit du climat d'insécurité et de répression.

Dans l'épiscopat, un seul évêque est solidaire de l'action du père Aristide, Mgr Romulus, évêque de la Grande Anse, au sud du pays, qui, en « outsider », choisit d'affronter directement dans ses discours et messages l'armée haïtienne et les macoutes qu'il dénonce comme les principaux obstacles à la démocratisation. Mais désormais, l'ennemi que macoutes et militaires pointent du doigt est le père Aristide, tandis que, pour la Conférence épiscopale, à l'exception, bien entendu, de Mgr Romulus, la tâche prioritaire devient non plus la réussite de la transition démocratique, mais l'éloignement du père Aristide de sa congrégation religieuse et même du pays. Le bras de fer qui a commencé fort tôt, soit dès les premiers mois qui suivent la chute du dictateur, se transforme rapidement en un problème national. Rappelons-en les étapes principales, car peu à peu la figure du père Aristide va apparaître comme la figure morale par excellence de la lutte contre le régime de l'arbitraire dont les derniers remparts sont les militaires et les macoutes. C'est aussi ce qui expliquera plus tard, en 1990, sa candidature comme porte-parole du mouvement démocratique.

Au mois de mai 1986, le père Aristide est prié par ses supérieurs d'entrer dans le silence ou de partir du pays…

Par des manifestations de rues, des jeunes ont tenté de protester auprès de la nonciature apostolique contre l'expulsion du père Aristide de sa communauté. Le Vatican est en effet déjà saisi de l'« affaire Aristide », et rien ne semble annoncer une issue prochaine de cette crise favorable à Aristide dans le cadre de l'ordre religieux.

Comment comprendre que la Conférence épiscopale ait accordé une si grande importance au départ d'Aristide de son ordre et même du clergé, sans redouter apparemment le risque d'une division au cœur de l'Église ? On ne peut répondre à cette question en enfermant l'affaire Aristide dans le seul cadre du fonctionnement interne de l'Église où elle semble, de prime abord, se dérouler... Au-delà des discours religieux, un autre enjeu apparaît prédominant : celui de l'avenir du mouvement démocratique haïtien.

On dirait tout d'abord que l'Église tentait d'éviter une radicalisation du mouvement social et politique qui avait pris appui sur elle pour se développer. Le départ d'Aristide de l'église Saint-Jean Bosco, foyer d'agitation et de lutte contre les macoutes, devenait alors indispensable...

Les années 1980 à 1990 représentent une période pendant laquelle le Vatican prend ses distances par rapport à la théologie de la libération qui se développe en Amérique latine. Au Brésil, Léonardo Boff, l'un des fondateurs et animateur de ce courant, est condamné au silence pendant un an par le Vatican, pour avoir écrit un ouvrage – Église, charisme et pouvoir – qui mettait en question les formes d'exercice de l'autorité dans le catholicisme romain officiel[136]. Il s'agissait ainsi pour le Vatican de parvenir à stopper le rayonnement de la théologie de libération. En Haïti, sous le concept de l'Église populaire, le père Aristide travaillait à renforcer les communautés de base face à une hiérarchie épiscopale de plus en plus en retrait par rapport aux revendications des couches populaires. Dès le 29 août 1987, un document de la Conférence épiscopale haïtienne mettait en garde contre l'emploi du concept d'Eglise populaire :

> « L'Église ne naît pas du peuple, si l'on donne au mot "peuple" un contenu purement politique, en le réduisant à certaines couches de la population à l'exclusion de certains groupes considérés comme n'appartenant pas au peuple. On introduit alors nécessairement dans l'Église la lutte des classes, l'acceptation de la violence et une certaine radicalisation politique » (*ibid.*, p. 306).

---

[136] La critique faite par le Vatican de l'ouvrage de L. Boff (1985) montre bien que c'est sur le problème du pouvoir que la hiérarchie catholique réagit, bien plus que sur les orientations sociales et politiques de la théologie de la libération.

Plus loin, le document précise : « Une "Église populaire" opposée à l'Église présidée par ses pasteurs légitimes est (…) une déviation… » (pp. 306-307). Les évêques redonnent alors une nouvelle définition aux communautés de base et dénoncent leur utilisation comme « lieux d'action politique ». Une telle critique à prétention théologique du rôle des ti-légliz aboutit, non pas seulement à creuser la distance entre l'épiscopat et les masses catholiques, mais à faire du père Aristide, porte-parole de l'Église populaire, la cible privilégiée des militaires et des macoutes. Après plusieurs tentatives d'assassinat du père Aristide et de prêtres liés au courant de la théologie de libération, les Tontons macoutes décident alors d'incendier l'église Saint-Jean Bosco et d'organiser un massacre au cours d'une cérémonie célébrée par le père Aristide. Douze personnes périssent et des dizaines de blessés sont retirés de l'église totalement calcinée.

Faute de place, nous ne pouvons faire état de toutes les péripéties qui conduiront à des élections présidentielles sous contrôle d'observateurs internationaux de l'ONU le 16 décembre 1990. Qu'il nous suffise de souligner que le renforcement de la terreur organisé par le pouvoir militaire pousse davantage les couches populaires à s'accrocher à la figure d'Aristide comme à un symbole de leur volonté d'en finir avec le régime de l'arbitraire. Six mois avant les élections, l'ancien chef des Tontons macoutes se réinstalle en Haïti et déclare ses intentions de se porter candidat, alors même que la Constitution prévoit l'exclusion pour dix ans aux charges électives de tout individu connu pour sa participation active aux crimes de la dictature duvaliériste. L'échec de la transition démocratique devient alors de plus en plus probable. Plusieurs groupes et organisations populaires proposent au père Aristide de s'engager cette fois dans un défi électoral contre l'imminence d'un retour en force des macoutes au pouvoir. Dès la proclamation de sa candidature à la présidence, les foules se pressent aux bureaux d'inscription électorale, alors qu'auparavant elles choisissaient de s'abstenir, faute de trouver un leader politique à la mesure de leur demande de démocratie.

Les religions à l'épreuve du processus démocratique

Il est clair jusqu'ici qu'on ne saurait confondre le mouvement populaire de lutte qui aboutit à la victoire du père Aristide aux élections présidentielles avec un mouvement religieux marqué au coin du fanatisme ou d'un quelconque intégrisme. Bien au contraire, on assiste à l'échec d'une série de tentatives de produire une polarisation religieuse des luttes politiques. En effet, on se souvient que, dès les premiers mois qui suivaient la chute de la dictature en 1986, les pratiques dites de *dechoukaj* avaient subi une dérive quand la foule s'était mise à attaquer des prêtres vodou accusés indistinctement de sorcellerie. Cette dérive se produisit sous l'instigation de pasteurs protestants évangélistes et baptistes. Mais la seule possibilité de liberté d'expression qui, à cette phase de la transition démocratique, n'était pas entravée, permettait une vive critique de cette dérive. De même, l'épiscopat avait beau désigner le concept d'Église populaire comme une « déviation » religieuse, les divers groupes de *ti-legliz* persistaient à s'engager dans la lutte politique. Un mois après les élections présidentielles du 16 décembre 1990, l'investiture d'Aristide n'ayant pas encore eu lieu, l'ancien chef des Tontons macoutes tente de prendre le pouvoir par un coup d'État, avec la complicité de l'archevêque de Port-au-Prince, Mgr Ligondé. Environ un demi-million de personnes envahissent les rues de la capitale pour mettre en échec le coup d'État. Le peuple en colère incendie l'ancienne cathédrale ainsi que le siège de la Conférence épiscopale, puis met à sac la résidence du nonce apostolique, à la recherche de l'archevêque en vue de le lyncher. En revanche, c'est la même foule qu'on retrouve dans les églises, le 7 février 1991, pour célébrer la victoire du père Aristide aux élections. Dans cette foule, sont mêlés à la fois catholiques, protestants et vodouisants…

En définitive, à considérer la structure et l'orientation des revendications exprimées en Haïti à partir des années 80, on s'aperçoit qu'elles sont essentiellement de nature politique et qu'elles comportent toutes non pas, malgré toutes les apparences, une demande sociale, mais d'abord une demande de droit et de démocratie. Les groupes sociaux les plus démunis ont compris que la source principale de leur pauvreté résidait dans une dictature de type archaïque réfractaire à tout développement économique. Certes, on doit toutefois reconnaître que les conversions aux confessions religieuses baptistes, évangélistes ou pentecôtistes, pour ne citer que les plus connues, s'opèrent la plupart du temps sur la base d'une diabolisation du vodou, et donc d'une quête de libération par rapport à ce qui est tenu pour un mal absolu. Une tendance au fanatisme se laisse bien repérer, mais ce qui demeure fondamental aux yeux du nouveau converti, c'est sa quête de mobilité sociale et l'acquisition d'un nouveau langage symbolique capable de mieux rendre compte de ses misères et malheurs. Sous ce rapport, la crise du vodou, comme religion la plus profondément ancrée dans la vie sociale et culturelle, a précédé celle des autres systèmes religieux. Peut-être même que cette crise a favorisé le succès des diverses confessions protestantes et sectes, autant que celui des communautés chrétiennes de base. Dans tous les cas, le combat pour la démocratie qui s'est déployé principalement dans l'Église catholique et à partir d'elle soulève de nouvelles interrogations sur les rapports entre religion et démocratie. Nous ne pourrons ici qu'indiquer, en guise de conclusion, certaines pistes d'analyse.

Étant donné les circonstances dans lesquelles s'est déployé le mouvement de démocratisation en Haïti (comme l'absence de partis politiques ayant liberté de s'exprimer), devra-t-on dire que nous avons été en présence d'une remarquable tentative d'instrumentalisation du religieux par le politique ? La tentation semble avoir été facile et, du reste, l'épiscopat en a bien eu l'intuition face à l'empressement avec lequel les couches populaires dans les campagnes et dans les bidonvilles décident de s'organiser en communautés de base et d'investir la Conférence épiscopale pour qu'elle soutienne officiellement ses revendications. De même, on observe qu'entre 1978 et 1988 le nombre de demandes d'entrée au grand séminaire a presque triplé en passant d'une centaine de jeunes en provenance des classes populaires à environ 275. Mais dans ses critiques et mises en garde, l'épiscopat visait davantage les prêtres et les religieux qu'il soupçonnait de manipuler ces communautés de base – si ce soupçon a un certain fondement.

Il n'est pas moins vrai que l'épiscopat sent ainsi vaciller son pouvoir sur le clergé qui encadre les *ti-legliz*.

Ce qui paraît peu discutable en tout cas, c'est que des trois systèmes religieux en présence en Haïti, seule l'Église catholique pouvait être le fer de lance du mouvement de démocratisation. En effet, les communautés de base, encadrées par des leaders issus de leurs rangs et par des prêtres et des religieux, parvenaient à produire une critique des alliances passées du catholicisme avec le pouvoir dictatorial. Du coup, ces communautés accédaient à une certaine liberté par rapport aux autorités religieuses comme par rapport au pouvoir politique. On est bien loin d'un travail d'instrumentalisation du religieux. Ce sont des facteurs internes à l'Église elle-même qui ont rendu possible cette orientation des communautés de base; l'usage systématique de la langue créole pour les textes bibliques, pour l'enseignement religieux et pour la liturgie a favorisé pour la première fois une réelle connaissance des éléments doctrinaux fondamentaux du christianisme. On peut presque parler d'une protestantisation du catholicisme en Haïti, par laquelle l'individu acquiert une certaine autonomie dans son interprétation du christianisme dont il fait une force de critique et de moralisation progressive de la vie politique. Les exigences démocratiques et les revendications sociales s'expriment sur la base du thème de l'égalité de droit entre tous les êtres humains véhiculé par la théologie de la libération. On le voit bien, les communautés de base ne visent pas, comme les mouvements d'action catholique, à accroître le pouvoir de l'Église sur la société. Nouvelle forme d'appropriation du christianisme, elles préparent la voie à une démocratisation de la société. En ce sens, ces communautés ne sont pas une réduplication des modes traditionnels d'association fondés sur des règles non sujettes à la critique. Bien au contraire, tout en reconstruisant des solidarités qui ont disparu par suite du déracinement provoqué par un développement économique anarchique, les communautés de base invitent l'individu à prendre en main sa propre histoire, à porter un regard critique sur les structures de la vie sociale et politique et à mettre en œuvre une utopie de refondation du lien social, sur des bases autres que celle du despotisme...

Nous assistons ainsi, à travers les *ti-legliz*, à une volonté de libérer les institutions religieuses de leurs liens traditionnels avec les pouvoirs établis, en même temps à un refus de réduire les pratiques religieuses à la sphère privée, individuelle. Dans un contexte déjà dominé par une religiosité populaire – c'est le cas d'Haïti et de maints pays de l'Amérique latine – les communautés de base, comme lieux d'apprentissage des règles et des pratiques démocratiques, ouvrent à l'esprit de tolérance par rapport aux autres systèmes religieux et deviennent ainsi plus libres pour produire la critique de leurs aspects aliénants ou de leurs collusions avec la dictature.

Ce rôle positif des communautés de base a pourtant ses revers. D'abord, plus le processus de démocratisation s'affirme, plus leur succès diminue. Mais, dans la mesure même où elles affaiblissent l'autorité de la hiérarchie épiscopale, elles cessent d'obtenir son appui et sont soupçonnées de plus belle de déviationnisme. Elles seront alors portées à orienter toute leur force vers l'action politique qui, elle, ne soulève pas moins de difficultés. À approfondir l'enquête sur l'évolution des *ti-legliz* pendant les premiers mois d'exercice du pouvoir par le père Aristide, on découvrira par exemple que, tout en collaborant avec des syndicats ou des mouvements politiques, elles poussaient davantage à une pratique populiste qu'à la mise en place d'une force politique organisée, car celle-ci requerrait un plus grand détachement par rapport aux pratiques et croyances religieuses. En attendant, les *ti-legliz* auront ouvert au cœur même de l'Église un conflit qui est encore loin de pouvoir être dépassé... Le processus de démocratisation a pour conséquence d'enlever aux religions le rôle qu'elles détenaient de seuls repères symboliques pour la reproduction de la société, car, en ouvrant un espace politique, ce processus entraîne de nouvelles interrogations sur le mode d'organisation de la société, les lois qui la gouvernent et le fondement du pouvoir[137].

Mais n'assistons-nous pas ainsi à une mutation nécessaire de la culture haïtienne, voire à une crise de cette culture? En effet, l'individu n'est-il pas dorénavant acculé à une double tâche : celle d'assumer ses croyances avec une certaine autonomie face aux structures d'autorité religieuse qui, pour lui, tombent sous le soupçon, et celle de redéfinir la place à accorder à ces mêmes croyances dans une société où l'expression et la résolution des conflits devront passer par des formes rationnelles de consensus, sans égard à l'appartenance religieuse, mais sur la base nouvelle de l'égalité des droits présupposée par un processus démocratique?

Références bibliographiques

ARISTIDE J.-B., 1992, *Tout homme est un homme,* Paris, Le Seuil.

______, 1993, Théologie et politique, Montréal, Cidhica.

BARTHÉLÉMY G. et GIRAULT C. (éd.), 1993, *La République haïtienne. État des lieux et perspectives*, Paris, Karthala.

BIDET J. (éd.), 1994, *Les Paradigmes de la démocratie*, Paris,

PUE. BOFFL., 1985, *Église, charisme et pouvoir*, Paris, Éd. Lieu commun.

CASTORIADIS C., 1986, *Domaines de l'homme. Les carrefours du labyrinthe*, Paris, Le Seuil.

---

[137] Pour approfondir la question d'une moralisation de la vie politique par le christianisme, là où il est libéré de ses liens avec le pouvoir, voir les réflexions de J.-J. Wunenberger (1990) ou de P. Ricœur (1991). La perspective que nous soutenons ici reste celle d'une laïcité incontournable pour la démocratie; nous rejoignons les conclusions de F. Midy dans son article sur « Les chemins de la démocratie en Haïti» (1989), pp. 41-42 : «Il faut libérer le politique du religieux. Les chemins de la démocratie passent par la sortie du religieux haïtien (…) le messianisme populaire pourrait devenir un obstacle au progrès de la démocratie. Tout en impulsant le mouvement pour le changement, il ne semble pas pouvoir diriger les politiques du changement.» Nous insistons en outre ici sur la crise que le processus démocratique introduit nécessairement dans les cultures dites traditionnelles en ouvrant un questionnement permanent sur le fondement du pouvoir, comme par exemple J. Habermas (1987), C. Lefort (1986) ou C. Castoriadis (1986) en particulier l'ont bien montré.

CORTEN A, 1989, *L'État faible. Haïti et la République dominicaine,* Montréal, Cidhica.

DELINCE K., 1993, *Les Forces politiques en Haïti,* Manuel d'histoire contemporaine, Paris, Karthala et Pegasus Books.

GARCIA-RUIZ J., 1990, « Du mouvement universitaire catholique à la théologie de la libération », in Archives de sciences sociales des religions, juillet-septembre, pp. 25-42.

HABERMAS J., 1987, Théorie de l'agir communicationnel, t. 1, Rationalité de l'agir et rationalité de la société, Paris, Fayard.

HECTOR C, 1991, Une quête du politique. Essais sur Haïti, Montréal et Port-au-Prince, Cidhica et Deschamps.

HURBON L., 1979, *Culture et dictature en Haïti. L'imaginaire sous contrôle*, Paris, L'Harmattan.

______, 1987, *Comprendre Haïti. Essai sur l'État, la nation, la culture,* Paris, Karthala.

______, 1989, « Enjeu politique de la crise actuelle de l'Église », in Chemins critiques, revue haïtiano-caribéenne, vol. I, n° 1, pp. 11-22.

______, 1991, « L'insurrection de la nuit du 6-7 janvier 1991 en Haïti », in *Chemins critiques*, revue haïtiano-caribéenne, vol. II, n° 1, pp. 11-27.

LEFORT C., 1986, *Essais sur le politique*, XXᵉ-XXᵉ siècles, Paris, Le Seuil.

LEVINE D.H, 1990, « L'impact de la théologie de la libération en Amérique latine », in Archives de sciences sociales des religions, juillet-septembre, pp. 43-62.

LOWY M., 1990, « Modernité et critique de la modernité dans la théologie de la libération », in Archives de sciences sociales des religions, juillet-septembre, pp. 7-24.

LUNDHAL M., 1979, Peasants and Powerty A Study of Haiti, Londres, Croom Helm Ltd.

MIDY F., 1989, « Haïti : la religion sur les chemins de la démocratie. L'affaire Aristide en perspective : histoire de la formation et du rejet d'une vocation prophétique », in Chemins critiques, vol. I, n° 1, pp. 23-44.

NÉRESTANT M.M., 1994, Religions et politique en Haïti, Paris, Karthala.

PILLOT D., BELLANDE A., PAUL J. L. (éd.), 1993, Paysans, systèmes et crise, t. 1 et 2, Pointe-à-Pitre, DAC, Université des Antilles et de la Guyane. Présence de l'Église en Haïti. Messages et documents de l'épiscopat (1980-1988), Paris, Éd. SOS.

RICŒUR P, 1991, *Lectures 1, Autour du politique*, Paris, Le Seuil.

TOUSSAINT H., 1992, « Église catholique et démocratie en Haïti », in Problèmes d'Amérique latine, Paris, *La Documentation française,* n° 4, janvier-mars, pp. 43-60.

WUNENBURGER J.-J., 1990, « L'État démocratique et le retour du religieux », in Cahiers de philosophie politique et juridique, Université de Caen, n° 18, pp. 217-239.

Chapitre 11
Le pentecôtisme et l'imaginaire
de l'espace public

Le pentecôtisme est de tous les nouveaux mouvements religieux celui qui connaît le plus grand essor en Haïti depuis les années 1980. Le ministère des cultes reconnaît qu'il lui est extrêmement difficile de suivre la progression du pentecôtisme, car il se fractionne en Églises indépendantes qui s'installent avec rapidité dans les quartiers populaires et dans les zones rurales les plus reculées. La ferveur des assemblées pentecôtistes se manifeste dans une conjoncture politique qui depuis près de deux décennies est marquée par une succession de coups d'État et de gouvernements éphémères (pas moins de treize se sont succédé en 15 ans depuis 1986, date de la chute de la dictature vieille de trente ans des Duvalier). Oscillant souvent entre l'enthousiasme et le désenchantement, les couches sociales défavorisées du pays semblent aujourd'hui manifester une certaine méfiance vis-à-vis du processus de démocratisation. On peut se demander si le succès du pentecôtisme n'exprime pas un retrait accentué par rapport au politique ou peut-être depuis ce retrait un espoir de moraliser et d'influencer la vie politique. En effet, dans une enquête récente (1997) sur les valeurs démocratiques en Haïti, on découvre que 69 % des enquêtes affirment que l'État ne s'occupe pas de leurs desiderata, mais que 81 % croient pouvoir influencer le gouvernement s'ils font partie de groupements ou d'organisations. La même enquête nous apprend que la majorité des Haïtiens, toutes couches sociales confondues, disposent d'un niveau de connaissance élevé de leurs droits fondamentaux. En revanche, la vision de l'État est celle d'un ennemi dont on ne peut attendre qu'il se convertisse lui-même en instance protectrice des droits fondamentaux. Quel type de rapport le pentecôtisme entretient-il avec la vie politique ? Ou comment espère-t-il coopérer à un changement quelconque de la vie politique, s'il est vrai que le désir d'une amélioration de la vie sociale et politique est très fort dans la majorité de population ? Nous tenterons pour le moment d'examiner cette question seulement de manière indirecte en cherchant à comprendre l'imaginaire de l'espace public qui sous-tend le mouvement pentecôtiste en Haïti.

Montée récente du protestantisme en Haïti

Il y a plusieurs vagues de progression du protestantisme[138] en Haïti. La première semble se situer un peu après le départ de l'occupant américain qui a dirigé le pays de 1915 à 1934. On constate qu'en 1938, il existe par exemple 45 932 fidèles de l'Église de Dieu de la prophétie qui provient des États-Unis[139]. En règle générale, les dénominations Église de Dieu ou Assemblée de Dieu rentrent dans la catégorie des pentecôtistes. Mais alors qu'en 1972 15,3 % de la population pratiquait le protestantisme contre 80,8 % le catholicisme, en 1997, on découvre qu'il n'y a plus que 55 % de la population à pratiquer le catholicisme contre 28,7 % le protestantisme. Mais le caractère spectaculaire du succès du protestantisme se découvre dans les campagnes qui restent encore dominantes au plan démographique en Haïti : en 1972, seulement 14,9 % de la population est protestante, alors qu'en 1997, 25,7 % de Haïtiens deviennent protestants. Quel est le pourcentage des pentecôtistes parmi les protestants ? D'après Charles Romain Poisset[140], les pentecôtistes représentent dans les

---

[138] Poisset, Charles Romain, *Le Protestantisme dans la société haïtienne. Contribution à une étude sociologique de la religion,* Port-au-Prince, Imprimerie Deschamps, 1986, surtout les pp. 77-95 qui présentent la naissance d'un protestantisme populaire en Haïti, à partir des années 1970 « qui voient l'entrée en lice d'une nouvelle génération de sectes pentecôtistes, "spontanéistes", d'étiquette théologique mixte » (p. 82).

[139] Houtart, François et Rémy, Anselme, *Haïti et la mondialisation des cultures,* Port-au-Prince et Paris, Cresfed et L'Harmattan, 2000.

[140] Poisset, Charles Romain, *op. cit.* Nous reprenons ici les données statistiques du chapitre II,

années 1980 36,84 % de la population protestante tandis que les baptistes réalisent le score de 26,33 %. Dans tous les cas, à examiner la liste des confessions religieuses en exercice en Haïti, on remarque sans peine que celles qui s'installent le plus dans les milieux populaires sont les pentecôtistes : dans la capitale, elles représentent 47,36 %. Il faut préciser qu'elles ne cessent d'augmenter le nombre de leurs adeptes et qu'elles parviennent à s'implanter dans les quartiers les plus inaccessibles. Le ministère des cultes ne parvient pas à connaître le nombre de confessions pentecôtistes, puisqu'elles se créent par scissiparité et constituent des Églises autonomes parfois sans lien avec une mission centrale ou avec une Église mère à l'étranger. Sur une liste provisoire d'environ 400 dénominations religieuses protestantes obtenue il y a quelques mois au ministère des cultes, au moins 200 sont des Églises pentecôtistes.

Si l'on tient compte des données de l'enquête récente (en 1997), conduite par Houtart et Rémy, on doit admettre que l'Église catholique perd chaque jour davantage son hégémonie dans la société traditionnelle, car elle passe dans la zone métropolitaine de 78,9 % en 1982 à 49,6 % en 1996, pendant que les protestants, tous groupes confondus, ne font que progresser. Dans la catégorie d'âge de 18 à 25 ans, on s'aperçoit que les protestants atteignent 48,3 % contre 39,3 % chez les catholiques ; de même, les commerçants et les artisans forment 51,9 % chez les protestants. Il s'agit de changement d'appartenance religieuse qui se produit dans la jeunesse et en même temps dans une catégorie sociale, celle des commerçants dont le nombre ne cesse d'augmenter au fur et à mesure même que le chômage devient la condition ordinaire de la population en âge de travailler.

Très minoritaire en Haïti pendant tout le XIXe siècle, le protestantisme touchait encore en 1940 seulement 3 % de la population, alors que l'occupation américaine allant de 1915 à 1934 devait attirer de nombreuses confessions venues des États-

---

pp. 89 *sq.*

Unis. C'est que les Américains eux-mêmes ont dû composer avec le monopole religieux dont disposait l'Église catholique. En 1941, le clergé catholique français, d'origine bretonne en majorité, pouvait par exemple organiser avec l'appui de l'État une campagne massive d'éradication des croyances et pratiques du vodou, culte populaire repris de l'Afrique et réélaboré dans la période esclavagiste, et en même temps cherchait à faire mettre hors la loi le protestantisme. C'est dans ce contexte qu'une Église pentecôtiste – l'Église de Dieu – a été dissoute par le gouvernement. Elle s'est reconstituée peu après sous une nouvelle appellation, « Mission Eben-Ezer[141] ».

Pour comprendre l'importance du succès actuel du type de protestantisme que représente le pentecôtisme en Haïti, il faut se référer à la position qu'occupe le catholicisme dans l'histoire et dans la culture du pays. Jusqu'ici, c'est un concordat conclu depuis 1960 entre l'État haïtien et le Vatican qui régit le mode de fonctionnement de l'Église catholique dans la société.

En faisant du catholicisme la religion officielle du pays, le concordat plaçait l'éducation et la culture sous le contrôle exclusif du clergé catholique. Celui-ci tentait vainement de pousser le peuple haïtien à « rejeter » explicitement les croyances du vodou comme héritage d'une Afrique qu'on disait plongée dans la barbarie et la superstition. Car paradoxalement, c'est le catholicisme lui-même qui servait de support au calendrier et aux rites du vodou. Il faut être catholique pour être un vodouisant, disait-on un peu partout dans le pays. De la sorte, se convertir à une confession protestante revient encore aujourd'hui à rompre avec le catholicisme comme avec le vodou.

Nous n'avons pas l'ambition de rendre compte de manière exhaustive de la montée du protestantisme, et particulièrement du pentecôtisme en Haïti. Mais nous pouvons tenter de présenter quelques indices sur cette montée en proposant de la mettre en regard

---

[141] *ibid.*, p. 78.

avec la situation du catholicisme. L'Église avait épousé totalement le mode d'organisation territoriale du pays à travers le système des évêchés, des paroisses et des chapelles qui correspondent aux départements, aux villes et communes et aux sections rurales. Sous ce rapport au moins, tout semblait marcher la main dans la main entre l'Église et l'État. Mais avec les changements démographiques et économiques survenus pendant les trente dernières années, soit vers les années 1970 et 1980, la position traditionnelle de l'Église allait connaître une sévère érosion. Prenons par exemple les données démographiques concernant la capitale, Port-au-Prince. En 1980, elle ne comptait que 715 959 habitants, mais en 1988, elle a 1 567 880 habitants, puis, en 1996, 2 274 606 habitants[142]. Étant donné l'absence totale de planification et de prévision concernant le développement de la capitale, l'installation des nouveaux habitants venus des campagnes rurales s'est faite dans la plus grande anarchie au point que la capitale est devenue un espace où les bidonvilles prolifèrent. Même si l'espace réservé aux bidonvilles atteint environ 22,15 % de l'aire totale urbanisée[143], on dénombre 1 528 739 habitants qui vivent dans les bidonvilles. Rien n'ayant été prévu pour l'accueil de ces nouveaux arrivants, il s'est produit une véritable ruralisation de la capitale, au sens où les modèles de la vie rurale ont prévalu dans les méthodes et les pratiques d'occupation de l'espace. L'Église catholique s'est adaptée à cette nouvelle situation à travers les TKL ou *Ti-Kominote legliz,* petits groupes de fidèles, pour la plupart des jeunes des bidonvilles de la capitale et des villes de province ; ils se rassemblent dans la mouvance de la théologie de la libération[144]. L'Église avait déjà pu intégrer un certain nombre

---

[142] Nous disposons maintenant d'une étude très précise sur *Les Problèmes environnementaux de la région métropolitaine de Port-au-Prince* (dossier préparé sous la direction de Gérard Holly), Commission pour la commémoration du 250ᵉ anniversaire de la fondation de la ville de Port-au-Prince, 1999, pp. 23 *sq.*

[143] *Ibid.*, p. 72.

[144] Voir sur l'Église et le processus de démocratisation en Haïti, le chapitre : «Rôle et statut du religieux dans les luttes de sortie de la dictature en Haïti». Voir également, sur le poids encore actuel de la théologie de la libération dans toute l'Amérique latine, l'ouvrage de Lowy Michael, *La Guerre des dieux. Religion et politique en Amérique latine,* Paris, Éd. du Félin, 1998.

d'aspects de la culture populaire, dont la langue créole et le tambour, instrument privilégié du culte du vodou. De la sorte, les fidèles se sentent de moins en moins étrangers dans le catholicisme. Peu à peu, les autorités religieuses se mettent au diapason des revendications sociales et politiques qui proviennent des couches sociales pauvres du pays.

Tout se passe donc comme si l'espace public avait pu être occupé par l'Église catholique. De même, elle a su mobiliser toutes les couches sociales à travers sa station de radio, appelée «Radio Soleil», dans la lutte contre la dictature de trente ans (1957-1986) des Duvalier. Cependant, au moment où nous écrivons, l'Église perd de plus en plus cette hégémonie qu'elle avait pu aménager à la faveur des luttes pour le changement démocratique. C'est qu'au fond elle aurait épuisé ses ressources dans ces luttes. Les revendications ne transitent plus par l'Église, elles ont l'État comme destinataire, mais en même temps l'État est impuissant face à la montée de ces revendications.

L'attrait du pentecôtisme dans les couches pauvres du pays

Les pratiques et les croyances du renouveau charismatique dans l'Église catholique recoupent pour une grande part celles du pentecôtisme. Nous pouvons d'ores et déjà soutenir – sous la réserve d'une démonstration plus détaillée – qu'il se produit une véritable pentecostalisation de l'Église catholique en Haïti, et également des Églises baptistes. Comme si le pentecôtisme exerçait une sorte d'attraction sur l'ensemble des groupes religieux dans la société haïtienne et, partant, une influence importante sur l'espace public lui-même, pour autant qu'on puisse s'entendre sur le concept d'espace public tel qu'il est compris en Haïti. Pour que cela soit possible, la société haïtienne doit disposer d'un faible coefficient de sécularisation. Autrement dit, il y aurait un terrain qui prédisposerait à un impact grandissant du pentecôtisme. Il convient de rendre compte de ce terrain, c'est-à-dire des conditions pratiques de développement du pentecôtisme en Haïti. En cherchant à scruter les rapports entre pentecôtisme et espace public, nous tenterons tout d'abord de mettre au jour les formes particulières du pentecôtisme en Haïti et leur mode de fonctionnement.

Les Églises pentecôtistes n'hésitent pas à s'implanter dans les quartiers dépourvus de routes, d'eau, d'électricité, de dispensaires et d'écoles. Chassés des campagnes par la pression démographique sur des terres trop exiguës, par l'impossibilité de vivre de l'agriculture, les habitants actuels des bidonvilles de Port-au-Prince sont attirés par le petit commerce des trottoirs et des «jobs» divers qui permettent au moins de subsister au jour le jour. Car les industries d'assemblage qui, dans les années 1970, pouvaient au moins absorber environ 100 000 ouvriers, ont pratiquement disparu de 1986 à nos jours, le coup de grâce ayant été donné par le coup d'État de 1991. L'insécurité régnante depuis l'accession de René Préval à la présidence du pays a poussé une bonne partie des entrepreneurs à choisir d'investir plutôt dans le pays voisin, la République dominicaine. Vivant dans des conditions d'insalubrité totale, les cases étant construites de manière totalement anarchique les unes sur les autres, sur les contreforts du Morne l'Hôpital (auquel la capitale est adossée) ou dans les ravins, ou encore sur le front de mer, ils connaissent le plus grand dénuement. Si l'on trouve quelques points d'eau, l'on cherchera en vain les latrines. La promiscuité est la règle dans ces cases pourvues d'une seule porte et de deux pièces qui doivent loger parfois jusqu'à six personnes. Le commerce au détail est recherché non pas comme une source de rentabilité, mais comme une occupation. Vivre dans de telles conditions pousse l'individu à comprendre sa situation comme un transit vers un autre espace : quel que soit le pays où l'on peut se rendre, il sera le meilleur.

Le pentecôtisme vient rencontrer l'individu dans sa condition de dénuement, là où il est rivé à une vie sans horizon et sans espoir. Un dénuement également d'ordre psychologique, car l'individu dans les bidonvilles perd peu à peu ses repères symboliques, fonctionne du moins apparemment comme un désaffilié, même s'il garde des contacts avec les membres de sa famille qui vivent encore en milieu rural ou dans un village. Mais il faudrait sans doute mieux dire que les repères dont il disposait auparavant perdent leur efficacité. Il ne nous est pas possible pour le moment d'entrer dans une discussion sur les facteurs qui rendent compte des conversions au pentecôtisme. Nous pouvons seulement déjà soupçonner jusqu'à quel point le pentecôtisme paraît adapté aux conditions des habitants des bidonvilles.

D'abord, l'Église se rend accessible à eux dans leurs propres quartiers. L'individu commence par recevoir des visites régulières de la part des fidèles qui viennent prier avec lui ou le visiter surtout lorsqu'il tombe malade. En règle générale, la maladie[145] ouvre la première brèche chez l'individu pour le mettre sur orbite du pentecôtisme. C'est en effet dans son corps que le candidat à la conversion ressent toutes les souffrances du système économique et politique qui l'a marginalisé. Dorénavant, un relèvement est possible parce qu'il est censé accueillir un appel qui lui est adressé personnellement du fond de sa détresse. «Dieu a un plan pour moi», me dit une jeune convertie. Sa guérison ou l'obtention d'un travail ou encore un geste de solidarité à son endroit sont autant de signes que l'individu interprète comme une élection personnelle de la part de Dieu. Mais cela n'est point encore suffisant pour ramener le converti ou le candidat à la conversion dans une sorte de paix avec lui-même. Tout autour de lui, le monde est rempli des fureurs du mal, du malheur, de désordres et de troubles, en sorte qu'il n'est guère encore à l'abri de tout danger. Il lui faut pouvoir nommer le mal, disposer d'une réinterprétation de toute l'histoire, de la sienne et de celle de son pays et du monde ; il lui faut retrouver un autre corps, une autre famille, une autre communauté, c'est-à-dire changer de forme de vie et d'éthique. L'Assemblée pentecôtiste offre à l'individu un nouvel espace intermédiaire de vie en le faisant participer à une nouvelle famille spirituelle qui lui assure une solidarité sans faille,

---

[145] Voir notre contribution sur «Pentecôtisme et transnationalisation dans la Caraïbe» au collectif (Corten André, Fratani Ruth, éd.), *Between Babel and Pentecost: Transnational Pentecostalism in Africa and Latin America,* Londres, Hurst Publisher, 2000 ; voir aussi, notre article «Pratiques de guérison et religion dans la Caraïbe» dans le collectif (Lautman Françoise et Maître Jacques, éd.), *Gestions religieuses de la santé,* Paris, Éd. L'Harmattan, 1995, pp. 91-106. De même, l'ouvrage de Brodwin Paul, *Médecine and Morality in Haïti. The contestfor healing power,* Cambridge University Press, 1996.

et surtout en le mettant en contact permanent avec une nouvelle puissance, celle de l'Esprit saint qui s'oppose à toutes les autres forces «surnaturelles» mauvaises qui désormais sont qualifiées de diaboliques. Dans l'Assemblée, on peut écouter les témoignages de guérison des anciens convertis, renforcer son adhésion à la nouvelle Église, se laisser aller à une libre expression de ses émotions à travers danses et chants ou à travers le «parler langue» incompréhensible (parce que venant du monde surnaturel) qu'est la glossolalie. Le temple où les fidèles se réunissent le dimanche ou certains jours de la semaine est considéré comme le premier espace public offert au converti. Espace aseptisé, purifié suffisamment pour accueillir les fidèles même toute une journée et toute une nuit quand on décide d'entreprendre un jeûne qui constitue un temps de pénitence, de prière et de méditation capable de rendre l'individu vulnérable au travail de «l'Esprit» dans son corps et, partant, assez fort pour affronter le mode diabolique du dehors. Un monde qui a partie liée à l'ordre politique Qu'est-ce que donc l'espace public dans un tel contexte pour le pentecôtiste? Ou encore quel est l'imaginaire de l'espace public que l'Assemblée pentecôtiste porte avec elle? Et tout d'abord comment comprend-on le concept même d'espace public généralement en Haïti aujourd'hui?

Sphère privée et sphère publique

Penser l'imaginaire de l'espace public chez le pentecôtiste, c'est en principe présupposer que le pentecôtiste s'est doté au préalable d'une sphère privée grâce à sa participation à une Église. Mais rien n'est moins évident, car on peut se demander si le converti ne considère pas son Église comme un espace public qu'il s'est constitué dans un contexte de confusion générale entre le public et le privé. C'est de ce contexte qu'il convient tout d'abord de rendre compte. En effet, l'espace public se définit – pour reprendre ici les thèses de Habermas dans son ouvrage sur *Droit et démocratie*[146]

---

[146] Cf. Habermas Jürgen, *Droit et démocratie. Entre faits et normes* (trad. Rochlitz Rainer et

– comme un réseau de communication ou plus exactement une scène dans laquelle se déploie une activité communicationnelle capable d'influencer l'opinion publique et à travers celle-ci le système politique. Or un tel espace rencontre encore en Haïti de nombreux obstacles pour pouvoir émerger. Ces obstacles[147] sont – et c'est sans doute une tautologie – ceux-là mêmes que rencontre la longue transition démocratique inaugurée depuis quinze ans sans succès véritable.

L'une des caractéristiques de la vie quotidienne en Haïti – peut-être est-ce ainsi dans de nombreux pays du Sud – est le chevauchement continuel du privé sur le public, une constante confusion des deux sphères, avec pour conséquence que l'individu finit par perdre tous les repères symboliques capables de l'aider à s'orienter dans ses rapports avec autrui et avec le monde. Dans les bidonvilles nombreux de la capitale, les conditions précaires de logement dans des cases exiguës rendent en effet impossible toute vie privée; l'individu demeure soumis au regard et au contrôle permanents du voisinage et n'a de cesse de se retrouver dans les rues ou de prendre les rues, les trottoirs ou les places publiques (quand elles existent) comme un prolongement de la sphère privée, c'est-à-dire comme des espaces où il faut se battre pour exister ou se donner une place au soleil. La débrouillardise et la chance règlent ici les pratiques sociales. L'on a ainsi des individus qui sont portés par une perspective de «mise en scène de soi», comme effet de l'atomisation de la société. Il y a eu pourtant confusément perçu l'horizon d'un État démocratique de droit à partir des revendications multiformes de liberté de parole, d'associations, de partis politiques, exprimées à la chute de la dictature. Mais rien n'est offert à l'individu pour lui permettre de comprendre le monde dans lequel il chemine. N'ayant pas accès aux journaux et aux revues, il doit se contenter des films hollywoodiens

---

Bouchindhomme Christian), Paris, Gallimard, 1997, pp. 387 *sq.* Pour Habermas, la précarité de l'espace public ouvre la voie au succès des mouvements populistes, c'est justement le spectacle auquel nous assistons aujourd'hui en Haïti.

[147] Voir l'article de Corten André, «Société civile de la misère», dans la revue haïtiano-caribéenne, *Chemins critiques,* Port-au-Prince, vol. IV, n° 1, septembre 1998, pp. 7-30; et de nombreuses contributions de l'ouvrage (Hurbon Laënnec, éd.), *Les Transitions démocratiques,* Paris, Éd. du Syros et Découverte, 1996 qui insistent sur les difficultés actuelles du processus de démocratisation en Haïti.

et des matchs de football de la télévision. L'État s'évertue à éviter tout plan d'éducation qui eût favorisé le développement de l'esprit critique nécessaire au processus de démocratisation. Le système scolaire est, par exemple, à environ 85 % entre les mains du secteur privé, comme si donc l'État demeurait indifférent à la constitution d'un espace public et à la préservation d'une sphère privée à l'individu.

Peut-on dire cependant face à la précarité de la sphère privée que l'État maintient sous un contrôle strict l'ensemble des activités de la vie quotidienne à travers le pays ? C'est sans aucun doute un paradoxe que finalement ces activités paraissent se déployer en toute autonomie, comme si l'État n'existait pas. De fait, le sens commun a toujours soutenu que la pratique de marronnage par rapport à l'État, succédané de la période esclavagiste, est une explication suffisante à cette apparente autonomie de la vie quotidienne en Haïti. À la vérité, on découvre une très forte dépendance des paysans comme des habitants des bidonvilles par rapport à l'État quand on examine les rapports hiérarchiques existant entre le créole (parlé par tous) et le français (parlé par une minorité), entre l'oralité et l'écriture, et surtout quand on prend en compte l'absence de protection des droits fondamentaux (la difficulté sinon l'impossibilité de recourir à un système judiciaire indépendant). Le moment de la conversion au pentecôtisme, comme moment de renaissance à une autre vie (*born again,* dit-on dans le pentecôtisme américain) est inauguré par une ré-interprétation des domaines propres à l'État comme l'empire du mal. Cette conception fait d'autant plus rage que l'État par ses services administratifs apparaît inaccessible ou, si l'on veut, que l'État se donne comme une instance en guerre avec les couches sociales marginalisées du pays[148].

Dans la défaillance de l'opposition entre la sphère privée et la sphère publique, le converti est porté à croire en une dissémination

---

[148] Nous nous contentons de renvoyer ici au solide travail de Lundhal Mats qui parvient à bien mettre en relief le rôle de l'État dans la production du sous-développement en Haïti, *Politics or Markets? Essays on Haitian underdelopment,* London, Routledge, Chapman and Hall, Inc. 1992. Voir aussi de Corten André (en collaboration avec Marie Blanche Tahon), *L'État faible, Haïti et la République dominicaine,* Montréal, Éd. du CIDIHCA, 1989.

du mal, donc de forces diaboliques partout, sur les routes, les rues, les trottoirs et les marchés, bref dans tous les espaces censés être sous le contrôle de l'État. Cette hypothèse est corroborée par le fait spectaculaire d'une entreprise appelée *débakatisation* (enlever les forces surnaturelles mauvaises, le mot *baka*[149] signifiant les « esprits » achetés et préposés par exemple sous forme de nains à la surveillance de ses propriétés) organisée par les pentecôtistes dans un espace reconnu récemment (soit en 1998) d'utilité publique et qui n'est autre que le Bois-Caiman[150]. Site historique où aurait lieu une cérémonie du vodou au cours de laquelle la plus grande insurrection des esclaves aurait été préparée dans la nuit du 22 au 23 août 1791, le Bois-Caïman joue un rôle important dans la genèse de la nation haïtienne; il est mentionné dans les manuels d'histoire du pays, mais le vodou comme culte a souvent été identifié à un système de croyances primitives et barbares et même a subi de nombreuses persécutions par l'Église catholique reconnue comme religion officielle du pays. Les croyances du vodou n'ont jamais pu en fait être déracinées, elles ont continué à servir de matrice d'interprétation de tous les événements de la vie quotidienne pour une bonne partie de la population. Ce que réclament les pasteurs pentecôtistes, c'est justement l'oblitération de la mémoire elle-même de la cérémonie du Bois-Caïman, car celle-ci aurait été, disent-ils, à la base de tous les malheurs de la vie politique en Haïti, c'est-à-dire du despotisme et du sous-développement; la nation elle-même aurait été fondée sur un pacte avec Satan. Aujourd'hui, le pentecôtisme réussit ainsi à pousser le converti à un abandon total du vodou alors diabolisé et à l'adoption d'un nouveau style de vie dont il attend un certain nombre de bienfaits matériels (comme par exemple la sortie de la condition de chômeur, la location d'une maison, la réussite dans ses affaires matrimoniales, etc.).

---

[149] On peut se référer à notre ouvrage, *Le Barbare imaginaire,* Paris, Éd. du Cerf, 1988, pour des informations plus détaillées sur la notion de « baka » dans le vodou haïtien, pp. 260 *sq.*

[150] Cf. les études récentes sur le rôle de la cérémonie du Bois-Caiman dans la genèse de la nation haïtienne et dans ses répercussions sur la chaîne des abolitions de l'esclavage dans les Amériques (Hurbon Laënnec, éd.), *L'Insurrection des esclaves de Saint-Domingue (22-23 août 1791),* Paris, Éd. Karthala, 2000.

Cependant, cet abandon du vodou ne se réalise pas sans quelques contradictions. En effet, on retrouve au cœur même des Assemblées pentecôtistes bien des éléments importants des croyances du vodou comme le réemploi des rêves (au cours desquels l'individu peut recevoir, par exemple, l'invitation à la conversion), la transe (mais sans la possession) sous l'effet de rythmes empruntés aux chants du vodou), la glossolalie, etc. Retenons toutefois que c'est seulement dans l'espace de l'église pentecôtiste que le converti se sent à l'abri des forces diaboliques considérées comme forces résiduelles du vodou, car celles-ci dominent les représentations de la vie collective. Le pentecôtisme haïtien accélère ainsi le processus de transnationalisation du converti pour le soustraire aux influences des dirigeants politiques pris dans les pièges du diable. D'où la croyance qu'à l'extérieur de l'église l'individu peut être l'objet d'attaques diverses de la part de ces forces. J'ai pu observer que dans de nombreuses cérémonies les prédications font une large utilisation de l'imaginaire vodou comme preuve par excellence de la présence de Satan en Haïti. Aussi, comme nous l'avons dit plus haut, le converti doit-il se protéger par des pratiques régulières de jeûnes et de prières, qui le familiarisent avec l'Esprit saint dont la puissance peut s'établir dans son corps au point de provoquer des guérisons miraculeuses ou des prophéties ou offrir une protection contre les agressions du « monde ». Mais il doit faire plus : aller dans tous les lieux publics, crier haut et fort la nécessité de la conversion et sanctifier ces lieux par les prières afin de chasser les forces diaboliques. Justement l'une des formes prises par le pentecôtisme haïtien est celle de l'Armée céleste[151] qui regroupe plusieurs églises et qui parvient à mimer au cours de ses cérémonies le combat contre Satan et à mettre au point des pratiques offensives d'exorcisme des lieux publics.

En définitive, on peut se demander si pour le pentecôtiste l'espace public n'est pas conçu essentiellement sur la base de l'imaginaire

---

[151] Voir les premières données d'enquête fournies par Corten André, dans son article, « Un mouvement religieux rebelle en Haïti : l'Armée céleste », dans la revue *Conjonction*, n° 203, Port-au-Prince, 1998, pp. 53-62, et son dernier ouvrage : *Haïti : misère, religion et politique*, Éd. Karthala, 2000.

de la sorcellerie[152]. Autrement dit, seule l'église elle-même, c'est-à-dire l'assemblée, offrirait un havre de protection contre un monde compris comme totalement hostile, et en quelque sorte un espace intermédiaire de vie qui sert à la fois de sphère privée et de sphère publique, au sens où l'individu est désormais capable de se laisser aller à une libre parole sur les souffrances de sa vie quotidienne et en même temps de retrouver une certaine fusion avec la communauté pentecôtiste, sa nouvelle famille. Peut-on dire que nous assistons ici à un marronnage (c'est-à-dire à une fuite) par rapport au politique ? Ou encore à un refus systématique du politique ? Dans tous les cas, la participation à la vie politique[153] n'est pas automatiquement exclue par le pentecôtisme. On le sait, dans certains pays de l'Amérique centrale et de l'Amérique du Sud, des groupes pentecôtistes sont constitués en vue de représenter une force parlementaire, ou appuient explicitement certains partis politiques ou tout simplement le pouvoir

---

[152] Dans son ouvrage sur *Sorcellerie et politique en Afrique,* (Paris, Éd. Karthala, 1995), Peter Geschiere soutient « que les références aux forces occultes s'accordent mal avec l'ouverture d'un "espace public" » (p. 268). Si cette perspective peut être retenue, il faut tout de suite préciser qu'il s'agit du dispositif de croyances de type traditionnel qui ne saurait être confondu avec le réemploi de l'imaginaire de la sorcellerie dans le cadre du pentecôtisme. Car là, nous voyons à l'œuvre un effort du converti – qui sans doute n'aboutit pas tout à fait – pour participer quelque peu à la modernité dont il se sentait exclu. Peut-on parler comme le fait Gérard Barthélémy dans la postface à l'ouvrage de Houtart et Rémy (déjà cité plus haut) que la poussée du protestantisme implique un renforcement, « une confirmation implicite » (p. 118) de la croyance dans un monde magique ? Qu'il y ait dans la conversion au pentecôtisme réemploi du magique, on ne saurait le contester, mais ce qui apparaît dans une analyse plus approfondie, c'est une confrontation explicite avec le monde de la magie et de la sorcellerie, qui démontre un refus de la condition sociale de misère. H n'y a pas sous ce rapport une simple reprise de la pensée symbolique (prépondérante sur la pensée analytique), mais avant tout une réorganisation du symbolique dans laquelle le converti rabat le mal social sur lui-même et se promeut comme individu animé de la volonté de trouver une nouvelle famille, de se déterritorialiser et même de se transnationaliser. Ce que lui offrent à ce stade le pentecôtisme et le protestantisme en général, c'est un système transitionnel qui ne le maintient plus tout à fait dans le traditionnel et qui assure ce que je propose d'appeler « un espace intermédiaire de vie ».

[153] Voir, parmi les recherches récentes Corten André, *Le Pentecôtisme au Brésil. Emotion du pauvre et romantisme théologique,* Paris, Éd. Karthala, 1995 ; de même Bastian Jean-Pierre, *La mutacion religiosa en America latina,* qui, lui, soutient que grâce au protestantisme (de type charismatique comme le pentecôtisme) un pluralisme religieux s'impose peu à peu en Amérique latine et qu'une autre entrée de ces peuples dans la modernité se produit aujourd'hui ; de même Parker Christian, *Popular Religion and Modernization in Latin America. A différent logic,* New York, Orbis Book, 1996 ; la mise au point récente, plus prudente de Willaime Jean-Paul, « Le pentecôtisme : contours et paradoxes d'un protestantisme émotionnel », dans *Arch. de Se. soc. des Rel.,* 1999, 105 (janvier-mars) 5-28 ; et, plus récemment, l'ouvrage édité sous la direction d'André Corten et André Mary, *Imaginaires politiques et pentecôtismes. Afrique/Amérique latine,* Paris, Éd. Karthala, 2000.

établi. En Haïti, avec le retour de la dictature de type populiste, les espaces laissés à l'expression du pluralisme politique devenant rares, des pasteurs pentecôtistes regroupés avec des pasteurs d'autres dénominations protestantes dans le mouvement confessionnel appelé *Mochrenha* (mouvement chrétien pour une nouvelle Haïti) dirigent des manifestations contre le gouvernement pour contester les fraudes électorales et forment même un groupe politique qui s'allie à d'autres pour rendre leurs protestations plus efficaces. Mais tout se passe encore comme si c'était encore le point de vue religieux qui dominait, car le politique ici est au service d'une perspective religieuse ou en tout cas est traversé de part en part par le religieux. Si avec le *Mochrenha* une action politique offensive est entreprise, dans le rituel lui-même des groupes de l'Armée céleste, on décèle sans peine une tentative de critique radicale quotidienne de la vie sociale et un désir puissant d'entrer dans la modernité constamment contrarié par les pouvoirs établis. L'accès à la Bible, pièce maîtresse du culte, est peut-être du point de vue du converti, l'accès rêvé à l'écriture (dont il était jusqu'ici exclu par l'État) conçue comme une porte ouverte sur un autre monde : celui dans lequel il dispose désormais d'une explication – fût-elle mythique – de sa condition sociale. Mais il n'est pas certain que la classe politique prenne toute la mesure de la critique pentecôtiste qui exprime dans sa forme même la coupure existant entre les couches pauvres de bidonvilles et la classe de l'infime minorité de privilégiés dans le pays.

En revanche, si l'on compare les orientations du pentecôtisme haïtien avec celles des Antilles françaises (Guadeloupe ou Martinique) ou encore avec celles de la Jamaïque ou de Porto Rico, on découvrira que la question politique prend moins de place dans la vie des convertis. Il m'a semblé jusqu'ici que dans ces pays la problématique individuelle est très accentuée, au sens où le converti serait moins porté à s'embarquer dans la plainte contre les déboires de la vie quotidienne ; ce serait plutôt la quête d'une identité culturelle qui commanderait de manière plus explicite le processus de conversion, c'est-à-dire la volonté de se reconstituer un ordre symbolique fondé sur le recours à sa propre mémoire, celle de l'héritage esclavagiste et de la domination coloniale et « raciale[154] ».

Ne faudrait-il pas maintenant s'interroger sur l'efficacité réelle au plan du politique de la vision de l'imaginaire de l'espace public que nous venons de repérer dans le mouvement pentecôtiste ? Houtart et Rémy, dans leur ouvrage sur *Haïti et la mondialisation de la culture* ouvrent un tel débat à propos de la prégnance du religieux dans les couches sociales les plus défavorisées. Pour eux, l'appartenance sociale constitue « avec le niveau d'éducation, qui lui est corrélatif, le facteur distinctif principal des types de représentations » (p. 168). Représentations qui renvoient à deux modes principaux de pensée : la pensée analytique qu'on découvre dans les élites ou les classes ayant accès à l'instruction, et la pensée symbolique propre à celle des couches prises dans les filets d'une interprétation religieuse du monde et de la société. Or le pentecôtisme haïtien, tel qu'il se déploie aujourd'hui, en particulier à travers des groupements comme l'Armée céleste, donne l'impression que le converti ne sort guère de l'univers symbolique du vodou à cause des emprunts nombreux qu'il a faits à ces croyances et pratiques. Certes, Houtart et Rémy reconnaissent que nous sommes en présence d'une société en pleine mutation vers « une culture modernisante », mais ils soutiennent fermement que la pensée symbolique retient encore captives les couches sociales pauvres dans une société fermée (au sens de Karl Popper). Nous aimerions ici suggérer que dans le pentecôtisme haïtien la pensée symbolique présupposée par le vodou subit une véritable réévaluation critique par le converti. On peut, par exemple, observer qu'en dépit de la reprise des éléments comme la transe, les rêves et les guérisons sur la base de la pharmacopée traditionnelle la possession par les dieux du vodou est systématiquement refusée par

---

[154] Nous regrettons de ne pas disposer de place suffisante pour esquisser une réflexion plus approfondie sur le pentecôtisme dans la Caraïbe. Nous nous contentons de renvoyer à notre article cité plus haut sur *Pentecostalism and transnationalization in Caribbean*, et à des recherches fouillées comme de Austin-Broos, Diane J., *Jamaica Genesis. Religion and the Politics of moral order*, Chicago and London, The University of Chicago Press, 1997, ou à Toulis Rodriguez Nicole, *Believing Identity, ...* On consultera aussi pour connaître le mode de progression du pentecôtisme en République dominicaine l'ouvrage de Lockward, George A., *El protestantismo en Dominica,* secunda edicion, Santo Domingo, Editera educativa dominicana, 1982.

le pentecôtisme. Mais cette confrontation avec le vodou se fait avec les moyens du bord, ceux que le converti ne trouve ni dans l'État ni dans les partis politiques. Je suis porté à penser que si la pensée symbolique n'est pas dépassée, elle est au moins mise en crise ou plus exactement elle est reconnue comme une pensée en crise, qui a perdu sa légitimité et qui est pour le moment impuissante à répondre au désir de changement social et politique de la population dans son ensemble.

Chapitre 12
Transformation du vodou haïtien dans le contexte de la mondialisation

Haïti est connu pour avoir été le premier pays du tiers-monde (avant la lettre) à lancer un défi à l'esclavage et à la colonisation dès la fin du XVIIIe siècle, et pour avoir sauvegardé une culture originale, vivante comme le vodou, système religieux africain réélaboré par intégration de divers éléments culturels repris du monde indien et européen. On ne peut valablement s'interroger sur l'évolution actuelle du vodou dans le contexte de la mondialisation qu'en revenant à l'histoire elle-même du vodou. En effet, dans sa constitution, le vodou est apparu comme une culture de résistance contre le processus d'amnésie culturelle mis en œuvre par la traite et l'esclavage dans les Amériques. Or, la mondialisation telle qu'elle se déploie aujourd'hui n'est pas en rupture radicale par rapport à la conquête et à la colonisation esclavagistes, elle se situe en droite ligne comme son aboutissement direct dans la mesure où elle prétend produire une nouvelle unification du monde sur la seule base des réalités économiques, et faire entrer tous les pays dans un même moule culturel. Nous nous proposons tout d'abord de souligner les caractéristiques du processus actuel de mondialisation, sa spécificité par rapport à la période de la conquête et de l'esclavage dans laquelle on peut reconnaître la première phase de la mondialisation, avant de déterminer ses influences sur l'évolution actuelle du vodou.

Contradictions de la mondialisation

Plusieurs théories sont déjà proposées pour rendre compte du processus actuel de mondialisation. Nous aimerions seulement indiquer les caractéristiques les plus saillantes de ce processus et relever ses principales contradictions dans le cadre d'une interrogation sur l'évolution du vodou en Haïti. Si de nombreux auteurs déclarent que la mondialisation est inaugurée avec l'effondrement de l'Union soviétique et la chute du mur de Berlin, ils soutiennent en même temps qu'il s'agit là d'un événement qu'il convient d'inscrire dans le contexte des nouvelles technologies de communication, car ces dernières ont réduit les dimensions du monde à un « village » et rendent accessibles – potentiellement à n'importe qui dans le monde – toutes les informations possibles. Dans cette perspective, l'État-nation avec les concepts de culture nationale, de territoire, de souveraineté, perd toute pertinence théorique et entre en obsolescence. Dorénavant, c'est la société civile comme telle qui se trouve transnationalisée et qui cesse de vivre dans un face-à-face avec l'État.

Pour d'autres auteurs, l'aspect le plus important de la mondialisation[155] est le développement désormais sans limites du système capitaliste, au sens où il n'a plus de frontières nationales et où toutes les ressources du monde peuvent être exploitées par quelques sociétés multinationales qui finissent par dominer même les États des grandes puissances. Dans cette foulée, la culture type MacDonald se répand à travers le monde comme pour niveler toutes les particularités culturelles. Cette vision plutôt pessimiste est peu sensible aux contradictions de la mondialisation. Car il semble plutôt que les jeux sont loin d'être faits, car il est possible que le processus en cours puisse conduire à un monde multipolaire à cause même de la faiblesse des États-nations, mais surtout plus un pays accède aux nouvelles technologies de l'information, plus il a la chance de connaître un certain développement et de participer aux compétitions économiques. De même, les revendications peuvent trouver un nouvel espace transnationalisé pour se faire entendre. Au niveau

---

[155] Sur la mondialisation, il y a déjà de nombreuses publications, nous nous contentons de citer l'ouvrage de Edgar Morin et Sami Nair (1997), qui offre une excellente synthèse critique de ce processus. On lira également avec profit Ulrich Beck (1997) ou Anthony Guiddens (1994).

culturel, les contradictions de la mondialisation sont encore plus fortes. En effet, étant donné l'orientation néolibérale de l'économie qui est à la base de l'unification du monde, de nombreux pays de la périphérie sont laissés pour compte et sont marginalisés. C'est chez eux que les couches sociales pauvres auront de moins en moins accès à la scolarisation, à la santé, aux moyens de communication, bref au minimum vital qui assure la dignité. C'est également chez eux que la dégradation de l'environnement se fait ressentir le plus, puisque le néolibéralisme est indifférent au bien commun, et prétend diminuer le plus possible le pouvoir de contrôle des États.

On ne s'étonne plus aujourd'hui des réactions suscitées par le phénomène de mondialisation : contre le nivellement culturel et la domination de l'économique, plusieurs sociétés se raidissent et tentent de renforcer leur identité culturelle et nationale au point de sombrer dans le fondamentalisme, le racisme ou la purification ethnique. À vrai dire, une telle situation n'est nouvelle qu'en apparence. Comme l'a montré Immanuel Wallerstein[156], l'économie-monde s'est développée avec le système capitalisme comme tel, qui porte sous ses ailes les pratiques de la conquête, de l'esclavage et du colonialisme. Dès le XVIe siècle, la visée de faire passer la civilisation occidentale comme toute civilisation inspire les pratiques coloniales ; sous ce rapport, nous vivons sous le même régime. Sauf que désormais, des chances sont en principe offertes à la reconnaissance d'une égalité véritable entre les pays comme entre tous les hommes sans distinction de race, de religion et de nationalité, pendant qu'on commence à réclamer une universalisation de la démocratie. Certes, les réalités politiques et économiques actuelles laissent découvrir sans peine le déploiement d'un système sans règles universalisâmes, sans direction véritable et donc de manière anarchique.

Peut-on dire que ce mode de déploiement est irréversible et qu'il ne produit que des effets négatifs sur les sociétés de la périphérie ? Rien n'est tout à fait assuré, surtout quand on observe les réactions

---

[156] Wallerstein, Immanuel, 1991, « L'Amérique et le monde, aujourd'hui, hier et demain », dans la revue *Futur antérieur*, n° 5, pp. 31-64.

culturelles suscitées par la mondialisation qui semblent conduire à une revitalisation des cultures dites traditionnelles et en tout cas à une réappropriation des ressources de la mondialisation pour mieux protéger les singularités culturelles[157]. Il est intéressant de rappeler que c'est au cœur même de la politique d'amnésie culturelle mise en place par la traite et l'esclavage qu'une créativité culturelle originale et exceptionnelle s'est déployée dans la Caraïbe. Nous essaierons de montrer que, dans le cas du vodou, nous sommes seulement à un nouveau tournant, une nouvelle phase du même processus de mondialisation qui a été inauguré par la Conquête et l'esclavage.

Les effets de la mondialisation sur le vodou

En dehors de la période allant de 1804 (date de proclamation de l'indépendance du pays) à 1860 (date de signature d'un concordat entre l'État haïtien et le Vatican), le vodou a subi plusieurs vagues de persécution. Dès 1864, des rumeurs de sorcellerie et de cannibalisme courent autour des pratiques du vodou et poussent les pouvoirs publics à se mobiliser pour éradiquer ce qui passe désormais pour une honte nationale et relègue le peuple haïtien au rang des « barbares ». En 1896 commence ce qu'on appelle une campagne « anti-superstitueuse » organisée par le clergé catholique. Cette campagne est relayée par les Américains qui vont occuper le pays de 1915 à 1934 sous le prétexte d'introduire enfin « la civilisation » dans cette société de « Noirs » enclins au despotisme et incapables de se gouverner eux-mêmes. Puis en 1941, avec l'aide du gouvernement, l'Église catholique exige de ses fidèles dans toutes les paroisses le célèbre serment dit de « rejeté » par lequel le fidèle catholique déclare

---

[157] Un peu partout des analyses sont développées sur les réactions culturelles à la mondialisation, nous renvoyons par exemple aux contributions à l'ouvrage collectif éd. par Thomas Shcreijack (1999) notamment au travail sur les îles Philippines, de Benigno P. Beltran, ou encore aux publications récentes de la revue *Alternative-Sud* sur l'avenir des peuples autochtones (2000) ou sur les rapports entre mondialisation et cultures ; publications fondées sur des enquêtes portant sur les effets de la mondialisation dans divers pays de l'Asie, de l'Amérique latine et de l'Afrique. Il apparaît de plus en plus que certains pays parviennent à faire de ce processus un tremplin pour un travail de revitalisation de leurs cultures, en dépit des ambiguïtés dont ce travail est encore entaché.

lui-même renoncer au vodou identifié à un culte offert à Satan et à une «tare africaine» qui tarde à disparaître[158].

Des luttes pour l'établissement d'un régime démocratique naissent les changements survenus dans les attitudes des pouvoirs publics vis-à-vis du vodou et l'abandon des pratiques inquisitoriales. Il y eut tout d'abord le temps long d'une dictature qui a duré trente ans environ entre 1957 et 1986, et pendant lequel le vodou a été réemployé par le pouvoir politique comme moyen de contrôle idéologique des couches pauvres et surtout peu scolarisées du pays. Mais il semble plutôt que le vodou conservait encore son statut de religion dominée, pendant qu'on le présentait comme un lieu d'expression de l'authenticité culturelle haïtienne. Le vodou est alors un système culturel qui appartiendrait avant tout et en propre à la paysannerie, c'est-à-dire qui correspondrait à son niveau de pensée, lequel reste lié à une condition de sous-développement et d'arriération. Un monde fermé sur lui-même et qui s'oppose à la modernité, ainsi apparaîtrait le vodou au regard de ceux qui se proposent de le défendre et de le protéger. Sous le régime dictatorial, il fallait encore obtenir des autorisations spéciales pour pratiquer le vodou, comme le prévoyait le Code pénal depuis le XIXe siècle.

Il faudra attendre la Constitution de 1987 qui incluait les principes des droits humains fondamentaux dans ses dispositions principales pour qu'on puisse rompre avec le régime de pénalisation du vodou. Mais si dans différentes Constitutions du pays la liberté des cultes est admise, en aucun cas on ne reconnaissait le vodou comme une religion. Ce qu'on constate en revanche avec la nouvelle Constitution de 1987, c'est l'étroite relation entre la dépénalisation du vodou et le processus de démocratisation qui, pour la première fois dans l'histoire politique du pays, reconnaît aux paysans,

---

[158] Nous avons développé cette problématique dans notre *Barbare imaginaire* (1988) à travers une réflexion sur le paradigme de l'opposition entre barbare et civilisé qui a dominé pendant longtemps l'anthropologie. Toutes les pratiques inquisitoriales mises en œuvre par le catholicisme en Haïti contre le vodou sont fondées sur ce paradigme qu'on retrouvait aisément dans les méthodes d'intervention de l'État auprès des vodouisants, voir aussi nos articles récents (1999).

traditionnellement marginalisés et exclus de la vie politique, le statut de citoyens à part entière. Ce n'est pourtant pas là qu'on peut repérer les effets principaux de la mondialisation sur le vodou. Il convient de ne pas perdre de vue l'inscription du vodou dans la vie sociale, économique et politique du pays.

Le processus de mondialisation, du moins tel qu'il se déploie actuellement, se laisse découvrir au départ dans le mouvement de transnationalisation des sociétés civiles[159] dont les besoins et les valeurs rencontrent ceux des autres peuples et ne peuvent plus être compris dans le cadre étroit de la nation. Les migrations vers les grandes puissances ou vers des pôles de développement attestent qu'un changement profond survient dans l'imaginaire du territoire (les frontières apparaissent contingentes), de l'État-nation (on peut adopter diverses nationalités), de l'identité culturelle (on se tient prêt à emprunter divers traits culturels étrangers). Dans le cas d'Haïti, il s'est produit dès le début du siècle des déplacements massifs de paysans vers Cuba et vers la République dominicaine pour le travail dans les grandes plantations de canne à sucre. Mais c'est surtout à partir des années 1970 et avec une accélération vers les années 1980 que s'opère un véritable mouvement d'émigration vers les Bahamas, les Antilles françaises de la Caraïbe, les États-Unis, le Canada et même vers la France. Qu'un tel mouvement migratoire représente plus de 10 % de la population et parte de toutes les campagnes et de toutes les villes, cela est déjà un indice d'une crise profonde qui affecte la société dans ses fondements mêmes.

Avec le phénomène migratoire, le vodou est conduit à ouvrir ses portes. Bien plus, les pratiquants sont mis en condition sinon de se déclarer ouvertement vodouisants, du moins de revenir avec moins d'hésitation et une plus grande conviction à ce qu'ils disent être un héritage culturel dont ils ne sauraient se déprendre impunément, sous peine de perdre toute identité dans le pays d'accueil[160]. On

---

[159] Le concept de société civile transnationale est particulièrement bien mis à profit par U. Beck (1997) dans ses analyses de la globalisation (pp. 115-149).

[160] Voir par exemple l'étude de Karen McCarthy Brown (1991) sur une prêtresse vodou, la *mambo,* Marna Lola, et sa famille à Brooklyn (New York) qui a su avec courage affronter les

peut dire qu'il s'est opéré un décapage progressif des préjugés qui planaient sur le vodou. Une telle situation est nouvelle et a des conséquences importantes sur la perception qu'on aura désormais du vodou en Haïti. Du côté des étrangers, le vodou apparaissait comme une source d'inspiration dans la littérature haïtienne, dans la musique, la danse et surtout la peinture. Les Naïfs haïtiens déjà mis en valeur aux États-Unis dans les années 1950 par Dewitt Peters, rayonnent dans la Caraïbe et en Europe. En 1976, André Malraux part à la recherche des peintres de Saint Soleil et déclare que la peinture haïtienne, ancrée sur l'imaginaire des dieux du vodou, a une portée universelle.

Cependant les aspects culturels et esthétiques du vodou sont davantage reconnus que les aspects religieux. On peut même se demander s'il n'apparaît pas parfois le danger d'une érosion de la spécificité du vodou. Prenons par exemple le mode d'intégration dans la liturgie catholique de nombreux éléments tirés du vodou. Depuis le concile Vatican II, le clergé introduit le tambour – instrument principal du culte vodou – dans les célébrations du dimanche avec les rythmes des chants adressés traditionnellement aux dieux du vodou. Bien plus avec l'emploi de la langue créole dans la liturgie, et surtout avec la traduction de la Bible en créole, le fidèle catholique cesse de se sentir étranger dans les églises.

Dans le protestantisme de tendance baptiste et pentecôtiste, c'est le dispositif des croyances et pratiques du vodou qui sert d'appui à la prédication des pasteurs et aux croisades pour obtenir des conversions. On dirait que plus le vodou est reconnu dans l'espace public, plus les pasteurs demandent de le rejeter. L'interprétation du vodou comme pure sorcellerie et comme empire de Satan fait rage particulièrement chez les pentecôtistes, pendant qu'ils reprennent d'une autre main certains des traits spécifiques au

---

préjugés qui circulent contre le vodou et parvenir à l'assumer publiquement. On se reportera également à l'ouvrage de Joseph Augustin, *Le Vodou libérateur,* qui porte en sous-titre «Et si le vodou était une valeur». Publié à Montréal, l'ouvrage se veut une réhabilitation du vodou comme valeur qui permet à l'Haïtien d'être fidèle à son histoire, de dire son identité et de résister à l'occidentalisation.

vodou comme les croyances aux rêves, les rythmes des chants vodou, les transes et la pratique de la glossolalie (qui consiste à parler en langues incompréhensibles). Dans les tendances dites de l'Armée céleste[161] qu'on retrouve dans le pentecôtisme, on observe une très grande proximité des convertis avec le vodou au cœur même de leurs prétentions à livrer le combat contre Satan : ainsi par exemple, non seulement ils utilisent les pas de danses et des rythmes directement empruntés du vodou, mais aussi les pratiques thérapeutiques qui consistent à faire appel aux rêves (comme moyens de transmission d'un savoir prodigué par les dieux, par les ancêtres ou par les morts) et aux recettes employées par les prêtres du vodou.

Le pentecôtisme apparaît même aujourd'hui, comme nous l'avons vu au chapitre précédent, le système religieux qui gagne chaque jour davantage de terrain.

Une bonne partie de la classe moyenne est comme hypnotisée par le pentecôtisme, qu'elle soit baptiste ou même catholique. Le mouvement dit charismatique qui depuis une quinzaine d'années prospère dans l'Église catholique rassemble plusieurs milliers de fidèles de cette classe moyenne. Or on retrouve les mêmes schèmes et représentations du pentecôtisme chez les charismatiques : appel aux témoignages personnels, aux rêves, à la transe de l'Esprit saint, aux guérisons miraculeuses, et notamment aux élans de l'émotion.

Le vodou perd de sa force d'attraction dans la mesure même où il ne permet pas à l'individu déterritorialisé de vivre sa condition d'individu autonome, délivré des liens familiaux et de l'héritage des dieux ou de toute dette envers eux. Ce qui importe en effet désormais ce ne sont plus les pratiques rituelles comme telles, à partir desquelles l'individu surmonte toutes les angoisses de la vie quotidienne, mais l'engagement intérieur et personnel qui donne à l'individu d'entrer dans un nouveau type de rapport avec le surnaturel. Rapport fondé désormais sur la transformation

---

[161] Sur l'Armée céleste, on se reportera à l'article de André Corten (1998) et aux analyses qu'il propose sur la crise de la culture en Haïti dans son dernier ouvrage sur *Diabolisation et mal politique* (2000).

du sens moral. Dans cette perspective, les pouvoirs des prêtres gestionnaires du vodou ne peuvent que diminuer, et il s'ensuit qu'un mouvement de sécularisation se développe au point d'induire peu à peu et de manière imperceptible chez les vodouisants un sentiment d'insécurité et de relativisation de leurs valeurs.

Un malaise profond ou peut-être même une crise s'installe dans la société haïtienne au fur et à mesure que le processus de mondialisation se développe. Que le vodou puisse être mis en situation de visibilité dans l'espace public à la faveur de ce processus, cela ne saurait être mis en doute, mais il est en même temps soumis à des pressions qui à terme peuvent hypothéquer son avenir, d'autant plus que les confessions protestantes et l'Église catholique disposent pour assurer leur influence et leur reproduction de moyens puissants comme des réseaux d'écoles, des médias (bulletins et stations de radio), projets de développement à travers les bidonvilles et les communes, et surtout des liens internationaux.

Le vodou face à la mondialisation[162]

Les opérations appelées *dechoukaj* (action de déraciner) entreprises en vue de déraciner les symboles de la dictature de la famille Duvalier en février 1986 ont pris également pour cible, on s'en souvient, de nombreux prêtres vodou assimilés soit à des Tontons macoutes (agents de police parallèle au service de la dictature) ou tout simplement à des sorciers. Dans la visée d'en finir une fois pour toutes avec les sources des maux et malheurs de la société, des groupes de manifestants, sous l'influence des prédications enflammées contre l'empire de Satan dans le pays, ont lynché plusieurs dizaines de prêtres vodou dans diverses communes à travers le pays. La nécessité d'un regroupement des confréries du vodou par région et surtout d'associations de défense du culte s'est fait sentir et plusieurs écrivains et artistes ont décidé de leur apporter

---

[162] Nous mettons dans cette partie à profit nos enquêtes en Haïti (observations et entretiens en Haïti, dans la capitale et en provinces) sur le pentecôtisme, sur le vodou et sur les lieux de pèlerinage catholique. Bien entendu, nous n'avons pas la place ici pour entreprendre une analyse sociologique approfondie. Les indications que nous livrons visent à suggérer l'ampleur de la crise qui traverse le vodou et affecte peut-être les bases de la culture haïtienne.

leur appui dans un comité appelé *Zantray*. La visibilité du vodou dans l'espace public rend difficile la poursuite de pratiques inquisitoriales, peu à peu une certaine tolérance se manifeste vis-à-vis du vodou.

De 1986 à nos jours, on observe une véritable entrée en force du vodou sur la scène publique. En effet, plusieurs stations de radio privée réservent des heures par semaine aux chants vodou, même si les débats sur le rôle du vodou dans les arts, la culture et l'histoire du pays sont encore rares. Il est vrai que le vodou a pu être déjà introduit sur la scène publique par le biais de la peinture, comme nous l'avons évoqué plus haut. On reste cependant frappé par l'explosion de groupes musicaux qui revendiquent un retour aux « racines » : « groupes-racines », telle est d'ailleurs l'appellation qu'ils se donnent eux-mêmes. Ils présentent des récitals, animent les bals et les carnavals. Ils reprennent parfois directement les airs et les rythmes du vodou. Certains d'entre eux vont jusqu'à donner l'impression de transporter le temple vodou (ou *ounfò)* sur la place publique. Ainsi par exemple, pour ne citer que les plus célèbres, le groupe musical dirigé par Azor, prêtre vodou, prend place dans les bandes de carnaval en reprenant les chants en l'honneur des dieux du vodou. De même Abnor, chef d'une « société vodou » appelée *société Grand Drap,* située aux environs de la capitale, donne des récitals – en dehors de son temple – accompagnés de ses fidèles, des initiés dédiés aux services religieux. Enfin le groupe musical *Boukman Eksperyans* prétend prolonger la mémoire du leader, prêtre vodou qui conduisit la grande insurrection des esclaves qui a été le point de départ des luttes pour l'indépendance. Ce déplacement du religieux vers des scènes profanes n'a pas jusqu'ici empêché que des transes et même des crises de possession se produisent dans les rues et dans les salles de spectacle, sans susciter le moindre étonnement de la part du public. Mais il est probable que nous assistons non point à un renforcement du religieux dans le vodou, mais à une tendance vers la sécularisation, et dans tous les cas à une perception inconsciente d'une érosion de sa force quand il est confiné dans ses temples.

Dans le contexte de la mondialisation, deux autres réactions du vodou méritent la plus grande attention. Nous nous bornerons ici à proposer quelques éléments d'information et de réflexion. Tout d'abord, le vodou a pu aller plus loin dans l'appropriation – comme support à ses pratiques et croyances – de plusieurs éléments du catholicisme (calendrier liturgique, culte des saints, églises et chapelles, lieux de pèlerinage).

On sait par exemple que la plupart des fêtes patronales de l'Église catholique sont annexées par les vodouisants depuis très longtemps, c'est-à-dire depuis la période esclavagiste et notamment entre 1804 et 1860 (période qui précède la signature du concordat entre l'Église et le Vatican et pendant laquelle le clergé manifestait une très grande tolérance vis-à-vis du vodou). Ainsi par exemple, une fête comme celle de Notre-Dame d'Altagrâce à Delmas (une zone de la capitale) correspond à celle d'*Erzulie Dantò,* déesse très en vue dans le panthéon vodou et qui est célébrée presque comme un symbole national[163]. Elle correspond en même temps à Notre-Dame de Perpétuel Secours considérée par l'Église catholique comme la patronne d'Haïti. Chaque année, on observe que le nombre de fidèles qui suivent les neuvaines de prières en l'honneur de Notre-Dame d'Altagrâce ne cesse d'augmenter. On observe également le même engouement en faveur de la fête de Sainte-Claire au bas de la Route de Frères à Pétion-Ville : sainte Claire n'est autre, du point de vue du vodouisant, que Clermézine, ou sainte Anne, la mère de la Vierge, c'est-à-dire de la déesse de l'amour, *Erzulie Fréda.* La fête patronale Saint-Yves, très achalandée, attire de nombreux pèlerins, parce qu'il s'agit à travers elle de célébrer *Gédé,* le dieu de la mort auquel chaque année en novembre un culte est rendu à travers tout le pays. Nous ne saurions poursuivre cette énumération de saints patrons de chapelles et églises qui, pour la plupart, renvoient à des dieux du vodou.

Signalons le cas d'une chapelle située dans un quartier populaire de Pétion-Ville, appelée Des Ermites. Totalement dédiée

---

[163] Voir l'ouvrage de Terry Rey (1999) qui pour la première fois met en relief l'importance du culte de la Vierge Marie, correspondante de la déesse vodou, *Erzulie,* dans la vie politique et dans les rapports sociaux en Haïti.

la Vierge Marie cette chapelle fonctionne comme un sanctuaire d'*Erzulie Dantò*. J'ai suivi de très près l'histoire de cette chapelle catholique. Je me suis rendu compte qu'elle a été totalement abandonnée par le clergé catholique qui a vu une offensive du vodou dans l'enthousiasme des fidèles en faveur de ce culte. On dirait même qu'il s'agit d'une véritable abdication de l'Église catholique devant cette offensive du vodou. En effet, de nombreux fidèles ont commencé par croire que dans le quartier dit de Des Ermites un miracle s'était produit : la Vierge serait apparue sous la forme d'une statuette retrouvée dans le quartier, de là il fallait lui construire une chapelle pour l'accueillir et lui rendre un culte. Le curé de la paroisse à Pétion-Ville tente de prendre en main le mouvement créé en faveur de la Vierge dite déjà reine Des Ermites. Il aurait fait amener la statue dans l'église St Pierre de Pétion-Ville, mais selon les fidèles, un miracle aurait eu lieu, car la statue, dit-on, est revenue toute seule à sa place sur le terrain Des Ermites. Une certaine Elouse, laïque catholique et en même temps mambo (ou prêtresse vodou) se déclare alors le médium de la Vierge qui venait de faire son apparition dans le quartier de Des Ermites. Dans un entretien que j'ai eu avec elle, elle m'explique qu'elle a fait un rêve, une nuit en 1975, au cours duquel elle a vu une Vierge noire laquelle n'est autre qu'*Erzulie Dantò* réclamant d'être honorée dans ce quartier. Pour elle, et sous son inspiration, Elouse compose des chants. Lors des rassemblements pour des séances de prières dans la chapelle, des guérisons miraculeuses se produisent et les demandes les plus diverses (en affaires matrimoniales, recherche de travail, protection contre les mauvais sorts, vengeance contre des ennemis) sont, dit-on, facilement exaucées.

Les cérémonies ont lieu en fin de matinée le mardi et le jeudi ; elles sont faites de prières et de chants sous la direction d'un sacristain qui se tient debout devant l'autel au milieu duquel est posée la statuette en bois, représentant la Vierge. Les fidèles – pour la plupart issus de couches sociales pauvres – tombent en transe et même en crise de possession, pendant qu'ils chantent les cantiques en l'honneur de la Vierge Marie. Dans cette même chapelle prise pour un temple du vodou, les mets préférés par *Erzulie Dantò* lui sont offerts dans le chœur. Mais autour de la chapelle, de nombreux prêtres et prêtresses du vodou offrent leurs services pour tirer des cartes, proposent des consultations, et comme partout où les foules se forment en Haïti, les étalages des vendeurs de produits religieux (médailles, livrets de chants, chandelles, images des saints, etc.) et les restaurants populaires sont installés, faisant de ce quartier de Pétion-Ville une véritable « *lakou* » ou centre vodou, communauté composée de plusieurs familles vivant sous la direction d'un patriarche qui est en même temps un *oungan*. Tout se passe finalement comme si la chapelle avait été au sens strict occupée par les vodouisants sur le même modèle que d'autres hauts lieux de pèlerinage comme le célèbre centre de Saut d'eau (paroisse dédiée à Notre-Dame du mont Carmel, identifiée à *Erzulie Fréda)* dans le Plateau central ou comme le bassin de St Jacques dans la Plaine du Nord qui correspond à la fête du dieu vodou très vénéré, *Ogou Ferray* (dieu de la guerre), mais avec cette différence que, cette fois, l'Église catholique ne reconnaît plus les siens.

L'effort déployé par le vodou pour conserver sa spécificité et se tailler une nouvelle place dans l'espace public du pays se laisse encore mieux surprendre à travers un phénomène tout à fait inédit qui est le mouvement récent dit de « structuration du vodou ». En effet, c'est depuis 1998 qu'il s'est fait connaître par un colloque national organisé sous l'égide du ministère des cultes. Le comité dit de structuration du vodou est dirigé par Wesner Morency, un ancien séminariste, devenu *oungan*. Il se propose de faire passer le vodou de l'oralité à l'écriture pour lui donner, si l'on peut parler ainsi, ses lettres de noblesse. Car enfermé dans l'oralité, le vodou ne peut selon lui que péricliter et n'a pas les moyens d'assumer la compétition dans le monde moderne qui impose de plus en plus la culture occidentale. Il s'agit donc de montrer à la fois le caractère universel du Dieu du vodou et sa capacité de dire la spécificité haïtienne.

J'ai pu, à diverses reprises, assister aux cérémonies que Wesner Morency organise le dimanche en plein cœur de Port-au-Prince, la capitale, dans le quartier appelé le Bois Verna. Je me suis rendu compte que les cérémonies ont la prétention de passer pour des messes vodou, tout à fait analogues aux assemblées dominicales protestantes et catholiques. Le vodou deviendrait ainsi une religion normale, c'est-à-dire comparable au christianisme lui-même. En effet, la célébration du vodou le dimanche se déroule dans un hangar décoré comme une chapelle catholique ou un temple protestant. Le célébrant dispose d'un encensoir pour marquer les quatre points cardinaux, geste par lequel traditionnellement commencent les services vodou pour délimiter l'espace sacré. L'essentiel de la cérémonie consiste à chanter des hymnes en l'honneur de divers dieux vodou, mais sans accompagnement de tambour, et sans incitation à la transe et à la possession qui font partie d'une cérémonie ordinaire du vodou. Le célébrant procède aussi à la lecture d'un certain nombre d'extraits des textes mythologiques en provenance des cultures fon et yoruba. Le vodou a son Dieu suprême, il s'appelle désormais *Olohum* et se distingue du Dieu des chrétiens qui est un dieu étranger.

Le célébrant prononce un sermon en faisant le commentaire des extraits lus dans le chœur. Chacun est ensuite convié à donner des témoignages sur les bienfaits que les *lwa* (ou dieux vodou) lui apportent dans la vie quotidienne. L'orientation générale du culte semble être une tâche de réhabilitation du vodou dans sa pureté contre les amalgames qu'il aurait subis dans l'emploi par des vodouisants du livre de *l'Ange conducteur* et des croyances de type rosicrucien qui poussent à la magie. Il s'agit de mettre en relief ce que le célébrant appelle dans un sermon « la vérité du vodou », ou encore « les principes et les règlements » sur le respect de la nature, de l'environnement et de la terre et sur l'harmonie à créer dans le pays. Il rappelle également que le vodou doit participer au développement économique et à la vie politique et ne peut plus être mis à l'écart. « Il doit être présent, insiste-t-il, sur toutes les scènes… il doit former la conscience de chaque Haïtien pour que l'Haïtien ne trahisse pas l'âme nationale. »

Un message récent publié dans le quotidien haïtien *Le Nouvelliste,* le 1er février 2001, par « la commission nationale de structuration du vodou » pour son troisième anniversaire, précise les éléments spécifiques de ce projet. Le vodou dispose d'un livre sacré d'où un enseignement peut être tiré. Ce livre raconte les actions du Dieu suprême, *Olohoun,* pour Haïti et surtout comment Haïti a pu devenir indépendant et être encore un « phare » et une « plaque tournante du monde » grâce à *Olohun* : « *Olohoun* bâtit son peuple pour en faire une grande civilisation » (Code vodou). Il y a donc déjà constitué un « code vodou » qui édicté non seulement la doctrine, mais les modes de comportements dans une situation devenue dangereuse pour le vodou, parce que n'importe qui peut se réclamer du vodou sans qu'on puisse distinguer ce qui est authentique de ce qui ne l'est pas. Bref, l'un des objectifs majeurs de la commission de structuration du vodou est de produire un « vodou institutionnel » qui permettra de « protéger » le vodou, de lui « garantir une existence sereine » contre les agressions extérieures, et surtout une « dignité » aux pratiquants.

Il semble que nous serions peu à peu en présence de la création d'une véritable « Église vodou », comme si finalement plus le mouvement de restructuration prétend sauver l'originalité du vodou, plus il demeure fasciné par le modèle des églises chrétiennes. Dès 1986, certains *oungan* tentaient d'ailleurs de détacher du vodou toutes les traces de syncrétisme avec le catholicisme en offrant eux-mêmes à l'intérieur de leur *ounfò* les cérémonies du baptême, les funérailles et d'autres pratiques rituelles qui dispenseraient de recourir aux prêtres catholiques. Certes, il est encore difficile de faire un pronostic solide sur l'évolution du vodou. Nous nous rendons compte cependant que des transformations sont en cours sous la pression même du processus de mondialisation.

Ces transformations donnent à voir tantôt un phénomène de repli sur soi vers la recherche d'une délimitation de son propre territoire, en vue de lutter contre les tendances à la dilution ; tantôt vers une tentative d'expansion par l'annexion de chapelles et d'espace sacrés délaissés par l'Église catholique ou par un envahissement de l'espace public pour obtenir une visibilité à l'égal des autres systèmes religieux. Ce double mouvement se retrouve à l'intérieur du comité de restructuration qui veut un vodou moderne, écrit, institutionnel en même temps qu'il le proclame comme le lieu propre d'une « authenticité » haïtienne.

Ce qui apparaît ici comme une contradiction est peut-être l'indice d'une crise qui affecte toute la société haïtienne. Témoin de cette crise, les conversions de plus en plus nombreuses au protestantisme, notamment au pentecôtisme ; témoin également les flambées de croyances en la sorcellerie qui périodiquement conduisent au lynchage de personnes présumées sorcières. D'un côté en effet, la mondialisation place en compétition dans l'espace public tous les systèmes religieux et suscite une relativisation des valeurs, qui est source d'anxiété[164]. L'individu se sent obligé d'avoir à choisir entre plusieurs systèmes de croyances, ce qui signifie que la religion ne se rapporte plus seulement à une tradition qu'il reçoit sans critique et sans interrogation. L'étude récente produite par F. Houtart et A. Rémy sur Haïti et la mondialisation de la culture (2000) révèle que le pays offre une configuration culturelle dans laquelle on observe au moins deux changements importants : d'abord, le catholicisme perd progressivement son hégémonie au profit du protestantisme qui ne cesse de progresser ; ensuite, le vodou est en passe de connaître une certaine sécularisation et donc un affaiblissement du religieux, par suite de son affirmation dans la littérature et les arts en général (musique, danse et peinture)[165].

---

[164] On lira ici le travail de Paul Brodwin (1996) qui part d'une enquête très fouillée sur les pratiques thérapeutiques proposées dans les trois systèmes religieux sur le terrain (catholicisme, protestantisme et vodou) et qui montre comment se réfracte dans la vie quotidienne du paysan haïtien cette compétition des religions.

[165] Cf. Houtart et Rémy (2000), p. 114. Cet ouvrage mériterait ici que nous reprenions et approfondissions les analyses théoriques qu'ils proposent sur les rapports entre la pensée symbolique et la pensée analytique en Haïti. Pour eux, le vodou peut être encore une source de résistance à l'uniformisation culturelle imposée par la mondialisation, mais en même temps ils démontrent que toutes les composantes de la société haïtienne sont actuellement en transition au sens où elles passent peu à peu de « la traditionnalité » à une « culture modernisante » (p. 168). Nous conseillons aussi une lecture attentive des réflexions judicieuses de Gérard Barthélémy en postface de l'ouvrage.

Devra-t-on dire que la mondialisation finira par entraîner le nivellement des cultures et mettre en péril les cultures qui n'ont pas les moyens des grandes multinationales dominant le monde? Il est possible plutôt – et la mondialisation est comme Janus – qu'elle serve déjà d'aiguillon pour la reconnaissance et la revalorisation du vodou comme mémoire commune aux Haïtiens (même quand ils ne sont ni croyants ni pratiquants), aux peuples de la Caraïbe et aux communautés noires des Amériques. Mémoire de la traite et de l'esclavage à partager. De même avec la sortie obligatoire de la clandestinité, la quête d'une plus grande connaissance du système vodou devra être à l'ordre du jour. Une bonne partie des préjugés développés contre le vodou provient assurément de l'obscurité qui a été maintenue autour de son dispositif de pratiques et croyances. Dans ce cas, plus le système d'éducation se développe à travers le pays, plus les chances de respect du vodou seront paradoxalement grandes, car alors le sens de la tolérance deviendra dominant. L'on comprendra en effet beaucoup mieux que le vodou fasse partie de ce qu'on nomme aujourd'hui «droits culturels». Ceux-ci ne sont pas à confondre avec les droits nouveaux qui apparaissent, c'est-à-dire avec «une nouvelle catégorie des droits de l'homme». Nous sommes portés à croire qu'ils doivent être compris comme ce qui favorise la mise en œuvre des droits de l'homme eux-mêmes, ainsi que le propose par exemple Boris Martin[166]. Autrement dit, il n'y a pas de raison de voir une antinomie entre droits de l'homme et droits culturels. En revanche, la vigilance est nécessaire contre les tendances à la dérive vers des positions ethnicistes et nationalistes ou fondamentalistes. La possibilité de pratiquer le vodou comme un droit culturel ne signifie pas que cela dispense d'assumer la démocratie comme une valeur universelle. C'est précisément le processus de démocratisation qui a rendu possibles, par l'esprit critique qu'il

---

[166] Voir son article (B.Martin, 1999) sur les droits culturels comme d'interprétation et de mise en œuvre des droits de l'homme dans la revue du M.A.U.S.S. (Mouvement anti-utilitariste dans les sciences sociales). Également Sélim Abou (1992) sur le thème des droits de l'homme et de la culture. Sur les dérives identitaires, voir par exemple les réflexions de Hélé Béji (1997) et de J.-F. Bayart (1996).

développe, la dépénalisation du vodou et la revendication de la liberté de culte.

Si maintenant nous considérons la mondialisation comme un processus inauguré depuis la Conquête et l'esclavage, et qui vise à assurer l'hégémonie de la culture occidentale dans le monde, nous devons admettre que le vodou a su déjà s'adapter aux conditions les plus difficiles, celles en particulier qui l'ont qualifié de « séditieux » et l'ont systématiquement interdit. Il y a de fortes chances qu'aujourd'hui avec cette nouvelle phase de la mondialisation qui ne maîtrise point encore son cours, le vodou puisse, justement comme système et pensée symbolique, offrir encore des éléments de résistance contre l'uniformisation culturelle. Pour cela les valeurs inscrites dans le vodou comme le rapport d'alliance avec l'environnement, comme la tolérance (le vodou n'étant pas une religion de conquête), la solidarité ou le respect de la vie… devront être réactivées dans la mesure où elles représentent l'apport propre du vodou à l'humanité universelle. En même temps, il faudra que se renforce la critique contre les aspects du vodou qui poussent l'individu à se replier sur le passé. La reconnaissance des droits de l'homme et de la démocratie comme valeur universelle (et non plus comme une propriété de l'Occident) favorisera cet esprit critique face aux croyances et pratiques du vodou et tout autant face au processus de mondialisation là où il viole dans la pratique le principe de l'égalité entre les nations et refuse une universalisation concrète de la démocratie.

Références bibliographiques

AUGUSTIN Joseph, 1998, *Le Vodou libérateur,* Montréal, (Québec), Imprimerie Arc-en-ciel.

ABOU Selim, 1992, *Cultures et droits de l'homme,* Paris, Hachette.

BARTHÉLÉMY Gérard, 1997, *Dans la splendeur d'une après-midi d'histoire,* Port-au-Prince, Imprimerie Henri Deschamps.

BECK Ulrich, 1997, *Was ist Globalisierung? Irrtùmer des Globalismus- Antworten auf Globalisierung,* Suhrkamp, Frankfurt.

BELTRAN P. Benigno, 1999, « Kolonisierung, Globalisierung und nationale Identitat », dans le coll. *Menschwerden im Kulturwandel,* éd. par Thomas Schreijack, Luzern, Edition Exodus, pp. 220-252.

BRODWIN Paul, 1996, *Medecine and Morality in Haïti. The contestfor healingpower,* Cambridge University Press.

BROWN Karen Mac Carthy, 1991, *Marna Lola, A Vodou Priestess in Brooklyn,* University of California Press.

BAYART Jean-François, 1996, *L'illusion identitaire,* Paris, Fayard.

BEJI Hele, 1997, « Équivalence des cultures et tyrannie des identités », dans la revue *Esprit,* janvier 1997, pp. 107-118.

CORTEN André, 1998, « *Un mouvement religieux rebelle en Haïti : l'Armée céleste* », dans *Conjonction,* revue franco-haïtienne de l'Institut français d'Haïti, n° 203, pp. 53-62.

______, 2000, *Diabolisation et mal politique. Haïti : misère, religion et politique,* Montréal et Paris, Cidhica et Karthala.

GASPAR M. Carlos, 2000, « Mondialisation et peuples indigènes : la Malaisie et les Philippines », dans *Alternative-Sud,* vol. II (2000) 2, pp. 81-111, Louvain et Paris, Éd. L'Harmattan.

GIDDENS Anthony, 1994, *Les Conséquences de la modernité,* tr. par O. Meyer, Paris, Éd. L'Harmattan.

HOUTART F. et RÉMYA., *Haïti et la mondialisation de la culture. Étude des mentalités et des religions face aux réalités économiques, sociales et politiques,* Port-au-Prince et Paris, CRESFED et L'Harmattan.

HURBON Laënnec, 1988, *Le Barbare imaginaire,* Paris, Éd. du Cerf.

______, 1995, « American Fantasy and Haitian Vodou », dans le collectif *Sacred Arts of haitian vodou,* éd. par Donald J. Consentino,

Los Angeles, UCLA Fowler Muséum of Cultural History, pp. 181 -197.

______, 1999, « Haitian vodou, church, State and anthropology » dans *Anthropological Journal on European Cultures – The Politics of Anthropology at Homell,* vol. 8, Number 2, Lit Verlag Munster, Hamburg, Londres, pp. 27-38.

______, 1999, « Demokratisierung, kulturelle und nationale Identitat », dans le collectif *Menschwerden im Kulturwandell,* éd. par Thomas Schreijack, Luzern, Éditions Exodus, pp. 86-104.

MORINE. et S. Nair, 1997, *Une politique de civilisation,* Paris, Éd. Arlea.

MARTIN Boris, 1999, « *Les droits culturels comme mode d'interprétation et de mise en œuvre des droits de l'homme* », dans la revue du *M.A.U.S.S.,* n° 13, 1ᵉʳ semestre, Éd. La Découverte/ M.A.U.S.S., pp. 236-260.

REY Terry, 1998, *Our Laay of Class Struggle. The Cuit of the Virgin Mary in Haïti,* Trenton et Asmara (Eritrea), Africa World Press, Inc.

WALZER Michael, 1977, *Pluralisme et démocratie,* (trad.), Paris, Éditions ESPRIT.

Conclusion
Justice et refondation du lien social

> « Quand on s'est figuré que l'on frappe au nom du peuple
> et que l'on ne doit de compte à personne, il est impossible que
> l'on n'aboutisse pas à des extravagances et à des monstres. »
>
> Edgar Quinet, cit. par Marc Richir, dans son ouvrage
> *Du sublime en politique*, Payot, 1991, p. 175.
>
> « Il existe donc un lieu de la société – aussi violente
> que celle-ci demeure par origine ou par coutume – où la parole
> l'emporte sur la violence. »
>
> Paul Ricœur, *Le Juste*, Éditions Esprit, 1995, p. 10.

Il y a donc eu trois sommets dans le processus de démocratisation
en Haïti : le 7 février 1986 avec la chute de la dictature de trente ans,
le 7 février 1990 avec l'accession au pouvoir du premier président
démocratiquement élu, enfin le 15 octobre 1994 avec le retour à
l'ordre constitutionnel qui met fin au coup d'État contre le président
légitime. Chacun de ces événements laissait augurer d'un départ
définitif sur la voie de la démocratie et donnait lieu à un enchantement
du politique. Or, à dresser le bilan des luttes, on se rend compte que le
nombre de massacres et de personnalités politiques assassinées entre
1986 et 2001 n'a jamais fait qu'augmenter à cause de l'impunité des
criminels, comme s'il y avait une propension de la société à revenir
sans cesse à une situation prépolitique caractérisée par la guerre de

tous contre tous et dans un même temps par une sortie du politique vers le religieux.

Certes, de nombreuses associations de droits humains sont apparues et n'ont jamais cessé d'élever la voix contre l'impunité. Il semble plutôt que c'est le pouvoir politique comme tel qui se croit facilement dispensé de recourir à la justice comme pour ne point risquer de se mettre en situation de fragilité. D'un côté, il suffirait que le pouvoir soit du peuple pour qu'il soit automatiquement juste et devienne le bien suprême à défendre par tous les moyens. De l'autre, on a tendance à croire que le pouvoir s'occupe de l'essentiel, s'il travaille à combattre les inégalités sociales. Une telle perspective, qui oscille de la politique à la morale, n'a pu que laisser la place vacante au travail de la violence, et réduire les capacités de l'État à mettre en place un système juridique auquel toutes les couches sociales seraient appelées à adhérer.

Il convient de rendre compte de cet échec du droit. Échec qui donne lieu à toutes les dérives politiques (coups d'État et élections frauduleuses, « dechoukaj » et lynchages, assassinats et tortures, etc.), et favorise le recours au mythe du peuple toujours déjà bon, innocent et disposant à l'avance d'une connaissance claire de ses objectifs. Étrangement, nous recevons ici l'écho de ce qui a été à la source même de la Terreur pendant la Révolution française. Ce qu'écrivait justement Edgar Quinet sur ce recours passionné au peuple lors de la Terreur semble s'appliquer aux vagues de « dechoukaj », de massacres et d'assassinats qui ont eu lieu ces six dernières années en Haïti : « Réduire [le peuple] à la préoccupation de la famine et du salaire, c'est lui ôter à la fois le passé et l'avenir[167]. »

Le populisme a une connotation supplémentaire en Haïti : celle de pouvoir maintenir le peuple dans une condition semblable à celle de l'esclavage, en le mettant au service du pouvoir, c'est-à-dire du nouveau maître que représente le chef ou le leader charismatique qui lui tient lieu de toute raison et auprès de qui il est amené à

---

[167] Cité par Marc Richir, *Du sublime en politique,* Paris, Payot, 1991, p. 152.

abdiquer sa propre raison. Il y aurait, par suite d'un déficit du travail critique de l'histoire sur l'esclavage, une très grande proximité avec le phénomène, une mémoire fraîche, pourrait-on dire, qui rend disponible au despotisme ou plus exactement qui aurait fait du despotisme le régime soi-disant le plus congruent à la mentalité du «peuple».

La demande de droit paraissait pourtant soutenir les luttes pour une sortie de l'esclavage et de la dictature, mais cette demande ne trouvant pas de destinataire, tout se passe comme si la société tout entière se trouvait devant un immense vide que le leader charismatique s'empresse, bien entendu, d'occuper en offrant au «peuple» des solutions fantasmatiques qui rappellent les périodes de non-droit : le nationalisme qui a besoin pour s'alimenter d'ennemis extérieurs (les seuls responsables des échecs et des impasses politiques et économiques seraient l'impérialisme américain et la «communauté internationale»), et de dissidents intérieurs ou des opposants (soucieux de critiquer et de contrôler le pouvoir en place) ; la suppression immédiate par «*dechoukaj*» ou par «tolérance zéro[168]» des maux dont souffre la société, comme la délinquance, l'insécurité ou les inégalités sociales.

Ce qui est ainsi promu tout au long de ces quinze années d'interminable transition vers la démocratie, c'est un dispositif de guerre qui tend à placer Haïti sur la même ligne que des pays comme, par exemple, le Rwanda, le Libéria, la Sierra Leone, le Congo-Brazzaville ou la Somalie. Ainsi, par exemple, chaque fois que le pouvoir est en crise, il utilise des moyens qui supposent la suspension de la légalité : incendie de la maison, des bureaux ou des biens appartenant aux opposants, arrestations sans mandat, tortures, exécutions sommaires, massacres à effet de dissuasion, bref des pratiques visant la criminalisation de l'opposant et à la limite son extermination.

Pourquoi alors cette problématique de la justice et donc du droit et de l'impunité est-elle souvent tenue pour secondaire ? Depuis

---

[168] Slogan lancé récemment par le président Aristide, c'est-à-dire supprimer d'un seul coup l'insécurité, mais sans passer par la voie longue de la légalité et de la discussion publique.

1990, les élections démocratiques n'avaient pu se réaliser que grâce à l'interposition d'une force de l'ONU, et, dès 1991 jusqu'en 2000, une mission civile internationale de l'OEA-ONU a été en place pour observer la situation des droits humains et soutenir les associations et mouvements qui travaillent dans le domaine de la justice. Or, parce que ces apports ont été tenus pour allogènes à la société haïtienne, ils n'ont pas pu avoir un grand impact pour les transformations des mentalités. En outre, il est probable qu'en dépit de la faiblesse de l'État (insignifiance de régulation du système scolaire, 85 % des écoles étant aux mains du secteur privé ; police inexpérimentée et fonctionnant sous un faible régime de contrôle, les compagnies privées de sécurité devenant la norme pour la sécurité et la protection de la propriété ; système judiciaire laissé pour compte ; système administratif non bureaucratisé et suspendu à l'allégeance au pouvoir exécutif...) domine trop souvent dans la classe politique l'imaginaire d'un État providence selon lequel l'État devrait avoir pour tâche essentielle d'assurer du travail pour tous et une meilleure distribution des biens sociaux[169] et non pas d'assurer la protection des droits humains fondamentaux. Effectivement, on observe un véritable affairement autour du pouvoir politique conçu comme seul lieu d'où l'on peut lutter contre les inégalités sociales criantes qui sont la marque principale de la société haïtienne. Cette vision de l'État rejoint la perspective populiste. Peut-on dire, en revanche, que les traditions culturelles populaires peuvent expliquer en profondeur les difficultés rencontrées dans l'acceptation effective de l'universalité du droit ? Sans doute, mais c'est se contenter d'un niveau superficiel du problème, car si en particulier la paysannerie a élaboré un système symbolique qui conduit à accorder la primauté de la communauté sur l'individu, à adopter une vision cyclique du temps (qui relativiserait le sens de la justice procédurale), à se fier aux autorités traditionnelles comme les prêtres et les prêtresses du

---

[169] Cf. J. Habermas, *Droit et démocratie,* Paris, tr. Rochlitz et Bouchindhomme, Gallimard, 1997, p. 446 : « Le paradigme du droit caractéristique de l'État providence est fondé exclusivement sur le problème de la juste répartition des chances de vie générées par la société. En réduisant la justice à la justice distributive, ce paradigme méconnaît le sens des droits légitimes, qui réside dans le fait de garantir la liberté... »

vodou, c'est avant tout, comme l'a montré Gérard Barthélémy[170], pour échapper à l'emprise de l'État, dans la mesure où l'État développait des pratiques de colonisation interne de la paysannerie. Pour elle, participer à la vie politique, et donc accéder réellement à la citoyenneté, paraissait un pur rêve. Je suis porté plutôt à croire que se laisse découvrir à travers le pays une certaine vitalité culturelle qui est le signe d'espoir en un avenir possible. Une vitalité qui n'a rien à voir avec une fermeture crispée sur des traditions, car sous la pression des revendications actuelles de justice, le système traditionnel de valeurs entre en crise, pendant que le nouvel État de droit espéré ne parvient pas à s'implanter. Il n'y a plus alors de fondation au lien social, mais une « réélaboration symbolique[171] » (au sens que Claude Lefort donne à cette expression) est peut-être en cours. On découvre cette quête dans le cadre de l'engouement pour le renouveau charismatique (qui touche toutes les couches sociales et dont le dernier congrès d'avril 2001 a rassemblé environ 100 000 personnes dans la capitale) et surtout pour les Assemblées pentecôtistes. Ces mouvements religieux, comme nous l'avons vu dans la dernière partie de cet ouvrage, ne font pas que redéployer les croyances traditionnelles du vodou, celles-ci sont mises en question en même temps que les modes de développement de la modernité qui produit des laissés-pour-compte et qui demeure, pour le pentecôtisme, soumise à « l'empire de Satan » de la même manière que les « forces invisibles » du vodou. Mais les solutions religieuses sont recherchées parce qu'elles offrent à la fois une protection à l'individu, un espace public d'expression des revendications d'ordre socio-économique, une explication aux « malheurs » et surtout une nouvelle communauté de solidarité qui transcende les liens traditionnels avec sa famille, le quartier ou le village et qui met le converti hors du cadre de la nation et de l'État, c'est-à-dire au niveau d'un monde transnationalisé ou mondialisé.

---

[170] Voir en particulier son ouvrage, *Le Pays en dehors. Essai sur l'univers rural haïtien,* Port-au-Prince et Montréal, Éd. Deschamps, 1989.

[171] Voir, de Claude Lefort, *Essais sur le politique, op. cit. ;* également son dernier ouvrage, *La Complication. Retour sur le communisme,* Paris, Fayard, 1999.

Un désespoir politique (méfiance vis-à-vis des institutions, soupçon sur la légitimité du pouvoir, désaffection par rapport aux partis politiques, etc.) s'exprimerait cependant dans cette passion religieuse qui semble chercher éperdument et de manière pathétique une reconstruction des repères symboliques capables de rendre possible le vivre-ensemble. De manière pathétique, car cette reconstruction suppose la manipulation de «forces» dites «invisibles» dont il faut purifier l'espace politique fait de violence et d'arbitraire[172].

Une telle problématique théologico-politique est révélatrice d'une crise du lien social. Or, cette crise ne peut être surmontée peu à peu que sur la base d'un système judiciaire, lequel – sans être une panacée – pourra créer un lieu de parole qui ouvrirait un horizon au vivre-ensemble à partir de règles (universalisables) acceptables par tous et discutables sur une base rationnelle et non pas imposées par un dispositif religieux. Un double écueil devra pour cela être évité : d'abord la théorie du moindre État qui passe pour allant de soi avec le processus de mondialisation, lequel est indifférent à «l'intérêt public», ensuite l'imaginaire d'un État providence comme alibi ou diversion face au problème du droit et de la démocratie. La voie de sortie du despotisme est étroite, mais elle est celle de la primauté à accorder au droit comme fondement à l'universalisation concrète de la démocratie dans les pays du tiers-monde, parce qu'il implique le principe de l'égalité entre les citoyens – cette vieille revendication exprimait la volonté de sortie réelle de l'esclavage –, mais aussi l'acceptation de l'existence des droits individuels (comme des droits culturels) dont l'État est appelé à assurer la protection, et enfin l'universalisme contre le particularisme au sens où l'individu est considéré par le système de justice en dehors de ses marques sociales (sexe, couleur, origine sociale, fortune, fonctions ou appartenance politique[173]).

---

[172] On se reportera ici, pour des analyses comparatives, sur le développement du pentecôtisme dans le tiers-monde, à l'ouvrage publié sous la direction de A. Corten et de A. Mary : *Imaginaires politiques et pentecôtisme. Afrique/Amérique latine,* Paris, Karthala, 2001.

[173] Sur la place de la justice dans l'établissement d'un système démocratique, voir, entre autres,

C'est une telle perspective qui pourrait contribuer à refonder le lien social, mais elle n'est point encore celle de la mondialisation, tout en paraissant peut-être comme l'une de ses contradictions internes les plus visibles.

Paul Ricœur, *Le Juste, op. cit.,* et *Lectures. Autour du politique,* Paris, Seuil, 1991. Sur la signification du principe de l'égalité, voir l'ouvrage de R. Legros, *L'Avènement de la démocratie. Essai sur l'expérience d'autrui,* Paris, Grasset, 1999. Blandine Kriegel, *Propos sur la démocratie. Essai sur l'idéal politique,* tome 3 des *Chemins de l'État,* Paris, Descartes et Cie, 1994, et surtout sa *Philosophie de la République,* Paris, Plon, 1998 ; J. Habermas, *Droit et démocratie, op. cit. ;* de même, l'article récent de Jacky Dahomay, « La tentation tyrannique haïtienne » dans la revue haïtiano-caribéenne, *Chemins critiques,* vol. V, n° 1, Port-au-Prince et Montréal, Éd. Cidihca, janvier 2001 ; Guy Hermet, *Le Passage à la démocratie,* Paris, Presses de Sciences-Po, 1991. Sur les droits culturels en tant qu'ils prennent appui sur les droits fondamentaux, voir Sylvie Mesure et Alain Renaut, *Alter Ego. Les paradoxes de l'identité démocratique,* Paris, Aubier, 1999. Pour plus de précisions au niveau comparatif sur le niveau d'adhésion aux valeurs juridiques dans les pays récemment sortis des dictatures ou des systèmes communistes, voir le numéro sur « La démocratie et le droit » de la *Revue internationale des sciences sociales,* n° 152, Unesco/ERES, juin 1997, d'où nous reprenons certains éléments de l'article de Ellen S. Cohen et Susan O. White sur « Les effets de la socialisation juridique sur la démocratisation », pp. 167-190. De même, on lira avec profit l'article de Jorge Alonso, « La démocratie base de lutte contre la pauvreté », dans *Alternative-Sud,* Louvain et Paris, centre tricontinental et L'Harmattan, 2000, qui soutient par exemple que « La démocratie n'élimine pas le conflits mais elle les situe à ciel ouvert et les rend négociables », par quoi l'auteur démontre que le combat pour l'accès véritable à la citoyenneté ne minimise pas l'importance de la question sociale, mais offre un cadre d'expression efficace des revendications sociales.

Bibliographie sélective

(sur Haïti pour la période 1986-2000)

ARISTIDE Jean-Bertrand, 1992, *Tout homme est un homme,* Paris, Éd. du Seuil.

AVRIL Prosper, 2001, *Haïti (1995-2000). Le livre noir de l'insécurité,* Port-au-Prince, Imprimerie Le Natal.

Bajeux Jean-Claude, 2001, *Impossible justice. Le piège de l'amnésie,* Port-au-Prince, CEDH, Éd. Antilia.

BARTHÉLÉMY Gérard, 1996, *Dans la splendeur d'une après-midi d'histoire,* Port-au-Prince, Imprimerie Deschamps.

BARTHÉLÉMY Gérard et Christian GIRAULT (s.d.), 1993, *La République haïtienne. État des lieux et perspectives,* Paris,

ADEC-Karthala. CASIMIR Jean, 2001, *Toma. Haïti chérie,* Port-au-Prince.

CORTEN André, 1989, *L'État faible. Haïti et la République dominicaine,* Éditions CIDIHCA, Montréal et Société haïtiano-Suisse d'édition S.A.R.L.

______, 2000, *Diabolisation et mal politique. Haïti : misère, religion et politique,* Montréal et Paris, Éditions CIDIHCA et Karthala ; D'Ans André Marcel, 1987, *Haïti, paysage et société,* Paris, Karthala.

DELINCE Kern, 1993, *Les Forces politiques en Haïti,* Paris, Éditions Karthala et Pegasus Books.

DUMAS Pierre-Raymond, 1997, *La Transition d'Haïti vers la démocratie,* Port-au-Prince.

Dahomay Jacky, 1992, « Qui a peur de la démocratie en Haïti ? », dans la revue haïtiano-caribéenne, *Chemins critiques,* Montréal et Port-au-Prince, Éd. CIDIHCA, vol. 2, n° 3, mai 1992.

______, 2001, « La tentation tyrannique haïtienne », in *Chemins critiques,* vol. V, n° 1, janvier, Montréal et Port-au-Prince, Éd. CIDIHCA, pp. 11-36.

FARMER Paul, 1992, *Aids and Accusation: Haiti and the Geography of Blame,* Berkeley, University of California Press.

______, 1994, *The uses of Haïti (Introduction by Noam Chomsky),* Monroe, Common Courage Press.

Houtart François et Anselme RÉmy, 2000, *Haïti et la mondialisation de la culture. Étude des mentalités et des religions face aux réalités économiques, sociales et politiques,* Port-au-Prince et Paris, Cresfed et L'Harmattan.

HECTOR Cary et Herard Jadotte, 1991, *Haïti et l'après-Duvalier. Continuités et Ruptures,* tomes I et II, Port-au-Prince et Montréal, Éd. Deschamps/CIDIHCA.

HOLLY Gérard (s.d.), 1999, *Les Problèmes environnementaux de la région métropolitaine de Port-au-Prince,* Commission pour la commémoration du 250ᵉ anniversaire de la fondation de la ville de Port-au-Prince.

HURBON Laënnec, 1987, *Comprendre Haïti. Essai sur l'État, la nation, la culture,* Paris, Éd. Karthala.

______, 1988, *Le Barbare imaginaire,* Paris, Éd. du Cerf.

______, 1993, *Les Mystères du vodou,* coll. « Découvertes », Paris, Gallimard.

HURBON Laënnec (s.d.), 1996, *Les Transitions démocratiques,* (Actes du colloque de Port-au-Prince), Paris, Éd. Syros/La Découverte.

JEAN-FRANÇOIS Harold, 1995, *Le Coup de Cédras. Une analyse comparative du système sociopolitique haïtien de l'indépendance à nos jours,* Port-au-Prince, Éd. Mediatek.

LAGUERRE Michel, 1989, *Vodou and Politics in Haïti,* Houndmills... et Londres, The Mamillan Press Ltd.

LUNDHAL Mats, 1992, *Politics or Markets? Essays on Haitian undervelopment,* Londres et New York, Éd. Routledge.

Maesschalk Marc et Jean-Claude Jean, 1999, *Transition politique en Haïti. Radiographie du pouvoir Lavalas,* Paris,

KARTHALA. *Paysans, Systèmes et Crise,* 1993, Travaux sur l'agraire haïtien, en 3 tomes, Groupe de recherche systèmes agraires caribéens et alternatives de développement (Université des Antilles et de la Guyane), Faculté d'agronomie et de médecine vétérinaire (Université d'État d'Haïti).

L'Harmattan. MOÏSE Claude et EMILE Ollivier, 1992, *Repenser Haïti, Montréal,* Montréal, Éd. CIDIHICA.

MOÏSE Claude, 1994, *Une Constitution dans la tourmente. Le nouveau régime politique haïtien et la crise nationale (1987-1993),* Montréal, Les Éditions Images.

MALVAL Robert, 1996, *L'Année de toutes les duperies,* Port-au-Prince, Éditions Regain.

MANIGAT Leslie, 1995, *La Crise haïtienne contemporaine,* Port-au-Prince, Éditions des Antilles.

MANIGAT Sabine, 1990, *Les Partis politiques. Dossier Haïti 3,* Port-au-Prince, CRESDIP.

MAROTTE Cécile et HERVÉ Rakoto Razafmbahiny, 1997, *Mémoire oubliée. Haïti 1991-1995,* Montréal, Éditions Regain et CIDIHCA.

MIDY Franklin, 2001, « Le pouvoir : volonté de puissance et d'humiliation », in *Chemins critiques,* Éd. du CIDIHCA, vol. V, n° l, pp. 75-104.

NÉRESTANT Micial, 1994, *Religions et politique en Haïti,* Paris,

PÉAN Leslie, 2000, *L'Économie politique de la corruption,* Port-au-Prince, Éd. Mémoire.

PIERRE-CHARLES Gérard, 1997, *Haïti : pesé a todo la utopia,* Instituto de Estudios del Caribe, Universidad de Puerto Rico.

PIERRE-ÉTIENNE Sauveur, 1997, *Haïti : l'invasion des ONG,* Montréal, Éditions du CIDIHICA.

______, 1999, *Haïti. Misère de la démocratie,* Port-au-Prince et Paris, CRESFED et L'Harmattan.

ROMAIN Charles Poisser, 1986, *Le Protestantisme dans la société haïtienne. Contribution à l'étude sociologique d'une religion,* Port-au-Prince, Imprimerie Deschamps.

SMARTH Luc, 1998, *Les Organisations populaires en Haïti. Une étude exploratoire de la zone métropolitaine de Port-au-Prince,* Montréal et Port-au-Prince, Éd. du CIDIHCA et CRESDIP.

SILIÉ Ruben, INOA Orlando, ANTONIN Arnold, 2000, *La République dominicaine et Haïti ; face à l'avenir,* Montréal, Éd. du Cidihca.

TROUILLOT Michel-Rolph, 1986, *Les Racines historiques de l'État duvaliérien,* Port-au-Prince, Éditions Deschamps.

WILENTZ Amy, 1989, *The Rainy Season: Haiti after Duvalier,* New York, Simon and Schuster.

ANNEXES

ANNEXE 1

Vodou et vie quotidienne[174*]

Les Illuminations de Madame Nerval

(Un film de Charles Najman)

Quand Charles Najman m'avait parlé de son intention de faire un film sur le mariage mystique dans le vodou, je n'osais pas lui dire qu'il prenait un risque considérable, car je croyais qu'il avait de faibles chances de réussir à traiter un thème que le film ethnologique semble avoir presque abandonné. Comment rendre compte d'un phénomène comme le mariage (mystique) d'un individu avec un dieu ou une déesse, sans se perdre dans des élucubrations sur la crise de possession, ou dans les méandres des rites liturgiques qui se déroulent à l'intérieur du temple vodou ? Comment surtout ne pas redoubler le discours du vodouisant et en même temps manifester le plus grand respect pour ses croyances ? Charles Najman avait déjà entrepris avec succès de nous livrer le témoignage de sa propre mère sur les années d'enfer passées à Auschwitz dans un film à la fois émouvant et plein d'humour intitulé *La mémoire est-elle soluble dans l'eau ?*. On dirait qu'en cherchant à entrer dans l'intimité des croyances de la célèbre prêtresse vodou de la ville de Jacmel, Mme Nerval, Najman ne cesse de poursuivre, un peu comme Nerval et Rimbaud, la même quête d'une illumination qui permette de croire en la vie et d'espérer là où tout espoir a disparu. En effet, ce qui me paraît être l'originalité de ce film, c'est qu'il a su intégrer les croyances et pratiques du

---

[174*] Publié dans *Racines noires 2000,* Rencontre des cinémas du monde noir, Paris.

vodou dans la vie quotidienne en Haïti avec toutes ses duretés, ses combats contre la faim et la maladie, contre le mépris et la déchéance que représente la misère des quartiers populaires des villes. Jusqu'ici le plus grand tort fait au vodou haïtien par de nombreux observateurs étrangers avait été de le décontextualiser, de détacher les croyances de leur histoire, de leur signification comme mémoire à laquelle le vodouisant se raccroche pour éclairer divers aspects de la vie individuelle et de la collectivité.

Auparavant, Najman avait essayé pudiquement des approches partielles du vodou à travers des courts métrages sur la musique des groupes-racines, les pèlerinages vers les hauts lieux de culte vodou ou sur les origines dahoméennes du vodou. Cette fois, Najman parvient à faire un saut au cœur même d'une des questions les plus intrigantes, les plus obscures du vodou et peut-être même les plus mystérieuses des croyances religieuses en général, à savoir le mariage mystique qui semble correspondre à la structure religieuse élémentaire qu'est la recherche de l'union avec un dieu. Najman nous revient avec un film qui nous fait approcher la réalité du vodou par la fiction et la poésie ou plus exactement qui nous introduit dans l'imaginaire vodou dans lequel Mme Nerval puise ses ressources pour affronter toutes les difficultés de la vie quotidienne. Pour cela, il faudra restituer toutes les séquences d'activités préparatoires à la célébration de la cérémonie du mariage mystique : d'abord retrouver ou racheter la bague de mariage ; ensuite rechercher feuilles et plantes pour les bains de chance et de purification et pour les pratiques thérapeutiques en général ; acheter les animaux préposés aux offrandes et aux sacrifices réclamés par les dieux du vodou ; ou encore choisir les tissus pour la confection des vêtements symboliques des dieux, bref tout cela renvoie à une série de pratiques qui nous montrent jusqu'à quel point le vodou marque la vie économique et sociale et demeure articulé à tous les registres de la vie quotidienne. Pour réaliser une cérémonie comme celle d'un mariage mystique avec un dieu vodou, le prétendant sait que les dépenses somptuaires sont la règle, même s'il se laisse aller parfois à des marchandages. Justement, ce qui paraît ici comme un marchandage n'est que manière de tisser des relations interpersonnelles et de faire que ce qui est de l'ordre du don soit production de réseaux symboliques, création de liens communautaires.

Au fond, ce film n'est pas seulement une initiation à un rite du vodou. Non seulement, il nous déroule tous les événements du roman personnel de Mme Nerval, tiraillée entre l'attachement à son mari et l'appel du dieu, mais surtout il nous convie à porter attention à la condition de la femme en Haïti. Mme Nerval a un comportement exemplaire, car le travail du dieu à l'étrange nom de *lwa Criminel* («Criminel» n'ayant pas, bien entendu, la connotation attendue par le sens commun) consiste à la pousser chaque jour davantage à se mettre à l'écoute de l'origine, à renforcer ses liens avec le monde invisible. Plus elle se laisse accaparer par le *lwa* jusqu'à devenir à la fois son épouse et sa fille (dans le vodou, les dieux sont souvent appelés *papa lwa),* plus elle est assurée de ses faveurs. Sous ce rapport, le mariage mystique n'apparaît plus comme une simple marche vers l'initiation, il est une forme de consécration de sa vie au *lwa* qui se sait alors lié à son prétendant par un contrat. Toute la spiritualité du vodou découle de ce type de rapport fondamental d'alliance qui caractérise la vie du vodouisant. Sa famille réelle est sa famille spirituelle et le mari qui cherchera à exercer sa domination sur la femme vodouisante ne peut qu'aboutir à l'échec; il faut supposer qu'il ne pourra maintenir sa position d'époux que s'il se met en peine de négocier avec le *lwa.* Non point que seules les femmes pratiquent le mariage mystique, mais il se trouve que ce rite vient conforter l'autonomie de la femme et de toute façon lui donne d'échapper à la domination masculine.

Dans le mariage mystique, la femme se fait paradoxalement célibataire, car elle vit l'union avec le *lwa* comme une union amoureuse. En contrepoint, la figure du mari délaissé au profit des épousailles mystiques ne suscite point le sentiment de la pitié. «Le *lwa,* dit Mme Nerval, est ma vie, ma mort, il me donne tout et est tout pour moi. » Suprême abandon à la volonté du *lwa* et en même temps reconnaissance inconsciente que l'ordre symbolique des *lwa* est un ordre qui ouvre et ferme à la fois toute son histoire personnelle. Ce film ne cesse ainsi de nous donner accès avec le plus grand respect à l'aspect pathétique du vodou dans la vie quotidienne dans l'Haïti d'aujourd'hui. Pourtant la seule présence du *pè-savann,* officiant qui imite les gestes du prêtre catholique en appliquant au mariage mystique les rites mêmes du mariage catholique (chants, liturgie, prédication, etc.), aurait pu conduire sur la pente de la bouffonnerie. Le syncrétisme catholico-vodou ne prête cependant nullement à rire, il est plutôt riche de signifiants en vue de consolider les croyances du vodou et de favoriser la reproduction ininterrompue du culte. C'est même sans doute ce problème de reproduction du culte que le mariage mystique nous invite le plus à méditer. Car dans le fond, en se présentant comme un lien de filiation et d'alliance à la fois et donc comme une sorte d'inceste spirituel, le mariage mystique est un rite qui vise la sauvegarde de l'ordre symbolique des *lwa,* c'est-à-dire la possibilité concrète de sa transmission aux générations futures. Quand elle sortira du monde visible, Mme Nerval sait que la flamme sera transmise et ne s'éteindra pas avec sa disparition : épouse et fille du dieu, elle est également mère spirituelle.

Tout en nous donnant à voir le caractère paradigmatique du mariage mystique par rapport à tous les rites du vodou et finalement à toutes pratiques et croyances religieuses (l'union avec un dieu étant recherchée comme un complément nécessaire à la réalisation de la condition humaine comme telle, les *lwa* du vodou servant, par exemple, de repères pour l'expression de l'identité individuelle), le film de Najman nous rend proche la vie de toutes les femmes, initiées ou non qui fréquentent le temple de Mme Nerval, prêtresse du vodou et qui l'assistent comme les membres de sa véritable famille. Nous avons pu entendre leurs paroles de femmes bafouées, humiliées sous la domination masculine, mais révoltées et qui tentent d'échapper à cette domination grâce au mariage mystique. Y parviennent-elles vraiment ? Dans tous les cas, elles se constituent gardiennes de la vie à travers l'alliance avec les dieux, mémoire vive de l'origine et en même temps source d'une confiance en la vie. *Les Illuminations de Madame Nerval* doivent être reçues comme un poème qui nous fait cheminer avec respect à la rencontre de la quête continuelle de sens dont témoigne le rite du mariage mystique dans le vodou haïtien.

ANNEXE 2

Chronologie des événements politiques
en Haïti de 1987 à 2000

(Ces notes sont extraites principalement de la série publiée par l'Agence haïtienne de Presse : *Haïti au quotidien,* et de l'ouvrage de G. Danroc, *La Répression au quotidien en Haïti : 1991-1994.)*

1987

29 mars : vote de la Constitution qui prévoit un conseil électoral indépendant du pouvoir exécutif et l'exclusion pendant dix ans des personnes qui ont joué un rôle important dans le soutien à la dictature de Duvalier.

13 octobre : Yves Volel, avocat, ancien officier de l'Armée, fondateur du Parti social chrétien haïtien, est assassiné par les agents du service des recherches criminelles devant les locaux du département de la police, sous l'œil des journalistes de la presse locale et étrangère. Il est mort sa toge d'avocat sur le bras et un exemplaire de la Constitution entre les mains, alors qu'il répondait à l'appel d'un prisonnier.

29 novembre : élections au suffrage universel (présidence et législatives) stoppées dans le sang : une centaine de morts, la plupart des individus tués dans la file des votants.

11 décembre : création par le général Namphy (chef du conseil national de gouvernement) d'un nouveau conseil électoral provisoire.

1988

17 janvier : élections au suffrage universel, mais abstention des partis politiques les plus importants comme le Konakom.

7 février : Leslie Manigat, secrétaire général du parti RDNP (rassemblement des démocrates nationaux progressistes) est investi par le Parlement comme président de la République.

20 juin : Leslie Manigat est renversé par un coup d'État militaire ; le général Namphy reprend le pouvoir et proclame par arrêté la mise en place d'un gouvernement militaire, sans proposer de nouvelle date pour des élections.

11 septembre : plusieurs partis politiques, syndicats et organisations socioprofessionnelles lancent une campagne pour la remise en route de la Constitution et proposent à tous ceux qui veulent appuyer cette campagne d'adopter une tenue en blanc.

Le même jour, massacre dans l'église de Saint-Jean Bosco de nombreux fidèles venus à la messe célébrée par le père Aristide : 14 personnes sont mortes par balle et armes blanches. Partout la terreur s'installe, les hommes de main, (anciens Tontons macoutes, attachés, repris de justice) reprennent du service ; les locaux de plusieurs partis politiques sont attaqués.

17 septembre : le général Namphy est destitué, des sous-officiers et soldats désignent Prosper Avril comme président provisoire et réclament la suppression des attachés et du corps des macoutes.

17 octobre : sous la pression de la conférence épiscopale, le père Aristide est prié de se rendre à Rome ; des groupes de soutien contre le départ d'Aristide se forment, une grève de la faim est organisée dans la cathédrale de Port-au-Prince.

Décembre 1988 : exclusion d'Aristide de la congrégation des pères salésiens.

1989

9 février : forum national (proposé par le général Avril) réunissant partis politiques et syndicats pour la préparation d'un conseil électoral provisoire.

2 avril : coup d'État raté de trois généraux, Philippe Biamby, Himmler Rebu, Guy François.

1990

21 juin : attentat contre le Conseil d'État créé lors du choix de Mme Ertha Trouillot comme président provisoire ; Serge Vilard, membre du Conseil, est tué.

7 juillet : retour en Haïti de Roger Lafontant, ancien chef des Tontons macoutes, il est accueilli au salon diplomatique et se déclare candidat à la présidence.

11 juillet : grève générale contre la présence de l'ancien général Williams Régala et de Roger Lafontant en Haïti.

13-14 octobre : congrès à Vertaillis night Club (situé aux environs de la capitale) des duvaliéristes. Leur parti URN (Union pour la réconciliation nationale) est formé. Un mandat d'arrêt est lancé contre Roger Lafontant, mais n'est pas exécuté par les militaires.

Juillet-août : désaccords persistants entre le Conseil d'État et l'exécutif, représenté par Mme Ertha Trouillot.

16 décembre : élections présidentielles, législatives et municipales sous contrôle international ; Jean-Bertrand Aristide, candidat juste un mois avant la fermeture des inscriptions des candidats, est élu président de la République avec plus de 67 % des voix.

1991

7 janvier : coup d'État réalisé par Roger Lafontant, ancien chef des Tontons macoutes, avec la complicité de l'armée ; dès que la nouvelle a été répandue, des barricades sont dressées à travers

toutes les rues de la capitale ; mise à sac de la nonciature apostolique, du local de la conférence épiscopale et incendie de l'ancienne cathédrale de Port-au-Prince, monument vieux de deux siècles ; à la fin de la matinée, l'armée a été acculée à intervenir et Roger Lafontant est arrêté. 7 février : investiture de J.-B. Aristide comme président de la République.

29 juillet : procès de Roger Lafontant réalisé en une seule journée uniquement sous la charge du coup d'État, il est condamné à perpétuité.

13 août : interpellation par la Chambre du Premier ministre ; il refuse de se présenter.

30 septembre : coup d'État militaire dirigé par le chef d'état-major de l'armée, le général Raoul Cedras, le président Aristide est envoyé en exil. Entre-temps, Sylvio Claude, leader du parti démocrate chrétien, est lynché par une foule dans le sud du pays ; Roger Lafontant est assassiné en prison.

11-13 novembre : mission de l'OEA en Haïti ; une mission interaméricaine des droits de l'homme est décidée ; embargo contre Haïti ; les manifestations contre le coup d'État sont interdites par l'armée.

1992

19 juin : Marc Bazin (du parti du MIDH) reçoit l'investiture de Premier ministre *de facto*. 23 juin : l'OEA décide le maintien de l'embargo contre Haïti.

1993

12 janvier : l'OEA condamne l'organisation d'élections législatives partielles prévues pour le 18 janvier.

5 février : le secrétaire général de l'ONU examine les mesures à prendre pour une solution à la crise politique haïtienne après l'échec de Dante Caputo, négociateur dépêché par l'OEA.

16 février : naufrage du bateau *Neptune* assurant la liaison entre Jérémie et Port-au-Prince ; bilan : 1 743 morts.

4 juin : le président Clinton annonce des sanctions contre des militaires haïtiens, des institutions privées ou para-étatiques soutenant le coup d'État en gelant leurs avoirs aux États-Unis.

8 juin : Marc Bazin est contraint de démissionner du poste de Premier ministre du gouvernement dit de consensus.

3 juillet : accord de Governor's Island : la délégation militaire représentant Cedras, et le président Aristide acceptent un plan en 10 points proposé par le médiateur international Dante Caputo.

27 juillet : Robert Malval est nommé Premier ministre officiellement, il est ratifié par le Parlement le 27 juillet.

31 août : l'ONU autorise l'envoi d'une première équipe de 30 experts policiers chargés de préparer le déploiement d'une mission en Haïti.

11 septembre : assassinat d'Antoine Izméry, arrêté dans l'église du Sacré-Cœur de Turgeau à Port-au-Prince par des civils armés au service des militaires qui entouraient alors l'église ; Izméry est un commerçant de la capitale qui militait contre le coup d'État militaire.

1994

2 mars : Randal Robinson, directeur de Transafrica, lance une campagne de mobilisation à Washington pour le retour d'Aristide en Haïti et contre le refoulement des *boat people* haïtiens.

11 mai : Emile Jonassaint, président retraité de la cour de cassation, est investi président de la République d'Haïti par la hiérarchie militaire.

19 mai : Clinton envisage la possibilité d'une intervention militaire en Haïti à cause du flot de réfugiés et de l'augmentation du trafic de la drogue à partir d'Haïti.

31 juillet : le Conseil de sécurité vote la résolution 940 autorisant l'intervention militaire sous direction américaine en Haïti.

6 août : la conférence épiscopale haïtienne dénonce l'intervention de l'ONU comme scandaleuse et immorale.

28 août : assassinat du père Jean-Marie Vincent devant la résidence des pères montfortains ; la police est présente sur les lieux du crime quelques minutes après.

17 septembre : l'ancien président Jimmy Carter accompagné du général Collin Powell arrive à Port-au-Prince pour une négociation de la dernière chance avec Cedras et la hiérarchie militaire.

19 septembre : survol du territoire haïtien par avions et hélicoptères pendant que les navires de guerre débarquent les premiers contingents de l'armée américaine ; aucune résistance des militaires haïtiens n'est signalée.

24 septembre : le général Cedras donne sa démission.

15 octobre : retour du président Aristide en Haïti accompagné du secrétaire d'État américain, Warren Christopher et de Jessie Jackson.

25 octobre : l'homme d'affaires, Smarck Michel, est nommé Premier ministre.

1995

3 février : inauguration de la nouvelle académie de police avec 375 élèves policiers, les instructeurs sont américains, canadiens et français.

13 mars : recrudescence de l'insécurité dans la capitale.

28 mars : assassinat de Mireille Bertin Durocher, une opposante très connue au retour d'Aristide.

31 mars : déploiement de la MLNUHA en remplacement de la force multinationale sous contrôle américain, conformément aux 940 et 975 du Conseil de sécurité de l'ONU.

28 avril : Aristide se déclare en faveur de la dissolution des Forces aimées d'Haïti.

3 juillet : inauguration d'une école de la magistrature.

17 octobre : démission du Premier ministre Smarck Michel.

17 décembre : élections présidentielles, René Preval est élu, 20 % des inscrits ont voté.

1996

6 mars : Rosny Smart est investi comme Premier ministre.

20 mars : assassinat de deux responsables d'un parti politique, opposé à Aristide.

6 novembre : création d'un nouveau conseil électoral.

1997

17 avril : élections législatives et municipales : la participation est estimée à 5 % ; ces élections sont tenues pour frauduleuses, une commission d'enquête est nommée.

14 mai : le parti politique OPL (Organisation du peuple en lutte), ancien allié d'Aristide, rejette les résultats des élections et juge le conseil électoral partisan.

9 juin : démission du Premier ministre.

1998

15 avril : le choix de Hervé Denis par le président de la République est rejeté par le Sénat.

3 août : assassinat du père Jean Pierre-Louis à Port-au-Prince.

22 décembre : le Sénat ratifie le choix de Jacques Edouard Alexis comme Premier ministre.

1999

9 janvier : J. E. Alexis, Premier ministre ratifié, ne présente pas sa politique générale devant le Parlement qui l'a convoqué.

11 janvier : le président Préval fait appel à des organisations populaires pour déclarer caduque la 46e législature en vertu de la loi électorale de 1995, pendant que l'opposition déclare que cette décision est un coup d'État de la présidence parce que, d'après la Constitution, le mandat des parlementaires de 46e législature ne se termine que dans un an.

1er mars : assassinat du sénateur de l'OPL, Yvon Toussaint.

6 mars : accord entre le président Préval et cinq partis politiques regroupés dans l'Espace de concertation, l'OPL est écarté de cet accord.

28 mai : à Port-au-Prince, une manifestation contre l'insécurité à l'appel de la chambre de commerce et de l'industrie et soutenue par plusieurs organisations politiques et syndicales, est stoppée par des organisations dites populaires et la police ; des journalistes sont molestés par la police et le soir-même 11 jeunes gens sont assassinés dans le bidonville de Carrefour-Feuille par la police alors qu'ils venaient d'être arrêtés et mis sous menottes.

2000

3 avril : assassinat du journaliste vedette Jean L. Dominique, propriétaire de la station de *Radio Haïti,* célèbre dans la lutte contre la dictature depuis les années 80, et du gardien de la station, Jean-Claude Louissaint.

11 mai : élections législatives, municipales et locales ; la participation est estimée à 40 % ; des mandataires de partis politiques autres que le parti au pouvoir (La Fanmi Lavalas d'Aristide) sont

empêchés d'assister au dépouillement des bulletins de vote, des commissaires de police et des commandos venus du palais national et de la résidence d'Aristide (Tabarre) entrent dans les bureaux, s'emparent illégalement des urnes et substituent à celles-ci de nouvelles urnes déjà remplies ; des journalistes découvrent que des milliers de bulletins sont éparpillés dans certaines rues de la capitale. Le soir même, le parti Lavalas déclare gagner tous les postes au Sénat, à la députation, dans les mairies et dans les sections communales. Le lendemain, plusieurs candidats sont arrêtés, dont l'ex-sénateur et candidat au Sénat, Paul Denis.

4 juin : les partis politiques, autres que le parti d'Aristide, déclarent nulles les élections du 21 mai, se retirent du processus électoral et demandent à leurs représentants dans le conseil électoral provisoire de démissionner ; deux d'entre eux démissionnent à l'exception de Mme Irma Râteau. Le président du conseil électoral refuse de signer les résultats qui lui sont proposés par l'exécutif, dit avoir reçu des menaces de mort de la part d'Aristide et s'enfuit vers les États-Unis. L'OEA découvre que le mode de comptage des voix pour les sénatoriales ne correspond pas aux articles de la Constitution ni aux règles prescrites par la loi électorale.

26 novembre : malgré les injonctions de l'OEA et du CARICOM de refaire le comptage des votes pour les sénatoriales, le gouvernement réalise les élections présidentielles avec le seul parti d'Aristide et quelques candidats inconnus, mais la participation est estimée à environ 5 %, pendant que le conseil électoral parle de 60 %, c'est-à-dire d'environ 2 600 000 votants.

ANNEXE 3

Chronologie des massacres commis
entre 1986 et 2000

1987

26 avril : massacre devant la prison Fort Dimanche, lors d'une manifestation pacifique pour la suppression de cette prison qui symbolise les années de terreur de la dictature de Duvalier : 8 personnes sont tuées par les militaires.

23 juillet : massacre des paysans de Jean-Rabel, dans le nord-ouest du pays ; environ 250 paysans ont trouvé la mort.

29 novembre : massacre lors des élections présidentielles ; 75 personnes sont tuées dans les files d'attente devant les bureaux de vote ; à la ruelle Vaillant dans la capitale, 39 votants sont tués par les militaires.

1988

14 août : massacre de Labadie dans le département de l'Artibonite ; 4 jeunes gens sont tués par des militaires au cours d'une réunion.

11 septembre : massacre dans l'église de Saint-Jean Bosco, située dans un quartier populaire de la capitale ; 14 morts et 75 blessés.

1990

12 mars : massacre de paysans (lié à des conflits terriens) dans la localité de Piatre (au département de l'Artibonite) ; 11 morts, 22 blessés et 335 maisons incendiées.

3 mai : massacre de paysans à Perodin réalisé par le chef de la section rurale ; 6 morts.

1991

17 janvier : massacre de Gervais sous la supervision des militaires (5e section de la ville de St Marc) ; 20 morts parmi les paysans et 494 maisons incendiées.

1993

27 décembre : plus d'une trentaine de morts à Cité Soleil, bidonville situé au nord de la capitale, et plusieurs centaines de maisons ou cases incendiées, à la suite de représailles des militaires à l'annonce de l'assassinat d'un membre du FRAPH (Front révolutionnaire pour l'avancement et le progrès, mouvement créé par les militaires et qui regroupe de nombreux anciens Tontons macoutes).

1994

22 avril : un commando civilo-militaire tue une vingtaine de personnes dans le bidonville de Raboteau aux Gonaives.

1999

28 mai : massacre de 11 jeunes gens dans le bidonville de Carrefour-Feuille à Port-au-Prince, par des policiers ; ces jeunes gens ont été au préalable arrêtés et mis sous menottes.

20 octobre : massacre de 6 personnes tenues pour des bandits par un groupe qui s'identifie comme brigade de vigilance à Carrefour à Port-au-Prince.

TABLE DES MATIÈRES

Quatrième partie
DE LA TRANSVERSALITÉ DU RELIGIEUX

Lectures recommandées

Auteurs	Titres
Michel Acacia	Race et couleur chez Jacques Roumain
Jacques Stéphen Alexis	Lettre à mes amis peintres
Jacques Stéphen Alexis	Le marxisme, seul guide possible de la révolution haïtienne
Jacques Stéphen Alexis	Manifeste du Parti d'Entente Populaire (P.E.P.)
Victor Benoit	Des dates incontournables de l'histoire d'Haïti au 20ᵉ siècle Tome I
Pierre Buteau / Lyonel Trouillot (sld)	Le prix du jean-claudisme : arbitraire, parodie, désocialisation
Placide David (1885-1967)	L'héritage colonial en Haïti
Yves Dorestal	Jacques Roumain 1907-1944 : Un communiste haïtien. - Le marxisme de Roumain ou le commencement de l'histoire du marxisme en Haïti
Jean-Robert Hérard	Les Premiers ministres de la République d'Haïti 1988-2023 Détente ou guerre froide entre Présidents et Premiers ministres ? Volume I
Jean Jacques Honorat	Haïti : À la recherche d'un pays perdu
Marc Menant	Haïti : le peuple de la liberté
Gary Olius	Haïti 1804-2018 : 214 ans de servitude économique et d'une gouvernance assistée
Ericq Pierre	Et Nous ?
Philippe Hannibal Price (1842-1893)	Études sur les finances et l'économie des Nations 1876 Réflexions du député Hannibal Price sur la pétition des ouvriers 1877
Horace Pauléus Sannon (1870-1938)	Essai historique sur la révolution de 1843
Michel Soukar (sld)	Cent ans de domination des États-Unis d'Amérique du Nord sur Haïti (1915-2015)
Daniel Supplice	Haïti la galerie des ministres 1804-2023
Michel-Rolph Trouillot	Les racines historiques de l'État duvaliérien

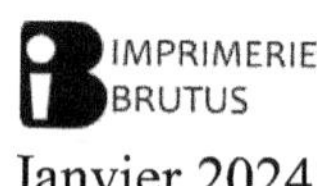
IMPRIMERIE
BRUTUS

Janvier 2024

Port-au-Prince, Haïti
31, Delmas 31
Tél. : (+509) 3422-4471
c3editions.haiti@c3editions.com